农村信息化管理

主编　廖桂平

副主编　唐小勇　旷彦昌　李建辉

NONGCUN
XINXIHUA
GUANLI

NONGCUN XINXIHUA GUANLI

清华大学出版社

北京

内 容 简 介

本书的目的是为了提升农业农村信息化从业人员的信息素质,逐步培养一支适应农村信息化发展的人才队伍,促进我国农村信息化发展,推动"互联网+农业"应用。主要面向村民村官,也是为广播电视大学行政管理(村镇管理方向)专业和新型职业农民培训而量身定制的。本书主要内容包括农村信息化基础设施、农村电子政务、农村电子商务、农村远程医疗、农村远程教育与培训、农业物联网和农村信息化绩效评价。通过学习本书,用户能提高信息化的基础知识,了解农村信息化的主要内容,掌握农村信息化管理的基本理论、基础知识和基本技能与方法。

图书在版编目(CIP)数据

农村信息化管理/廖桂平主编. —北京:清华大学出版社,2018

ISBN 978-7-302-48235-2

Ⅰ.①农… Ⅱ.①廖… Ⅲ.①农村—信息管理 Ⅳ.①F322-39

中国版本图书馆 CIP 数据核字(2017)第 307575 号

责任编辑:王一玲
封面设计:马吉庆
责任校对:李建庄
责任印制:刘海龙

出版发行:清华大学出版社
　　　　网　　　址:http://www.tup.com.cn,http://www.wqbook.com
　　　　地　　　址:北京清华大学学研大厦 A 座　　邮　　编:100084
　　　　社 总 机:010-62770175　　　　　　　　邮　　购:010-62786544
　　　　投稿与读者服务:010-62776969,c-service@tup.tsinghua.edu.cn
　　　　质量反馈:010-62772015,zhiliang@tup.tsinghua.edu.cn
　　　　课件下载:http://www.tup.com.cn,010-62795954
印 刷 者:北京鑫丰华彩印有限公司
装 订 者:三河市溧源装订厂
经　　销:全国新华书店
开　　本:170mm×240mm　　印　张:22.5　　字　数:312 千字
版　　次:2018 年 2 月第 1 版　　　　　　印　次:2018 年 2 月第 1 次印刷
印　　数:1~1500
定　　价:89.00 元

产品编号:075676-01

编委会名单

主　编：廖桂平

副主编：唐小勇　旷彦昌　李建辉

编　委：(按姓氏笔画排序)：

　　王　访　刘　玮　李锦卫　李建辉　旷彦昌

　　杨先林　唐小勇　彭佳红　廖桂平

编写分工：

前　言

　　信息化是继工业化之后生产力发展的一个全新阶段,它对经济社会的发展乃至整个人类文明产生着巨大影响。农村信息化是我国信息化的重要组成部分,是通过通信技术和计算机技术在农村生产、生活和社会管理中实现普遍应用和推广的过程。我国农村信息化建设仍然任重道远,既面临集成化、专业化、网络化、多媒体化、实用化、普及化、综合化、全程化等重大发展趋势,又面对广大农村日益增长的信息服务需求。随着国家积极推进"互联网+"行动,提升农业农村信息化从业人员的信息素质、逐步培养一支适应农村信息化发展的人才队伍,是促进我国农村信息化发展和推动"互联网+农业"应用的有力措施之一。因此,本书目的是为了提升农村信息化从业人员的信息能力和"互联网+农业"应用能力,主要面向对象为村民村干部;也是为广播电视大学行政管理(村镇管理方向)专业和新型职业农民培训而量身定制的。

　　通过本课程的学习,使学生具备信息化的基础知识、了解农村信息化的主要内容,掌握农村信息化管理的基本理论、基础知识和基本方法;培养学生在农村信息化基础设施、农村电子政务、农村电子商务、农村远程医疗、农村远程教育与培训、农业物联网、农村信息化绩效评价等方面的管理能力,提高学生分析和解决农村信息化实际问题的能力,提升"互联网+农业"的应用能力。

　　全书共分 8 章,第 1 章农村信息化管理概论、第 2 章农村信息化基础设施、第 3 章农村电子政务、第 4 章农村电子商务、第 5 章农村远程医疗、第 6 章农村远程教育与培训、第 7 章农业物联网、第 8 章农村信息化绩效评价。这些内容基本涵盖了农村信息化的主要方面。在内容编排上以较大篇幅突出农村电子商务和农村电子政务；在表达方式上力争"表达科普化、图表并茂"，讲究"可操作性"和易学易用。本书第1章，以及编写大纲、前言、附录、统稿均由廖桂平教授完成，第2章由唐小勇博士编写，第3章由刘伟博士编写，第4章由旷彦昌副教授编写，第5章由王访博士编写，第6章由李锦卫博士和杨先林教授编写，第7章由李建辉博士编写，第8章由彭佳红教授编写。全书的知识结构导图由李锦卫博士绘制。

在编写过程中，湖南广播电视大学组织专家教授先后两次分别对本书的编写大纲和初稿进行了充分论证，专家教授提出了诸多宝贵的修改建议，编写人员吸收专家建议并认真完善充实内容，本书才得以出版发行。在此，对专家们的无私贡献，表示衷心感谢！

为了本书的完成，编著者、责任编辑、数据搜集加工者均付出了大量辛勤而智慧的劳动，许多章节虽然经过了多次反复修改校正，由于水平有限，出现疏忽、不当、遗漏之处在所难免，恳请广大读者批评指正，我们不胜感激。

本书引用了大量参考文献，已在参考文献中列出，衷心感谢参考文献中作者们的无私贡献。

同时本书的编写与出版得到了国家自然基金项目(11571103)、国家"2011"南方粮油作物协同创新中心"图像处理创新团队"和湖南广播电视大学等有关项目的大力支持与资助，在此一并致谢。

廖桂平

2017 年 10 月

目　录

农村信息化管理

农村信息化管理

第1章 农村信息化管理概论

学习目标

本章是全书的概貌,通过本章的学习,达到以下目标。

（1）掌握农村信息化管理相关理论知识和农村信息化管理的主要方法。

（2）熟悉农村信息化管理在农村行政管理中的重要性和作用。

（3）了解农村信息化管理的主要内容。

知识结构

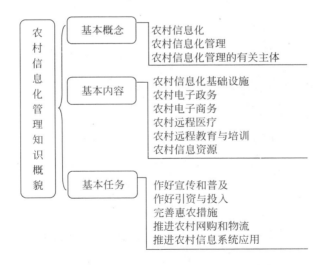

加强农村信息化建设是解决"三农"问题的有效途径,积极推进农村信息化是农村建设的突破口,用信息化带动农村经济,用信息化提升农民素质,是新农村建设和新型城镇化建设的必由之路。

1.1 农村信息化管理的基本概念

随着现代信息技术的迅速发展,信息化浪潮已渗透到社会的各个领域,日益改变着人们的工作、学习和生活方式。信息化程度已成为衡量一个国家和地区现代化程度的重要标志。对个人而言,掌握信息化应用技术是提高个人竞争力、拓宽视野的重要途径。信息化管理是对信息化建设与应用全过程的规划、组织、监管、调控、评价和创新,包括信息化建设管理和信息化应用管理两大领域。因此,信息化管理在当今社会具有极其重要的作用。农村信息化管理是信息化管理在农村领域的具体实践,如农村电子商务、农村电子政务、农村教育与培训、农村远程医疗、农村信息化基础设施、农业物联网等信息化建设与应用管理。

1.1.1 农村信息化的概念

1. 信息化

什么是"化"? "化"就是"变化"。农业化使人类由靠采集食物、捕猎动物为生的原始社会向着以栽培植物、畜养动物为生的农业经济社会变化。工业化使人类由自给自足的小农经济向着货物和服务的商业性生产的工业经济变化。信息化则使人类由工业经济向着充分利用信息和由信息而产生的知识服务经济的方向变化。中国的《2006—2020 年国家信息化发展战略》指出:信息化是充分利用信息技术,开发利用信息资源,促进信息交流和知识共享,提高经济增长质量,推动经济社会发展转型的历史进程。主要包括建设国家信息网络、开发利用信息资源、发展信息技术和产业、推进信息技术应用、建立信息安全保障体系、培育信息化人才、制定和完善信息化政策法规等方面。

2. 农业信息化

农业信息化是发展现代农业、推进农业发展方式转变的重要支撑,是保障国家农产品供给安全、农产品质量安全、农业生态安全和农业生产作业安全的基本技术手段,是推进农业产业化经营和促进农民增收的重要途径,也是实现农村和城市生产要素、经济要素、生活要素合理配置和双向流通,破解城乡二元结构、促进城乡统筹发展的必由之路。

农业信息化相对于工业信息化,是利用信息技术促进农业行业发展的过程,包括农业生产信息化、农业经营信息化、农业管理信息化与农业服务信息化。

(1)农业生产信息化是指在农业生产过程中广泛应用现代信息技术的过程。主要包括大田种植、设施园艺、畜禽养殖、渔业生产及农产品初加工信息化。农业生产信息化的目标是提高农业的生产效率,降低生产劳动成本,转变农业生产方式和发展方式。

(2)农业经营信息化是指在农业经营过程中广泛应用现代信息技术的过程。主要内容包括物流信息化和市场信息化。农业经营信息化的目标是提高交易效率,降低交易成本。

(3)农业管理信息化是指在农业管理活动中广泛应用现代信息技术的过程。本书主要论述农业主管部门政务管理信息化,即农业电子政务,内容包括农业资源管理、农业综合执法(含行政审批)、农业行业管理、农业应急指挥、农产品质量安全。农业电子政务的目标是提高政府工作质量和效率。

(4)农业服务信息化是指在农业服务活动中广泛应用现代信息技术的过程。内容主要包括农业信息服务体系、农业信息服务机制,以及农业信息服务模式。农业服务信息化的目标是实现信息服务进村入户,提高信息化服务"三农"水平。

3. 农村信息化

农村信息化对应于城市信息化,是信息化面向广大农村的实际应用,是利用信息技术促进农村经济和社会发展的过程。包括农村社会、经济、政治、生活、科技、文化、安全等方面的信息技术应用。农村信息化具有区域特征,同属经济领域和社会领域的范畴。

4. 农业信息化与农村信息化的比较

农业信息化的基本含义是指信息及知识越来越成为农业生产活动的基本资源和发展动力,信息和技术咨询服务业越来越成为整个农业结构的基础产业之一,以及信息和智力活动对农业的增长的贡献越来越加大的过程。一般认为,一个国家当信息产业在农业中的附加值达到或超过农业总产值的 50% 时,就认为农业实现了信息化。

农村信息化是社会信息化的一部分,它首先是一种社会经济形态,是农村经济发展到某一特定过程的概念描述。农村信息化包括了传统农业发展到现代农业进而向信息农业演进的过程,又包含在原始社会发展到资本社会进而向信息社会发展的过程中。

农业信息化与农村信息化,两者既有区别,又相互联系,是相互渗透、相互融合的过程,是相互促进、共同提高的关系。没有农业的信息化就不可能实现农村的信息化。农村信息化是农业信息化的强有力支撑。农村信息化是协调农村经济社会发展的重要手段。农村信息化所涵盖的内容有着明显的时代特征。

1.1.2 农村信息化管理的概念

1. 信息化管理

1) 信息化管理的内涵

目前,对于信息化管理有三种理解。一是将信息化等同于管理信息化;二是将信息化管理等同于信息化;三是将信息化管理理解为对信息化过程的管理。例如,政府信息化管理不仅包括政府自身在信息技术需求和应用过程中产生的项目规划、设计、建设和资源整合等管理行为,还包括国民经济和社会发展过程中对信息产业、电子政务、信息化普及、基础设施建设、信息安全、信息化发展环境的管理和调控。

信息化管理是指对于信息化的战略规划、组织实施、工程监理、应用调控及基于信息化的管理创新和绩效评价的过程。信息化管理包括信息化建设管理和信息化应用管理两大领域。

信息化建设管理就是对信息化建设的全过程进行管理,即对是否进行信息化建设、信息化建设达到什么目标,如何高效地进行信息化建设等实施规划、组织监督和调控。

信息化应用管理包括对信息化应用过程管理和应用信息化建设成果管理。即在信息化项目或信息化项目建设完成投入使用后,对信息化项目或系统应用全过程进行管理,以保证信息化建设成果得到广泛、有效和安全的应用。

信息化建设管理和信息化应用管理相辅相成,缺一不可。信息化建设管理是信息化应用管理的基础和前提,信息化应用管理是信息化建设管理的延续和深化。

2)信息化管理的内容

信息化管理内容广泛。

(1)从信息化管理的对象来看。信息化管理包括信息基础设施建设与应用管理、信息系统建设与应用管理、信息资源建设与应用管理、信息化保障体系建设与运行管理等。

(2)从信息化管理的范围来看。信息化管理有国家信息化管理、地区信息化管理、行业信息化管理、社会组织信息化管理等。

(3)从信息化管理的职能来看。信息化管理可划分为信息化战略规划、信息化组织实施、信息化工程监理、信息化应用调控、信息化管理创新、信息化绩效评价等。

(4)从信息化管理的手段来看。信息化管理的手段有行政手段,如信息化管理体制、信息绩效评价;法律手段,如信息化法规、标准;经济手段,如信息化建设财政拨款、资金融通、税收调节;技术手段,如信息系统开发与应用。

3)信息化管理的作用

(1)优化投入结构,减少投资浪费。

目前信息化建设中普遍存在"重硬件轻软件、重网络轻数据"的倾向。加强信息化管理,通过合理的信息化战略规划、科学的信息化组织实施及有力的信息监管,在提高大众对信息化认识的基础上,合理安排信息化投资,正确使用信息化建设资金,保证信息化建设与应用的经济性,克服把信息化建设当作形象工程和政绩工程来办,赶时髦、造亮点,只顾大笔投入,不管应用利用是不是有效。

（2）加强协调共享,消除信息孤岛。

目前各地区、各部门之间的信息系统设计与实施一般都是在缺少总体规划的情况下分散开发、孤立设计的,缺乏统一的信息化技术标准和服务规范,从而形成区域间、行业间、部门间的宏观"信息孤岛",数据难以统一协调,地区之间、行业之间、部门之间难以实现信息资源共享。加强信息化管理,通过建立和健全信息化管理体制,制定和执行宏观、中观和微观各个层次协调的信息化战略规划,拟定和执行统一的信息人,经建设标准和信息资源共享政策法规,可以减少甚至避免信息化建设过程中的"信息孤岛"。即使在信息化建设之初出现了"信息孤岛",也可以通过信息系统和信息资源整合消除"信息孤岛",实现社会组织内部各部门之间、地区之间、行业之间信息资源的共享。

（3）缩短建设周期,提高建设质量。

信息化建设项目是智力密集型的项目,往往项目投资大、建设周期长,加之信息化项目建设任务边界模糊,常常让人对建设的质量保证伤脑筋。加强信息化管理,通过合理选择外包内容和方式,科学安排人员和时间,保证按期完成建设任务。通过质量管理与监理,明确信息化项目的质量要求,保证信息化建设项目的质量。

（4）充分有效应用,保证正常运行。

我国信息化发展初期普遍存在"重开发轻维护、重建设轻应用"等现象。信息化建设的落脚点在于信息化应用。信息系统和信息资源只有充分应用,才能发挥其作用。加强信息化管理,通过人员培训、示范推广、信息化应用激励机制的建立,可提高公民和社会组织对信息化应用的认识,掌握信息化应用的方法和技能,激发使用信息系统的热情,促进信息化系统的充分有效应用。通过信息系统使用制度建设与实施、信息系统维护与安全管理,可保证信息系统的正常且安全运行。

2. 农村信息化管理

农村信息化管理是信息化管理在农村领域的具体实践,包括农村信息化建设管理和农村信息化应用管理。主要包括农村信息化基础设施、农村电子政务、农村电子商务、农村远程医疗、农村远程教育与培训、农业生产信息化(如大田生产信息化、设施园艺信息化、畜牧生产信息化、渔业生产化)等信息化建设管理和应用管理。

1.1.3　农村信息化管理的有关主体

农村信息化是全面推动信息技术在"三农"中应用的发展过程,这一过程离不开各个信息化主体的参与。政府、电信运营商、农民、农民合作组织、涉农企业,以及农业科研机构等是农村信息化组织体系的有机组成部分,共同发挥作用,促进农村信息化的发展。

1. 政府

农村信息化具有公益性特征。在农村信息化建设和应用管理过程中,作为公共管理机关的政府职能部门是农村信息化的主要责任主体。它具有协调职能,通过组织协调多部门参与农村信息化的建设,整合各类信息资源,形成信息服务合力。它具有创造良好信息应用环境的职能,通过制定相关政策和激励机制,调动企业和农业信息工作者对"三农"服务的积极性、创造性和主动性。它具有投资和规划职能,通过资金支持和合理区域规划,加强农村基础设施建设,促进农村信息化既定目标推进。政府在农村信息化建设方面,形成了一批重大信息化项目,1998 年广电总局启动"广播电视村村通工程",2002 年文化部启动建设"全国文化信息资源共享工程",2003 年中组部启动"农村党员干部现代远程教育工程",2005 年农业部启动"三电合一"农业信息服务项目,充分利用电话、计算机、电视等载体为农民提供信息服务,2006 年农业部统一农业信息服务热线"12316"。"十五"期间,科技部对全国"农技110"进行了系统构建和全面部署,与工业和信息化部在全国统一开通农村科技信息服务公益热线"12396"。

2. 电信运营商

电信运营商是农村信息化基础设施建设的主体，负责进行信息基础设施建设和网络架构，包括卫星、地面宽带、电信通信网和广播电视网等的铺设和维护管理。政府通过商业招标、购买服务等形式将其纳入政府公共事业中。近年来，在中央政策的导向下，中国移动、中国联通和中国电信相继在农村互联网、手机和信息化基础设施建设方面进行了富有成效的工作，形成了"农信通""农村新时空"等农村信息化品牌。

3. 农民

农民是农村信息化的受益者和主要参与者。农民利用现代网络通信技术可以及时获取市场信息、科技、政策等方面信息，可准确把握市场动态，有效增强市场观念，缓解小生产与大市场之间的矛盾，提高农产品竞争力；还可以及时发布自己的农产品信息，突破时间和空间的限制，加速农产品流通速度；通过信息网络，可以获取丰富的就业信息，加速劳动力的非农产业转移；利用信息网络，可获取农业生产技术，促进农业生产力水平提高。

4. 农民合作组织

农民合作组织是由从事同类农产品生产经营的农民、企业和其他人员自愿合作，在技术、资金、信息、购销、加工、储运等环节实行自我管理和经营，以提高农产品竞争力，增加成员收入的一种组织形式。它在农业产业化、信息化经营中，具有组织功能、中介功能、载体功能和服务功能，对农户成员具有很强的带动作用，在分工合作、信息共享、信息化平台利用等方面具有显著优势。

5. 涉农企业

涉农企业是从事农业生产、经营、销售服务的企业。涉农企业既包括各种从事农业生产的经营实体，也包括为农业生产服务的其他经济实体，如农产品加工厂、农贸公司、提供农业电子商务平台的 IT 企业。由腾讯提供的 QQ、微信、邮箱已成为农村社交的重要信息化交流平台。由阿里巴巴集团在 2003 年创立的淘宝网已成为农村地区网购零售平台和农产品交易的重要平台之一。

6. 农业科研机构

农业科研机构是农村信息化科技创新的主体,也是农业信息服务的主体,是农村知识和信息的重要提供者和甄别者。农业科研机构既是农村信息化知识和信息的重要来源,也是提供农业科技咨询服务的重要机构。高校和科研单位是农业科研机构的重要组成部分。农业科研机构在促进农业发展、抵御自然灾害、保障人民健康、保护生态环境等方面,取得了一大批重要科研成果,极大地提高了资源利用率、土地生产率、劳动生产率和经济效率,促进了我国经济和社会的可持续发展。

1.2 农村信息化管理的基本内容

农村信息化是一个有机统一的整体,从信息化应用管理的角度,农村信息化的核心内容包括农村信息化基础设施、农村电子政务、农村电子商务、农村远程医疗、农村远程教育与培训。

1.2.1 农村信息化基础设施

农村信息化基础设施是支持信息资源开发利用,以及信息技术应用的各类设备和装备,是分析、处理与传播信息的物质基础。信息化基础设施建设主要包括广播电视网、电信网、计算机网的建设及配套设施的建设。广播电视网和电信网的建设包括光缆干线、电缆干线、接收天线等传输线路的铺设与架设,地面接收站、转播站、发射台、无线电台等接收设备的建设,以及放大器、微波设备、交换机、接地防雷设备、附属设施等设备的购置与安装。互联网的建设包括同轴电缆、光纤等信号传输线路的铺设,光电转换器、调制解调器、信号放大器、中继器、路由器、集线器及网桥等中间装置和接口设备的购置与安装,以及局域网、广域网的搭建等。

1. 广播电视网

广播电视网以国家建成的卫星网为依托,是广播电视节目传输的重要载体。其特点是信号覆盖范围广,不受山地、沙漠等地面条件限制;传输能力强,卫星直播系统大都具有百套以上电视节目的传输能力;节目质量高,采用数字方式直接到户,用户端信号还原质量高;安装便捷,成本低。对于偏远地区和上网条件有限的农村地区,广播电视网更具有优势。广播电视作为当前农村应用最为广泛的信息获取媒介。广播电视节目丰富了人民群众的娱乐生活,具有娱乐功能;人民群众通过广播电视了解学习生活技术、农业技术以及科学文化知识,具有教育功能;人民群众通过广播电视及时了解掌握国家的路线、方针、政策,具有宣传功能。

2. 电信网

电信网俗称电话网,包括固定电话和移动电话,主要运营商为中国电信、中国移动、中国联通,此外还有中国卫通、中国网通、中国铁通等。电信网主要以点对点方式为用户提供服务,具有覆盖范围广,安装速度快,建设周期短,成本低,地理应用环境无限制等特点。与广播电视网的单向传播相比,电信网的明显优势是具有互动性。随着光纤技术、移动通信技术发展,电信网的应用将越来越广泛。

3. 互联网

互联网又称因特网(Internet),作为先进技术的代表,是当前信息网络发展的热点,它普及与应用程度是信息化程度的主要标志。互联网具有信息容量大、交互性好、多点互联、信息传送及时、传输速度快、无时空限制、信息资源共享等优点,它能有效解决信息传播问题,在信息采集、处理、分析及存储等方面具有不可代替的作用。

4. 三网融合

三网融合是指广播电视网、电信网、互联网在向宽带通信网、数字电视网、下一代互联网演进过程中,三大网络通过技术改造,其技术功能趋于一致,业务范围趋于相同,网络互联互通、资源共享,能为用户提供语音、数据和广播电视等多种服务。三网融合又俗称为三网合一、三电合一、三线合一。三电指电话、电视、计算机。三线指电话线、电视线、计算机线。三合并不意味着三大网络的物理合一,而主要是指高层业务应用的融合。实现三网融合之后,手机可以看电视、上网,电视可以打电话、上网,计算机也可以打电话、看电视,三者之间相互交叉。

1.2.2　农村电子政务

2012年5月,国务院常委会通过《关于大力推进信息化发展和切实保障信息安全的若干意见》,提出"加快电子政务服务向街道、社区和农村延伸;提高社会管理和城市运行信息化水平;加快推进民生领域信息化"。为中国农村电子政务建设提供了指导。

电子政务是政府机构应用现代信息和通信技术,将管理和服务通过信息技术进行集成,在网络上实现政府组织结构和工作流程的优化重组,突破时间、空间及部门之间的制约,向社会公众提供全方位优质、高效的服务。

电子政务具有3个基本特征:第一,电子政务须借助于信息技术和通信技术,依赖于信息基础设施和相关软件技术的发展;第二,电子政务是处理与政府有关事务的综合系统,不是简单地将传统的政府管理服务转移到网上,而是要对其进行组织结构重组和业务流程再造,是对传统政府管理服务的重组和创新;第三,电子政务要利用计算机、通信等现代信息技术更好地履行政府职能,为公众、企业和社会提供更好的公共服务,构建政府、企业、公众和社会的和谐关系。电子政务的业务模式主要有G2G、G2E、G2B和G2C四种模式。

农村电子政务是通过应用现代信息和通信技术,将农村管理和服务工作通过信息技术进行集成,实现组织结构和工作流程的优化重组,向社会公众提供全面优质、高效的服务。农村电子政务具有变革办公环境、提高政府执政能力、推进"一站式服务、扁平化"服务等一般功能。由于农村电子政务功能的提供者(政府涉农部门、乡镇一级党政机构、具有农业管理职能的事业单位、乡村一级自治机构)和服务对象(农村、农业、农民)的特殊性,农村电子政务还具有促进农业信息应用、丰富农村生活内容、推动基层民主、推进农村发展等特有功能。农村电子政务围绕农业主管部门履行经济调节、市场监管、公共管理、社会服务和应急管理等主要政务职能,是管理信息化在农村政务领域的具体应用和体现,以惠民业务作为农村电子政务的业务重点。图1-1为农村电子政务"农经统计报表管理系统"的示例。

图1-1　农村电子政务"农经统计报表管理系统"示例

1.2.3　农村电子商务

农村电子商务,通过网络平台嫁接各种服务于农村的资源,拓展农村信息服务业务、服务领域,使之兼而成为遍布县、镇、村的三农信息服务站。作为农村电子商务平台的实体终端直接扎根于农村,服务于三农,真正使三农服务落地,使农民成为平台的最大受益者。

通过农村电子商务工程,建立跨区域、专业化的特色网站和交易网络,形成以批发市场、商贸中心、物流调度中心和商品集散地为依托的农业电子商务服务体系。通过流通渠道的信息化改造,发展现代物流,支撑订单农业、连锁经营、物流配送等服务,促进农村现代流通方式和新型流通业态发展。在农产品种植养殖、生产加工、储运销售等各环节建设可追溯系统,提供农产品物流信息查询、智慧配送、货物跟踪等物流信息服务,形成与国内国际贸易相适应的农产品市场流通体系。利用各种电子商务平台来实现优质农产品在世界各地市场的流动,推进农产品流通网络建设,加强大宗农产品供求的互动对接。

1. 农村电子商务服务

农村电子商务服务包含网上农贸市场、数字农家乐、特色旅游、特色经济和招商引资等内容。图 1-2 为农村电子商务示例。

图 1-2　农村电子商务示例

（1）网上农贸市场。迅速传递农林渔牧业供求信息,帮助外商出入属地市场和属地农民开拓国内市场、走向国际市场。进行农产品市场行情和动态快递、商业机会撮合、产品信息发布等内容。

（2）特色旅游。依托当地旅游资源,通过宣传推介来扩大对外知名度和影响力,全方位介绍属地旅游线路和旅游特色产品及企业等信息,发展属地旅游经济。

（3）特色经济。通过宣传、介绍各个地区的特色经济、特色产业和相关的名优企业、产品等,扩大产品销售通路,加快地区特色经济、名优企业的迅猛发展。

（4）数字农家乐。为属地的农家乐(有地方风情的各种餐饮娱乐设施或单元)提供网上展示和宣传的渠道。通过运用地理信息系统技术,制作属地农家乐分布情况的电子地图,同时采集农家乐基本信息,使其风景、饮食、娱乐等各方面的特色尽在其中,一目了然。既方便城市百姓的出行,又让农家乐获得广泛的客源,实现城市与农村的互动,促进当地农民增收。

(5) 招商引资。搭建各级政府部门招商引资平台,介绍政府规划发展的开发区、生产基地、投资环境和招商信息,更好地吸引投资者到各地区进行投资生产经营活动。

2. 农村电商消费市场

(1) 农村电商消费人群特点:一是网购人群偏年轻。农村电子商务消费市场最重要的特点就是年轻,要比城镇的网购人群年龄更加年轻,其中主力的消费人群是 20~29 岁,占了 32%。二是农村手机上网占比高达 84.6%。农村手机上网占比高达 84.6%,高出城镇的 5 个百分点。PC 互联网时代是城镇网购市场的高成长时代,但是在移动互联网时代,由于手机的方便性和低成本,使得农村网购市场反而是高增长的市场。三是农村居民网购目的不是图便宜。网购消费者的需求特征分析表明,农村居民网购的东西主要是日常开支、生产资料和日用品、家电、服装等,对服务的需求主要是社保、资金的转存或者水电煤的缴费。调查发现,大部分的村民现在只购买日常买不到的商品,所以对于淘宝这样的一个生态体系,提供给这些村民的最大价值是买那些买不到的,而不是买便宜的。村民每年网购消费的金额是预计 500~2000 元不等的情况。农村的居民对网购商品模式的接受度也达到了 84.4%。

(2) 农村电商消费增长的因素:一是农村基础设施的改善。从 2008 年到 2013 年,互联网普及率从 11.6% 提升到了 27.5%。所以在未来的三年或者五年中,在社会各界,以及在政府营运商更多的投入下,互联网普及率会进一步得到提高,所以基础设施的改善是有利于整个农村电子商务的发展。二是农村物流状况的改善。农村的物流状况也会得到进一步的改善,随着市场不断的成长和发展,这样的物流体系也会慢慢得到一个优化,也就是随着购物规模的扩张,它达到一个临界点以后,会引动这些物流企业物流服务进一步提升它的能力。三是农村网商带动电商消费。农村网商数量庞大,带动农村电商消费。淘宝村不断地兴起和发展,是带动消费的一个具体点和很大的增长点。淘宝村的购物比例远远高过那些非淘宝村。此外,进城农民得到了网购的经验。

(3)平台拉动农村消费市场。电子商务的平台整体上在拉动农村这样一个网络的消费市场。到处刷墙的这些电商网络平台,淘宝也好,当当也好,都在推这个市场,所以这些都会构成下一步促进整个农村网购消费市场一个巨大的驱动力。

3. 农村电子商务的发展对策

(1)加快信息基础设施建设。政府应给予广泛而有力的引导和支持,加大农村信息基础设施建设力度,利用互联网、移动通信、广播电视、电话等多种通信手段,建立起覆盖郊区县、乡镇、村的农村信息网络。建立各级信息咨询服务机构,引导和培训农民使用各类信息设施,掌握电子商务的各项技能。

(2)建设高质量的农村电子商务的平台。建设农村电子商务平台,为农业产业化提供大量的多元化信息服务,为农业生产者、经营者、管理者提供及时、准确、完整的农业产业化的资源、市场、生产、政策法规、实用科技、人才、减灾防灾等信息;同时,为企业和农户提供网上交易的平台,支持 B2B、B2C、C2C 等多种交易模式,降低企业和农户从事电子商务的资金门槛,培育、扶持农村电子商务企业。

(3)建立农村信息服务体系。逐步建立农村信息服务体系,为农村电子商务提供广阔的发展空间和完整的产业链。开展农村信息化知识培训,培养信息人才。应充分利用计算机网络的优势,结合其他通信手段,大力实施远程教育,不断提高劳动者素质,强化农民信息意识,培养高素质的新型农民。另外,还应把懂业务的各种专业人才充实到农村信息化队伍中来,形成一支结构合理、素质良好的为农村提供信息服务的队伍。

(4)农产品发展标准。所有农产品生产和消费都有一个怪现象,越是偏远的地方环境越好,产品质量越天然越有保障,而且越便宜,"好产品、卖不出、价格低"成了农民的心头痛,信息不对称造成农民的利润低,打击农民种养积极性;然而越是在大城市,种养环境越糟糕,产品反而越贵,却恰恰没有很好的质量保障。"找不到、买不了、不敢吃"成了农产品消费的三个困局。传统农产品要走出农村、走进城市还必须先解决规范生产、营销平台、商品流通、信誉溯源这几个问题。

1.2.4 农村远程医疗

1. 农村远程医疗的基本内容

远程医疗包括远程医疗会诊、远程医学教育、建立多媒体医疗保健咨询系统等。远程医疗会诊在医学专家和病人之间建立起全新的联系，使病人在原地、原医院即可接受远地专家的会诊并在其指导下进行治疗和护理，可以节约医生和病人大量时间和金钱。

远程医疗运用计算机、通信、医疗技术与设备，通过数据、文字、语音和图像资料的远距离传送，实现专家与病人、专家与医务人员之间异地"面对面"的会诊。远程医疗不仅仅是医疗或临床问题，还包括通信网络、数据库等各方面问题，并且需要把它们集成到网络系统中。

远程医疗可以使身处偏僻地区和没有良好医疗条件的患者获得良好的诊断和治疗，如农村、山区、野外勘测地、空中、海上、战场等，也可以使医学专家同时对在不同空间位置的患者进行会诊。图 1-3 为新型农村合作医疗信息系统示例。

图 1-3　新型农村合作医疗信息系统示例

2. 农村远程医疗的主要特点

（1）在恰当的场所和家庭医疗保健中使用远程医疗可以极大地降低运送病人的时间和成本。

（2）可以良好地管理和分配偏远地区的紧急医疗服务，可以通过将照片传送到关键的医务中心来实现。

（3）可以使医生突破地理范围的限制，共享病人的病历和诊断照片，从而有利于临床研究的发展。

（4）可以为偏远地区的医务人员提供更好的医学教育。

3．农村远程医疗的基本用途

（1）在一定程度上缓解我国专家资源、人口分布极不平衡的现状。我国人口的80％分布在县以下医疗卫生资源欠发达地区，而我国医疗卫生资源80％分布在大、中城市，医疗水平发展不平衡，三级医院和高、精、尖的医疗设备也以分布在大城市居多。即使在大城市，病人也希望能到三级医院接受专家的治疗，造成基层医院病人纷纷流入市级医院，加重了市级医院的负担，造成床位紧张，而基层床位闲置，最终导致医疗资源分布不均和浪费。利用远程会诊系统可以让农村欠发达地区的患者也能够接受大医院专家的治疗。另外，通过远程教育等措施也能在一定程度上提高中小医院医生的水平。

（2）缓解偏远地区的患者转诊比例高、费用昂贵的问题。我国幅员辽阔，人口众多，边远农村地区的病人，由于农村的医疗条件比较落后，危重、疑难病人往往要被送到上级医院进行专家会诊。这样，到外地就诊的交通费、家属陪同费用、住院医疗费等给病人增加了经济上的负担。同时，路途的颠簸也给病人的身体造成了更多的不适，而许多没有条件到大医院就诊的病人则耽误了诊疗，给病人和家属造成了身心上的痛苦。据调查，偏远地区患者转到上一级医院的比例相当高；平均花费非常昂贵，除去治疗费用外的其他花费（诊断费用、各种检查费用、路费、陪护费、住宿费、餐费等）需要数千元，让病人几乎无力承担。而远程会诊系统可以让病人在本地就能得到相应的治疗，大大减少了就诊费用。

1.2.5 农村远程教育与培训

农村远程教育与培训就是以互联网为基础，利用多媒体技术和远程视频传输技术为农村提供知识教育与技术培训的平台系统,培训双方在此系统中可进行人与人、面对面的语音即时交流及影像的在线审视,短时间内便可完成整个培训过程,达到预定的培训效果。远程培训过程中,可以传输大量包括图像、声音、文字等数据,可以实现"一对单"或"一对多"的面对面多媒体交流。

1. 农村远程教育与培训的作用

(1) 促进新型农民教育与培训。

将农村信息化与"新型农民创业培植工程""农村富余劳动力转移就业培训工程""农业远程培训工程"等进行结合,通过培训教育、综合信息服务平台、信息大篷车、远程教育系统、全国文化信息资源共享工程服务网络、农业广播电视学校等培训资源,开展面向农民的农业政策法规、实用技术和就业技能等内容的培训,向广大农民传授各种先进专业技术知识,提供多样化的信息咨询服务。在更大范围、更高层次、更多领域开阔农民视野、培养有文化、懂技术、会经营的新型农民,提高农民素质。

(2) 为外出务工农民提供服务。

利用农村信息化服务,加强面向农民工的信息服务。基于人口基础数据库,建立全国统一的农民工信息管理与服务系统,形成全国农民工管理与服务基础平台。逐步建立城乡统筹、全国统一的劳动就业市场信息服务体系,实现劳动用工地区与农村劳动力输出地的劳动力供求信息发布与交流互动平台,为外出务工农民免费提供法律政策咨询、就业信息、就业指导和职业介绍,引导农民工合理有序地跨地区流动。

(3) 促进城乡优质教育资源共享。

依托农村远程教育信息化平台、实施农村中小学现代远程教育工程,促进城乡优质教育资源共享,提高农村教育质量与效益。依托信息化建设,与教育部的远程教育网等网络进行对接,通过远程教育,实现各类教育资源的共享和信息的高速传输。依靠多媒体教学设施和地面卫星接收装置,通过播放各类教学资源和接收教育频道节目,实现偏远地区教学的促进。利用农村教育管理平台,实现学籍管理、档案管理、资产管理等信息化管理;利用教学平台,实现课程发布、网络交互,教学辅导、学生交流、合作学习、跟踪调查、教学分析等服务,从而推进我国农村的教育信息化,加快农村教育的跨越式发展。

2. 远程教育与培训的优势

（1）节省费用。农村区域广阔,集中教育与培训由于需要远距离的交通成本,加上期间的食宿等各项差旅费用,培训的成本相当高。农村村民要么无可奈何地支付高额的培训成本,要么忍痛割爱,放弃异地教育与培训。这对农业人员知识水平和技能的提升是极为不利的。远程教育与培训的出现则大大解决了这一难题。远程培训节省了农村教育与培训成本,同时提升农村教育与培训效率。

（2）设备简单。近年来,视频会议厂商推出了基于云计算的视频会议模式,如华为的云视频会议系统,苏州科达推出的摩云视讯租用模式,都是植根于互联网,建设成本大大降低,易用性也得到极大提高,从而促进了农村远程教育与培训的普及。此外,各地各高校的远程教学与学习平台,为教学视频、PPT 课件下载的方便性,也促进了农村远程教育与培训的推广。

（3）互动快捷。与传统的教育与培训形式相比较,"基于视频会议平台的远程教育与学习平台"为农村远程教育与培训提供了一个最优质、最快速、个性化的"零距离"互动平台,不受时间、地域限制,也不受周期限制。基于培训双方的远程教育与学习平台还提供主动性的网上交流。

（4）课件录制、编辑、加密功能。教师可将授课过程中所有广播的音频、视频、屏幕、文档、白板等混合媒体数据选择性地录制到同一个课件,并保持课件回放时的同步性。课件录制后,通过课件编辑器能进行加密,能独立抽取某路媒体流,能重新压缩,并可以将课件转换成 AVI 格式。课件可用于网上点播,也可以在同步教学时再次广播。

（5）支持 Web、邮件登录。支持 IM 登录、Web 登录、邮件登录以及电话邀请登录;支持注册用户及匿名用户登录;支持二次开发及用户统一认证,可将登录入口嵌入在客户网站上。图 1-4 为中国农村远程教育网界面。

图 1-4　中国农村远程教育网界面(网址 http://www.ngx.net.cn/)

随着视频会议技术的提高、互联网在农村的进一步普及,农村远程教育与培训作为网络时代的先进教育与培训通道肯定会得到更加迅速的发展。这是知识经济时代的要求,是人力资源管理信息化的要求,更是提高人力资源管理水平增强企业综合竞争实力的要求。从未来一段时间看,农村远程教育与培训将面临的一个新趋势是,市场集中化程度将会提高,专注细分和模式创新将成为远程教育与培训下一阶段的特点。虽然说远程培训取代传统培训还为时过早,但随着中国互联网及中国经济的进一步发展,农村远程教育与培训形式必然会更加普及。

1.2.6　农村信息资源

农村信息资源作为农村信息化的数据支持,在整个农村信息化的过程中起着至关重要的作用。中央一号文件多次提出,充分利用和整合农业信息资源,加强农业信息服务,农村信息资源的建设是农村信息化的基础和突破口。本书没有将农村信息资源单独成章,而是将农村信息资源有关内容分散在其他章节中。

1. 数据资源

农村信息资源的最基本要素是数据。农村数据资源涉及农村科技数据资源、教育数据资源、农村基础设施资源、农村生产数据资源、农村人口资源、用工需求资源、产品需求及价格数据资源、农村土地资源、农村自然资源、农村经济数据资源等方面。

◎

农村信息化管理

2. 信息系统

农村信息系统是信息系统在农村信息管理中的应用,它是以现代信息技术为基础和手段,对农村各类信息资源进行行政收集、加工、处理,为农业生产经营、宏观决策、科学研究提供信息服务和支持的信息系统。

3. 信息平台

农村信息平台是指用来收集、处理、发布各种农村信息,为农村信息交换提供必要支持的信息平台。农村信息平台是解决"进村入户"和"最后一公里"的前提条件。我国农村信息平台可划分为以下几种类型:农民热线电话、农村广播电视、农村网络信息网站、移动信息服务平台、村级和乡镇无线局域网、农业综合服务集成信息平台等。

1.3 农村信息化管理的基本任务

我国农村信息化建设取得了显著成效,"乡乡通宽带""村村通电话""户户通电视"基本实现。但我国农村信息化发展的滞后客观存在,农村信息化发展的任务仍任重道远。

1.3.1 作好宣传和普及

与城市信息化发展相比,农村信息化建设仍处于起步阶段。我国农村信息化建设与应用有了一定的基础,但部分基层干部和大部分农民群众,对农村信息化建设与应用的重要意义、重要作用认识不够到位,甚至存在一些认识上的误区:一是认为农村信息化就是普及计算机网络化,计算机网络化就是农村信息化,电视、广播、电话、报纸、杂志、图书等不是农村信息化建设与应用的内容;二是农村信息化建设只是信息硬件建设问题,提升农民信息素质不是农村信息化建设的关键;三是农村信息化建设只是政府的事,完成应该由政府负责解决;四是农村信息化建设与应用是农民群众自己的事,农民群众对农村信息化的政府推进行为和工作漠不关心,缺乏配合。

因此,作好农村信息化的宣传和普及,提高人们对农村信息化的认识和重视物质,是一项极为重要的工作。

发展农村信息化对"三农"具有重要意义和重要作用:

(1) 农村信息化是实现"四化同步发展"的重要环节和内容。

(2) 农村信息化有利于推进新农村建设。

(3) 农村信息化有利于推进现代农业发展。

(4) 农村信息化有利于加快改善农村公共服务。

(5) 农村信息化有利于提高农民科技文化水平和农户收入。

1.3.2 作好引资与投入

基础设施、信息服务、信息资源、信息化人才是农村信息化建设的基础与支撑。

1. 完善基层农村信息化基础设施条件

统筹布局新一代移动网络、下一代互联网络、数字广播电视、卫星通信等设施建设,积极推进光纤进户,加快基层农村宽带网络建设,提高宽带普及率和入户率,继续开展"村村通电话"工程和广播电视"村村通"工程,提高农村有线电视入户率,推进互联网、电信网、广电网在农村的融合。

2. 对接国家农村信息化平台

目前国家层面"金农"工程、"三电合一"信息服务平台、农业12316、星火科技12396等已建成运营。省级层面各地打造了各具特色的信息平台,如湖南省国家农村农业信息化示范省综合服务平台、上海"农民一点通"平台、广东"农业信息直通车"、云南"数字乡村"等。三大电信运营各自建立了"农信通""信息田园""农业新时空"。按照"平台上移、服务下延"的设计、依托"云存储与云计算中心""数据集成与处理中心"建立"1+N服务平台"。基层农村就是要对接平台,让平台进村入户,实现"服务下延"功能。

3. 推进基层终端建设与应用

针对当前大部分农户难以实现互联网接入、农户对计算机的维护能力较差等因素,采用政府、企业、运营商等多方投入方式,利用低成本、免维护的云终端,建立村级远程教育信息服务站、科技特派员信息服务站、专业合作组织信息服务站,协助基层农村建立电视、手机、电脑、触摸屏、LED 展示屏等信息接入终端。

1.3.3　完善惠农措施

完善和促进农村信息化发展的政策制度,引导社会主体积极参与信息化建设,制定农村信息化服务的标准准则,规范各类主体的经营和管理行为,营造农村信息化建设良好环境,均是农村信息化管理的基本工作任务。

1. 科学制定农村信息化发展规划

农村信息化建设是一项复杂的系统工程,具有重大社会效益。保证农村信息化建设的科学性,保证信息化服务的有效性,首先需要政府的积极引导和监督管理。在地方层面,要以促进本地现代农业发展、新农村和新型城镇化建设为目标,以服务广大农户和乡镇企业为着眼点,制定适宜本地实际情况的农村信息化发展规划,以保障本地农村信息化建设科学合理。

2. 落实农村信息建设的惠农补贴

各级政府应针对各地实际情况制定相应的政策,促进农户、农民合作组织和企业积极使用各类信息服务。政府应制定专项政策,在农村信息化接收设备的购置、安装、运行上给予必要的补贴,鼓励农村用户积极接受信息服务。制定相应的政策,以引导各电信运营商,尽可能地降低获取信息服务的信息通信费,尽量减少农户、农民合作组织和企业的支出。为广大农户、农民合作组织和企业提供免费的信息服务应用培训,提高信息服务的作用与效果。

3．推进信息服务的市场化

目前我国农村信息化建设仍处于前期，仍以政府投入为主。但农村地域广阔，仅靠政府投入远远不能满足广大农户的需要，因此需要鼓励企业参与农村信息化建设。农村信息服务中科技服务和培训服务的基本目标是为了农业发展服务，是为农增收服务。为保障农业科技与培训服务的长远机制，必须走市场化道路。利用市场机制，对现有信息服务机制进行调整，增强其市场服务能力，保证信息服务的持续发展，实现信息服务的快速发展。

4．规范信息服务主体行为

加强农村信息服务，必须建立健全相应的法制法规、行业标准和有关实施细则，以约束和规范各主体的服务行为，保证信息服务的真实性、有效性，保护相关知识产权、维护主体的权益，促进信息服务绩效的提升。制定完善的监督、评价体系，采取科学评价方法对市场化信息服务机构的服务行为、服务绩效进行考核、评价。对于取得良好信息服务效果的机构给予奖励；对于违反法规，服务效果差，损农害农的机构给予处罚。在保证科学性和公正性的监督评价过程中，创造良好的信息服务环境。

1.3.4 推进农村网购和物流

1．推进农产品市场信息化建设

重点加强粮、棉、油、禽、肉、蛋、水产、蔬菜、花卉、茶叶等重点农产品市场的信息化建设，加强农产品物流配送、市场、管理、交易等方面的信息化建设，减少交易中间环节，提高交易效率，降低交易成本，建立农产品质量安全检测与追溯系统，实现源头可控、过程可查。

2．推进农产品电子商务建设

积极探索农产品电子商务运行模式和相关支持政策，逐步建立健全农产品电子商务标准规范。鼓励电信增值服务商、内容服务提供商和金融服务机构协作,建设移动电子商务平台。鼓励和引导大型电商企业开展农产品电子商务业务,支持涉农企业、农民专业合作组织开展在线交易,积极协调有关部门完善农村物流、金融、仓储体系。积极发展以电子商务为导向的配送物流,完善农产品电子商务体系。

1.3.5　推进农村信息系统应用

针对当前大部分难以实现互联网接入、农村信息化推进过程中存在的信息化成本较高、用户对计算机的维护能力较差等阻碍农村信息化推进的问题,利用低成本、免维护的云终端,建立以移动网络手机为终端的 App 应用系统,是当前推进农村信息系统应用的有效切入点,如远程医疗挂号 App 终端、电子商务 App 终端、村镇信息 App 终端等。

本 章 小 结

本章主要讲述了信息化、农业信息化、农村信息化及农村信息化管理的有关主体等基本概念,简述了农村信息化基础设施、农村电子政务、农村电子商务、农村远程医疗、农村远程教育与培训、农村信息资源等农村信息化管理的基本内容。将做好宣传和普及,提高对农村信息化的认识和重视程度;作好引资与投入,完善农村信息化基础设施;完善惠农措施,夯实农村信息化建设与应用的政策制度;以农村电子商务为突破口,推进农村网购和农村物流;以移动网络手机 App 为重点,对推进农村信息系统应用作为农村信息化管理的基本任务进行了阐述。

思 考 题

1. 基本概念。

(1) 信息化

(2) 信息化管理

（3）农业信息化

（4）农村信息化

2．基本问答。

（1）试述信息化、农业信息化、农村信息化的区别与联系。

（2）试述农村信息化管理的基本内容。

（3）试述农村信息化管理的基本任务。

第2章 农村信息化基础设施

学习目标

通过本章的学习,达到以下目标。

(1)掌握信息化基础设施建设的内容,常见的信息化软件基础设施。

(2)熟悉农村广播电视网、电信网、计算机互联网内容及发展现状,常见的信息化硬件基础设施。

(3)了解信息化基础设施建设的重要性,信息高速公路的特征及关键技术,三网融合的本质。

知识结构

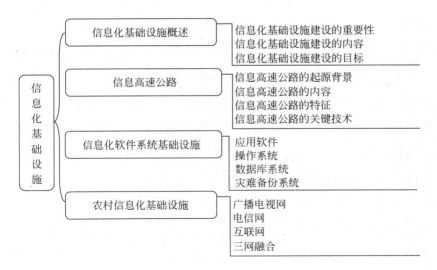

农村信息化建设是国家信息化建设的重要内容,也是建设社会主义新农村的重要任务。坚实的信息基础设施建设是农村信息化建设的基础和关键:硬件设施是条件,网络设施是实现工具,软件系统设施是核心。

2.1 信息化基础设施概述

21世纪人类进入信息时代,信息技术正以惊人的速度渗入传统产业,成为国民经济发展的新助力,加快推进现代化建设的步伐。信息化已成为社会发展的必然趋势,其建设水平已成为衡量一个国家综合实力的重要标志。

概括来说,信息化建设是将信息技术与各种经济社会活动相结合,充分开发和利用信息资源,提高劳动生产效率,推动社会的发展。信息化建设主要包括信息基础设施建设、组织体系建设及信息化系统的安全、管理等体系的建设。其中,信息化基础设施是国家信息化基础设施的重要组成部分,是信息化建设的首要环境基础。信息化基础设施分为硬件设备、网络设施和软件系统设施。信息化硬件设备是信息资源的承载者,负责信息资源的开发、存储、加工处理、交换、利用等工作,是信息实现共享的物理基础。信息化设备种类繁多,在信息资源传输过程中发挥着不同的作用,如手机、电话、计算机、打印机等终端设备,调制解调器①、发大器、基站、卫星、中继器等中继设备。另外,信息设备还涉及机房、智能楼宇及其相关其他物理设备。网络基础设施是信息资源共享的通道,是信息设备交流的桥梁。完善的网络设施连通着来自全国各地的信息设备节点,是信息广泛性共享的前提。随着信息技术的发展、网络设施的完善,电信网、广播电视网、计算机互联网三网业务逐渐趋于融合,人们将能更加便捷地接入网,人与信息的交流将会更加充分、和谐;信息化软件系统设施是指运用在信息化设备上的一些基础软件及相应的软件技术的集合。软件系统设施是对硬件设备的层层虚拟,是对硬件设备功能的实现和扩展,并以一种更加友好的方式呈现,打破了人与信息设备的交流障碍,是信息化硬件设备的灵魂。软件系统分为系统软件和应用软件,常见的系统软件有操作系统、数据库系统等,常见的应用软

---

① 调制解调器相当于翻译机器,可以将数字信号和模拟信号相互转换,使通信双方实现无障碍通信。

件有浏览器、各种网站等。

2.1.1　信息化基础设施建设的重要性

20 世纪 90 年代,人类社会进入知识经济时代,知识经济逐渐替代体力劳动成为经济社会的主流经济模式。服务业规模不断扩增,信息资源逐渐成为加快经济发展的重要生产要素和关键资源。随着信息技术不断发展与创新,其与传统产业结合得日渐紧密,信息化已成为社会发展的必然趋势。信息化建设是现代化建设的前提和基础内容,推动国民经济的快速发展,加快现代化建设的步伐。信息化建设水平成为衡量社会经济发展水平的重要指标,也是衡量一个国家综合实力的重要标志。

信息化基础设施是信息化建设的重要内容,作为信息资源的直接承载者与传播者,信息化基础设施建设水平直接影响着信息的共享程度、信息化建设的进程。因此,发达国家都将信息化基础设施建设放在重要位置。美国是最早打开信息时代大门的国家。早在 1993 年,美国政府就提出建设连通全美的国家信息基础设施信息高速公路计划,使本国成功转型进入信息时代。信息高速公路的建设为美国扩大了更广阔的潜在市场,使美国的经济出现了前所未有的繁荣景象,也成就了美国在世界上的霸主地位。顺应时代发展,世界各国也纷纷将信息化基础设施建设提上日程,积极投入到本国的信息化事业中,信息化建设迅速晋升为国家发展战略。

2.1.2　信息化基础设施建设的内容

信息化建设是利用信息化基础设施,将信息技术和各种社会活动充分结合,开发、利用信息资源从而达到提高劳动生产效率、推动社会发展的目的。信息化基础设施是实现信息化建设的第一步,是信息交流的平台与保证,主要包括硬件设备、网络设施和软件系统设施三部分内容。

（1）硬件设备是信息资源的承载者，负责信息资源的收集、开发、存储、加工处理、交换、利用等工作，是信息实现共享的物理基础。信息化硬件设备种类繁多，在不同设备信息资源传输过程中发挥着不同的作用，主要包括信息化设备、计算机机房、智能楼宇及其他相关物理设备。

（2）网络设施是信息资源共享的通道与前提，是连接信息设备的桥梁。网络设施将来自全国各地的信息设备连接起来，实现信息设备的互联互通，从而实现信息资源的广泛性共享。

（3）软件系统设施主要是指信息服务平台的建设，另外还包括运用在信息化设备上的一些基础软件及相应的软件技术的集合、信息化人才资源等。正是这些软件系统的应用，信息化设备才能成为信息交流的平台。信息化软件系统打破了人与机器之间的交流障碍，将信息设备的功能进行虚拟，以一种更加友好的方式呈现给人们，是信息化设备的灵魂。

2.1.3　信息化基础设施建设的目标

信息时代信息资源成为世界各国新的战略资源，信息资源的开发和利用水平直接影响着国家经济社会的发展。信息基础设施的互联互通是信息资源实现充分共享的前提和基础，完善的标准体制和安全体制是共享的信息资源质量和安全保证。因此，信息化基础设施建设基本的目标是通过先进的网络技术及网络设备，实现信息基础设施的互联互通，提高信息资源和基础设备的利用率，提高工作效率、企业的管理水平和经济效益。其次，完善的软件系统设施能使信息化设备更好地服务大众，增加人们获取信息的渠道，整体提高公民素质，有助于加快信息化建设，提高社会的经济文化水平。当然，任何社会活动和谐顺利地开展都离不开健全法律法规体制，在完善信息化基础设施建设的同时，需同时完善相应的法律、法规体制，制定相关政策，保证并鼓励市场适度有序竞争，提高服务水平，加快信息化建设的步伐。

2.2　信息高速公路

2.2.1　信息高速公路的起源

信息高速公路一词源于美国,正式名称是国家信息基础设施,1992 年由美国副总统阿尔·戈尔正式提出。1993 年克林顿政府正式实施"信息高速公路"计划,以期实现全民信息资源共享,推动经济的快速发展。

信息高速公路顾名思义,可以形象地理解为运输信息的"高速公路",如图 2-1 所示。与现实生活中高速公路一样,信息高速公路也具有容量大、速度快等特点。信息高速公路简单地说就是一个复杂庞大的大型网络系统。它以光纤、卫星通信为通信骨干,连接支线光纤及其他传输线路及节点,形成延伸到全国各地涉及各个领域每个设备甚至每个人的复杂信息网络,终端用户在任何时间、任何地点都能方便快捷地实现与信息资源的交流。

图 2-1　信息高速公路示意图

2.2.2　信息高速公路的内容

信息高速公路自提出以来一直备受世界范围的关注,但由于其本身的广泛性与复杂性,很难用一句话来概括信息高速公路的定义,就其内容来说,信息高速公路包含四个基本要素:信息资源、信息高速通道、信息设备和应用系统软件。

1. 信息资源

信息资源是信息高速公路上需要运载的"货物"。信息资源种类繁多,如文本、图像、音频等,涉及领域广泛,这些信息资源以信息设备能识别的形式在信息高速通道上存储、转换、传输,最终通过显示设备呈现给用户终端,实现信息共享。

2. 信息高速通道

信息高速通道是信息传输的"道路",是各种网络的复杂集合,一般有两种存在形式:有线传输和无线传输。有线传输是以光纤为主,支线光纤、电缆等为辅助传输线路连接而成的信息传输网络;无线传输主要是指通过微波①、卫星通信等数字化、大容量、高速率的传输方式构成无线传输网络。这些传输网络将散落在全国各地的信息设备连接起来,形成高度集成综合的信息传输网络,结合网络传输标准(交通规则)构成信息共享的高速通道。

3. 信息设备

信息资源的传输除了有高速公路外,还需要交通工具的搭载才能传输。信息化设备是信息高速公路上运行的交通工具,主要负责信息的打包、装载、加工处理、转换、呈现等。人们通过信息设备获取、发射或利用信息资源,信息资源通过信息设备将信息以人类能识别的方式呈现给用户,信息设备是用户和信息交流的桥梁,是信息实现共享的基础。

4. 软件系统设施

软件系统设施是信息设备的"灵魂",是信息传输过程中整个网络系统正常、高效运行的技术支撑,在整个信息传输系统处于核心地位。

2.2.3 信息高速公路的特征

信息高速公路是世界级热门话题,以交互方式传递信息,它将永远

---

① 微波是指波长很短的电磁波,微波通信是一种无线传播,具有通信量大、传质量高的特点,是一种重要的通信手段。

改变着人们的生产生活方式,对经济和社会的发展产生深刻的影响。根据信息高速公路的内容可将其特征主要概括为以下几点。

1. 高速度、大容量

信息高速公路以由光导纤维组成的光缆铺设主干"路面",以激光为数据载体传送信息,每秒钟可以完成 30 亿比特的信息传输,而且在传递过程中,光纤的抗干扰能力强,信号失真小,具有很好的保密性。

2. 交互性

在信息传送过程中,用户与信息可以实现交互式交流,即人们不再是被动地接受呈现的信息,可以按需主动选择增减等。用户既可以是接收者,也可以充当信息发送者的角色。

3. 开放性

信息高速公路的建设基于互联网,这就决定了信息高速公路的开放性,始终处于动态补充过程。

除了以上特征外,信息高速公路还具有广泛性等社会属性,其广泛性主要体现在以下几个方面:

(1)广泛受关注。美国提出本国信息高速公路计划,引起许多国家广泛关注,并纷纷构建本国信息高速公路,现在信息高速公路已成为全球性事业。

(2)面向对象广泛。信息高速公路的建设可以服务于社会方方面面,是应用领域非常广泛的网络系统,信息形式多样。

(3)信息来源广泛。信息高速公路的信源来自各大高校、企业、图书馆、行业等数据库,来源广泛,信息丰富。

(4)包含技术广泛。信息高速公路上信息资源底层传送过程烦琐复杂,每一阶段都需要大量的技术处理,如信息获取技术、信息存储技术、光纤通信技术,计算机网络技术、软件技术等。

2.2.4 信息高速公路的关键技术

信息在传输过程中,信息资源的开发、存储、加工、处理,高速通道管理和维护、信息设备的分配和控制等都需要相应的技术做支撑。所以，信息高速公路还是各种高新技术的集成与综合，就通信和计算机领域而言，具体涉及数据库技术、光导通信技术、多媒体技术、无线通信技术及软件技术及其他相关技术。以下简单介绍几种关键技术。

1. 数据库技术

信息高速公路上的信息来源于由企业、政府部门、各种图书馆等各行业的信息库集成的综合数据库^①，信息高速公路将各大数据库充分连接起来，组成一个庞大数据中心，目的是能充分利用信息资源，实现数据最大程度的共享。在信息高速公路建设过程中，需要数据更加有效且高效地被存储、管理和使用，数据库技术的应用不言而喻。

数据库可以狭义理解为数据的"仓库"，数据库技术就是负责如何高效存储、管理"仓库"里的数据。随着信息化建设的推进，数据在各个领域逐渐占据主导地位，高效处理和利用数据成为关注焦点，数据库技术的应用也日渐广泛。在数据库出现之前，数据的存储经历了三个阶段。计算机的诞生最初只是应用于科学计算，当时数据的组织方式由程序员自行设定，且当时的数据都是面向应用的，所以数据间不共享，也无须保存，所以无需硬件存储设备，更没有专门的软件管理数据。随着电子技术的发展，计算机的应用已经不再局限于科学计算，还用于数据的长期存储、管理，数据开始以文件形式存储，即出现了文件管理系统。但文件管理系统阶段数据冗余度大、数据松散，迫切需要新的数据管理技术来满足人们日益增长的信息需求，于是就出现了数据库技术。数据库技术使数据的存储更加结构化，降低了数据的重复冗余，提高了数据的存取效率和安全性。

2. 光纤通信技术

所谓光纤通信，就是利用光纤作为传输介质，以传送承载信息的光波的形式传输信息。光纤是光导纤维的简写，是一种由玻璃或塑料制成

① 按一定的方式管理大量杂乱无序的文件，使其更加有条理，提高工作效率。

的纤维,根据"光的全反射"原理传导光[①]。实际应用中的光纤通信系统使用的不是单根光纤,而是许多光纤聚集在一起组成的光缆,如图 2-2 所示。光缆是新一代的通信电缆,光纤是光缆的核心部分,由两个或多个玻璃或塑料光纤芯经过一些构件极其附属保护层的保护就构成了光缆。

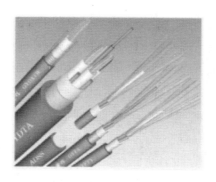

图 2-2　光缆

图 2-3 为基本的光纤通信原理图,在信号发送端,来自信源的电信号经光电转换器处理,转换为光信号并送入光纤传送出去。当光沿玻璃纤维传播时,在纤维与空气的界面上发生全反射,即只反射不折射,信号

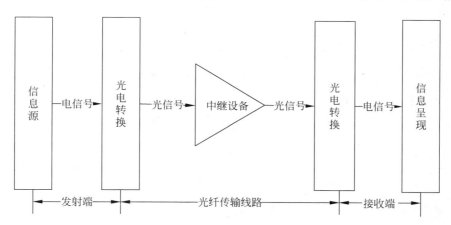

图 2-3　光纤通信原理

不会丢失,如此不断反射向前传播到达目的地。在接收端接收的光信号经接收装置(光电转换器)接收并转换为电信号,再根据需求由相应的终端设备还原信号,从而实现光纤通信。

与传统的电缆或微波等电通信方式相比,光纤通信具有通信容量大、速度快、传输距离远、信号干扰小、保密性能好、抗电磁干扰能力强、传输质量高、重量轻、材料来源丰富、无辐射、难于窃听等优点,因此能取代铜质介质成为新一代通信手段,并成为铺设信息高速公路"路面"的核心。

3. 多媒体技术

多媒体字面上理解就是信息表现为多种媒体形式,如文字、图像、音频、视频等。多媒体技术就是将信息的各种存在形式经过加工处理以一种综合立体的形式来呈现给用户,达到一种图文、音视频并茂的效果,如现在的多媒体教学系统、可视电话等。信息高速公路上的信息来源广泛,形式多样,多媒体技术的运用使信息的表现形式更加饱满,人与信息的交流更加自然充分,是信息高速公路建设的关键技术之一。

多媒体技术具有应用多领域性,如图 2-4 所示,不同的应用领域又涉及数字化技术、图形图像处理技术、音视频技术、语音处理技术及网络技术等在内的不同的媒体技术。随着三网融合的逐渐推进,多媒体技术的应用将更加广泛,未来的信息设备将会更加友好、智能。

4. 无线通信技术

无线通信包括微波通信和卫星通信,信息高速公路上信息的有线传输以光纤网络为骨干网,卫星通信网则构成了信息无线传输的主干。无线通信技术是利用电磁波可以自由传播的特点实现信息交换的一种通信方式。相比有线传输,无线传输最大的优势就是适应性好,不受地理环境的限制,是对有线传输的补充,促进信息更大程度的共享。

5. 软件技术

信息设备的大部分功能都靠软件来实现,传输设备、终端设备的控

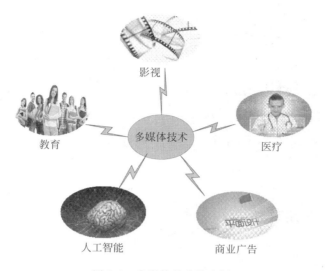

图 2-4　多媒体技术的应用

制与运行,网络的管理、智能服务的提供与监控等都离不开软件技术,软件是信息设备的灵魂,也是整个信息高速公路的灵魂。

2.3　信息化软件系统基础设施

信息化软件系统包含的范围很广,广义的软件系统设施包括信息服务平台及相应的信息化人才资源。狭义的理解信息化软件系统设施就是运行在信息设备上的各种程序的集合。硬件设备的功能大部分都靠软件系统来实现。软件系统设施看不见、摸不着但又有着不可或缺的核心地位。它是硬件资源真正管理者。从普通用户的角度看,是用户和硬件设备之间的沟通接口,为用户提供友好的操作界面或工作环境,是用户能灵活高效地使用硬件设备,从而实现信息资源的高效利用。

软件系统狭义的理解就是运行在信息化设备上的各种程序的集合,是硬件设备功能的拓展与实现,普通用户与信息化设备交流的中介。软件系统一般由应用软件和系统软件组成,应用软件是针对某个领域或根据用户需求而设计开发的具有特定应用功能的软件。应用软件处于软件系统的最上层,距离用户最近,用户可以根据需要任意安装和卸载,常见的应用软件有 QQ、微信等社交工具软件,浏览器、Office 办公软件、各种游戏、各类信息管理系统等;系统软件是用户、应用软件使用硬件资源的桥梁,负责管理、监控和维护软硬件资源。没有系统软件,信息设备犹如废铁,应用软件也无法正常运行。可见,在信息化基础设施中,系统软件起到至关重要的作用。常见系统软件,如 Windows、Android、Linux 等操作系统,数据库管理系统及各种程序语言的翻译程序如 C 语言、C++、Java 等。

2.3.1　应用软件

1. 浏览器

浏览器是用于浏览网上图像、文字、音频、视频等各种信息的应用软件,如图 2-5 所示,常用的浏览器有百度浏览器、搜狗浏览器、360 浏览器、UC 浏览器、猎豹浏览器等,Windows 系统自带的浏览器为 IE 浏览器。

图 2-5　常见浏览器 LOGO

2. 微信

微信是腾讯公司在 2011 年推出的一款免费即时通信软件,使用前用户需注册账号,可以使用手机号、微信号、短信验证登录,也可以直接使用 QQ 号登录,如图 2-6(a)所示,图 2-6(b)为微信的功能面板,用户可根据需要选择开启或关闭相应的功能。随着微信功能的不断完善,微信用户的群体越来越庞大,已成为时下最流行的国内比较受欢迎的即时通信软件之一。

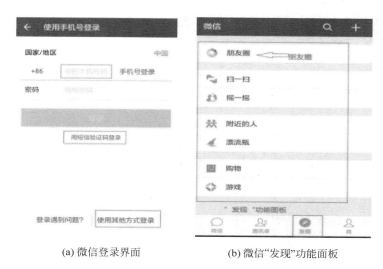

　　(a) 微信登录界面　　　　　　　(b) 微信"发现"功能面板

图 2-6　微信界面

3. Office 办公软件

　　Office 系列是微软推出的一款办公软件,也是目前最受欢迎的办公软件。Office 办公软件有多个版本,有 Microsoft Office 2003,Microsoft Office 2007,Microsoft Office 2010,Microsoft Office 2013,Microsoft Office 2016 等,针对不同的用户还有家庭版、专业版、企业版等不同版本。虽然不同版本功能稍有区别,但里面都包含三个基本软件:Word、Excel 和 PowerPoint。

　　(1) Word,是一个文字处理软件,一般用于文字的录入、存储、编辑、文档的排版还有文件的打印等,有时候也用于文字或文档的简单设计,Word 软件的使用大大提高了人们日常工作的效率,图 2-7 为 Word 2010 编辑界面。

　　(2) Excel,用于处理表格的软件,如制作账单、公司财务报表、学生成绩单等,还可以进行统计、分析、辅助决策等,使工作更加条理、细致。图 2-8 为 Excel 2013 编辑界面。

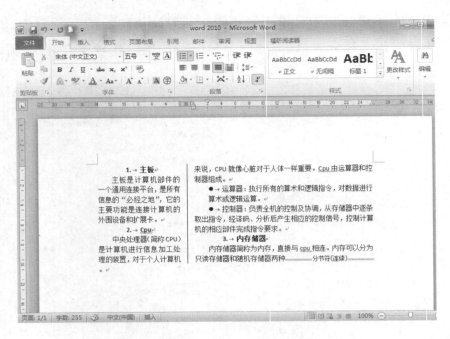

图 2-7　Word 2010

图 2-8　Excel 2010

农村信息化管理

（3）PowerPoint，一般用于制作和演示文档，在讲课或做报告时能帮助我们更有效、生动地传达信息。图 2-9 为 PowerPoint 2013 编辑界面。

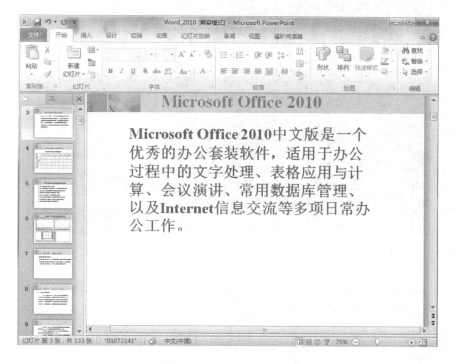

图 2-9　PowerPoint 2010

4. 暴风影音

暴风影音是视频播放软件，同时还支持网络视频点播，如图 2-10 所示，暴风影音兼容性比较强，绝大多数视频或音频都能在暴风影音播放器上播放，因而是人们最喜欢的视频播放器之一。类似的媒体播放器还有 Windows Media Player、搜狐视频、乐视等。

5. 电脑管家

腾讯电脑管家最初是腾讯公司推出的管理电脑安全的免费应用软件，集多种功能于一体，杀毒安全方面有查杀引擎、查杀病毒、云查杀等功能，电脑管家还能实时保护 QQ、网购、U 盘等的安全。另外，在资源管理方面，腾讯电脑管家具有磁盘清理、软件卸载、文件粉碎、网速检测、硬件测试、软件搬家等多种管理软件，同时还具有管理日常工作计划功能，如健康小助手、时间助手等，如图 2-11 所示。

图 2-10　暴风影音

图 2-11　电脑管家界面

　　应用软件种类繁多,除上述介绍的这几种外还有教学软件、辅助设计软件(AutoCAD、Photoshop、Flash 等)、(影视)后期制作软件、游戏娱乐软件、杀毒软件(瑞星、金山毒霸等)以及安装手机上的各种手机应用软件等。不同的软件一般都有对应的软件授权,软件的用户在安装使用前必须同意所使用软件的许可证。

2.3.2　操作系统

操作系统简单理解就是操作软硬件资源的系统软件。操作系统位于应用程序软件和硬件之间,用来管理和控制软硬件资源,所有的用户和应用程序对硬件资源的操作都必须经过操作系统来实现,而用户不必知道底层操作的实现细节,在用户或应用程序看来,操作系统就是其所请求的"硬件资源"。操作系统的存在方便了用户或应用程序与硬件资源的交流,提高了硬件资源的使用高效。常见的操作系统有 Windows 操作系统、Mac OS X、Android、iOS、UNIX 和 Linux 操作系统等。

1. Windows 操作系统

Windows 是由微软公司开发的一系列操作系统,采用图形窗口界面操作计算机,用户对计算机的各种复杂操作只需通过单击鼠标就可以实现。随着电脑硬件和软件的不断升级,微软公司的 Windows 系列也在不断升级,版本从最初的 Windows 3.1 到大家熟知的 Windows 95、Windows 98、Windows ME、Windows 2000、Windows 2003、Windows XP、Windows Vista、Windows 7、Windows 8、Windows 8.1、Windows 10 和 Windows Server 服务器企业级操作系统,图 2-12 为不同版本的操作系统界面,微软一直在致力于 Windows 操作系统的完善和开发,版本不断持续更新。

2. Mac OS X

Mac OS 是一套主要运行于苹果公司电脑上的操作系统,操作界面如图 2-13 所示,与 Windows 操作系统不同,Mac 操作系统设计简单直观,但安全易用,市场定位主要是商务人士。

3. Android 和 iOS

Android 是一种主要应用于便携设备上的开源操作系统,现在主要用于支持智能手机和平板电脑。iOS 操作系统最初是苹果公司给苹果

(a) Windows XP系统桌面

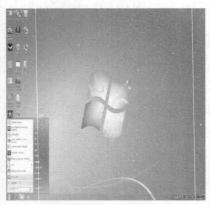
(b) Windows 7 系统桌面

(c) Windows 8系统桌面图

(d) Windows 10系统桌面

图 2-12　不同版本操作系统界面

图 2-13　Mac OS 桌面

手机设计的操作系统,后来陆续应用到 iPod touch、iPad 以及 Apple TV 等产品上。图 2-14(a)、图 2-14(b)分别为 Android 操作系统和 iOS 操作系统的手机操作界面,现在 Android 和 iOS 设备市场份额占全球智能手机销量的 97.5%,和 2010 年 38% 的份额比翻了近两倍,基本霸占了整个智能手机市场。

(a) iOS用户操作界面图

(b) Android用户操作界面

图 2-14　便携设备上的操作系统界面

4. UNIX 和 Linux 操作系统

UNIX 和 Linux 操作系统是服务器操作系统[①],Linux 是基于 UNIX 的操作系统,不如 UNIX 稳定,但可以免费使用,Linux 操作系统常用于小型企业中低档服务器的搭建,也常使用于个人计算机。UNIX 操作系统稳定性好,安全性高,主要运行在高端设备上,如超级计算机、银行设备等,但使用 UNIX 操作系统需要收取版权费用。

2.3.3　数据库系统

1. 数据库基础

(1) 数据库。在人们日常管理工作中,常常需要对大量繁琐的数据

---

① 服务器其实也是计算机的一种,经常作为存储设备使用,用于为用户终端提供各种服务,如网络下载、网络游戏等。

整理归类,放到一个表格中以便人们的工作更加精细条理,这张表就可以看作一个简单的数据库,又称为数据表。根据数据的类别不同分为不同的数据表,数据表相当于现实仓库中的房间,数据以一定的格式分门别类有序地存储在数据表房间内。跟真实仓库不同的是,从数据库中取数据后,"仓库"中的原数据并不会消失,只是相当于把原数据复制了一份。

(2)数据库管理系统。其是管理数据库及数据库中数据的大而复杂的软件系统。主要功能包括数据定义、存储和管理,数据的操纵,数据库的建立、维护、管理等,是用户和数据之间沟通的桥梁。数据库关系系统实现数据的自动化管理,大大提高了用户的工作效率。

(3)数据。其是数据库中的存储对象。数据狭义理解就是一系列数字符号,广义的数据是对事物的描述,表现形式多样,可以是数字、文字、图像,也可以是声音、语言等形式。这些表现形式的数据经过数字化存入计算机以供加工处理和利用。

(4)数据库管理员。负责管理和监控数据库管理系统,为用户解决应用中系统所出现的问题,保证数据库能高效正常的运行。大型数据库系统都需要专人管理和维护。

(5)数据库系统。计算机中引入数据库后的系统称为数据库系统,一般由数据库、数据库管理系统、应用系统、数据库管理员等组成。

2. 网络数据库

网络数据库又称 Web 数据库,通过浏览器或客户端实现对数据资源的操作。网络数据库就是数据库和网络的结合,其运行方式如图 2-15 所示。用户通过浏览器或客户端输入所需数据信息,浏览器将这些数据操作信息通过网络传送给 Web 服务器,服务器对后台数据库操作并将数据操作的结果返回,通过浏览器呈现给用户,实现用户与数据库的数据实时交互。此过程中用户无须学习复杂的数据库知识,只需掌握基本的网络操作,即可实现对数据库中数据操作。

图 2-15　数据库运行方式

　　网络数据库种类繁多，应用广泛，渗入到人们生产生活的各个领域，如网上商城、天气查询、文献资料查询等，下面以京东商城为例，简单介绍使用网络数据库获取资源信息的过程。

　　进入京东商城有三种方法：直接输入网址 http://www.jd.com；直接手动输入，利用搜索引擎搜索；通过浏览器界面连接进入。搜索商品方式如图 2-16 和图 2-17 所示，搜索商品可以在搜索栏中直接输入搜索，也可以在商品分类栏通过所属分类搜索。

图 2-16　进入京东商城方式

图 2-17　京东商城界面

2.3.4　灾难备份系统

灾难备份系统属于信息安全问题,信息化发展大大提高了人们的日常工作效率,然而对计算机过度依赖的同时,人们不能忽视一个重要问题,就是数据的实效问题。在日常工作中,系统硬件故障、人为操作失误、数据访问平台漏洞、病毒侵害、意外宕机、自然灾害等原因都可能引起数据的实效或丢失。信息时代数据无论对企业还是个人都是至关重要,一旦数据丢失,尤其是对企业,可能是毁灭性灾难。因此,为了保障企业各项业务的正常运行,企业必须提前准备数据灾难备份与恢复措施。对于个人,要养成随时保存备份重要数据的习惯,以降低突发状况下不必要的损失。

备份系统是以不影响业务系统正常运作为前提,将系统数据做好备份保存下来,以备不测。一旦数据失效或丢失,备份恢复系统能提供快速的数据恢复手段,保证系统的正常运行。常见的备份方式有:

(1)定期磁带备份数据。就是定期用磁带复制存储设备中的数据。

（2）远程磁带库、光盘库备份。即将数据传送到远程备份中心备份。

（3）远程关键数据＋磁带备份。采用磁带实时备份关键数据。

（4）远程数据库备份。将当前主机上的数据库在另一个主机上备份。

（5）网络数据镜像①。通过网络方式将主机数据库数据和重要文件传送到备份系统进行备份。

（6）远程镜像磁盘。将磁盘备份通过高速光纤通道线路和磁盘控制技术连接远离当前主机的地方,磁盘数据和其备份同步更新。

2.4 农村信息化基础设施建设

当前农村信息化基础设施建设是指在计算机互联网、广播电视网、通信网络体系建设基础之上配以相应的信息化软硬件设施建设。计算机互联网基础设施包括搭建的局域网、广域网,服务器、交换机、集线器、中继器、路由器、信号放大器等中间和接口设备,计算机、手机、打印机等终端设备;广播电视网和通信网络基础设施也同样涉及信息资源的收发和传输,收发设备有发射台、转播台、接受天线、接受站等,传输介质包括光纤干线、电缆干线等,信息传输过程中还涉及信号放大器、分光器、交换机等中间设备及其附属设备。另外,还涉及系统的建设等。

2.4.1 广播电视网

1. 农村广播电视网

广播电视是通过无线电波或有线线路向各个地区播送声音、图像的传播媒介。广播电视网依托于卫星网,不受地形地势等条件限制,信号覆盖范围广,信号质量高。目前广播电视网是我国最普及和最便捷的信

---

① 数据镜像就是数据在镜子里的影像,即数据的副本,只不过是实时同步更新的副本,就像照镜子一样。

息获取媒介,也是当前农村应用最广泛的信息获取工具。特别是对于铺设电缆线路不方便的偏远山区,广播电视更具优势。人民群众可以通过广播电视了解外界信息,丰富自己的娱乐生活,了解和学习文明先进的科学文化知识。另外,广播电视还具有宣传监督功能,及时宣传党的政策方针,监督并及时纠正不正之风,有助于加快农村精神文明和物质文明的建设,整体缩小城乡差距。

广播电视是当前农村广泛使用的获取信息的媒介。1998 年党中央国务院启动广播电视"村村通"工程,扩大广播电视网覆盖面,构建农村广播电视公共服务体系。"村村通"工程实施以来取得很大成果,全国基本消除了广播电视覆盖盲区,由图 2-18 可以看出,全国广播节目综合人口覆盖率和电视节目综合人口覆盖率一直处于攀升状态,从增幅来看,农村广播电视成为主要增长力量。随着经济社会水平和科技水平的提高,"村村通"工程也在不断地向高水平发展,服务更加精细,服务能力不断提升,服务手段更加多样,有利于改变边远地区的信息化水平、文化水平,提升信息服务质量,缩小城乡差距,加快国家信息化建设和全面建设小康社会的步伐。2016 年 4 月国务院印发新一轮的"村村通"工作的通知,全面部署了"村村通"工程向"户户通"工程的升级工作,巩固广播电视"村村通"的成果,进一步提升"村村通"服务水平。新一轮广播电视村

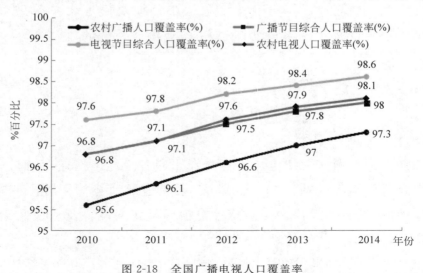

图 2-18　全国广播电视人口覆盖率

农村信息化管理

村通工程的目标是统筹无线、有线、卫星三种技术覆盖方式,形成由地面无线、有线网络和空间卫星网络构成的广播电视综合覆盖网。到2020年,基本实现数字广播电视"户户通",地面无线广播电视基本实现数字化;有线广播电视网络基本实现数字化、双向化、智能化,全国有线网络整合取得明显成效,实现互联互通;直播卫星公共服务基本覆盖有线网络未通达的农村地区,形成覆盖城乡、便捷高效、功能完备、服务到户的新型广播电视覆盖服务体系。

经过数十年的发展,中国已成为世界上拥有最大规模的广播电视网国家。下一代广播电视网为电信网、计算机互联网、广播电视网的三网融合,它不仅可以为用户提供高清晰的电视、数字音频节目、高速数据接入和语音等三网融合业务,也可为科教、文化、商务等行业搭建信息服务平台,使信息服务更加快捷方便。

2. 广播电视的传播方式

（1）地面无线传播。图2-19为地面无线电视广播信号传输示意图,利用摄影机、话筒等获取事物影像音频信息,经调制利用发射机将载有电视广播信息的信号发射到各个地方的电视塔①、山顶电视基站上进行广播,再由接收天线接收,解调还原音频影像,通过各种显示器呈现给用户。这种广播方式接收的地方台较多,主要面向广大农村用户,城市也可接收,但这种广播方式很容易受到地形和天气的影响,画面质量不高。

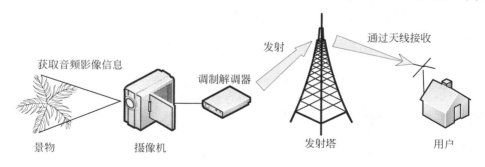

图 2-19 地面无线电视广播信号传输示意图

---

① 电视塔是广播电视发射传播的建筑,一般都建得很高,是地方的标志性建筑。

（2）有线传播。图 2-20 为电视广播信号有线传输原理图。前端系统获得电视信号经过处理、转换，交付给发射机由传输系统传输出去，在用户终端附近由分光器将信号分为多路信号以满足不同用户需求，用户终端根据需要通过数字机顶盒或直接接入有线电视系统。广播电视信号的有线传播是通过具体传输线路传播，通常利用光缆、同轴电缆作为传播媒介将信号传输到户。相比无线传播，有线传播的信号受干扰较小，画面更稳定，画质更清晰，但受到地形、地域影响，在偏远山区铺设线路较为困难。

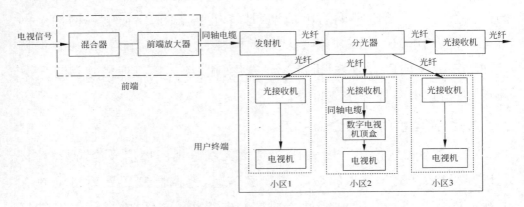

图 2-20　广播电视信号有线传播原理图

（3）卫星广播。图 2-21 为广播电视信号卫星传输示意图，和地面无线信号传播原理类似，不同的是卫星广播是由卫星转播电视信号，它类似于一个电视差转站，将来自地面的电视广播信号处理后，再向所服

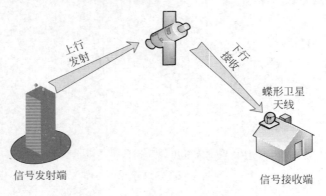

图 2-21　广播电视信号卫星传输示意图

务的覆盖区域转发,用户通过地面接收天线来接收信号。为保证地面能精确接收到信号,卫星的姿态和位置必须足够精确,且相对地球静止保持。

广播电视卫星传输抗干扰能力强、信号比较稳定、传输的节目质量高、内容丰富。另外,卫星传播还具有覆盖面广、传输距离远、投资少、成效高等特点,极大地提高了农村地区广播电视的服务水平和质量。

2.4.2 电信网

1. 电信网概述

传统电信网主要业务是电话业务,因此称为电话网,是实现用户远距离通信的重要基础设施。随着通信行业的快速发展、电子技术的进步,现代电信网集合了电话网、数据网、电报网等,不仅可以传送语音信息,还可以利用光线、电缆、无线及其他电磁系统传送、接收文字、图像、声音或其他信号信息,使人们的通信更加方便、真切。

电信网的构成可以简单分为用户终端、交换系统和传输系统。图 2-22 为电信网络信息传输示意图。用户终端构成电信网系统的最外

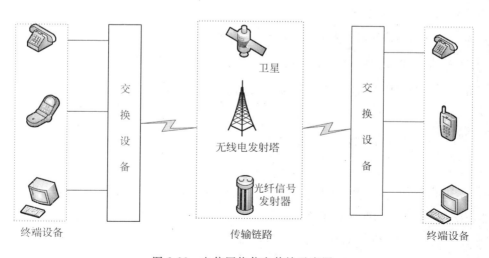

图 2-22　电信网络信息传输示意图

层,分为收信终端和发信终端,发信终端设备将语音、文字、图像等信息转换为电信号经调制后发射出去,收信终端接收信号并将其还原,实现用户通信需求;交换系统是实现信息交换的关键部分,包含各种电话交换机、数据交换机等。传输系统包括传输介质、传输设备,作用是将电信号从一个地点传送到另一个地点,和广播电视信号传输一样,电信网信号传输方式有无线传输和有线传输。无线传输有微波通信和卫星通信两种方式,涉及的无线设备有收发器、调制解调器、卫星及监控设备等。有线传输线路有光纤、电缆、架空明线等;交换设备是用户终端能实现相互通信的关键设备,相当于翻译中介,根据主叫用户的呼叫要求选择连接相应的被叫终端,实现主叫终端和被叫终端的通信连接。

2. 我国农村电信网整体情况

随着我国信息化进程的推进,农村电信网有了很大的发展,但农村的通信基础设施的建设仍然比较滞后。2004 年工信部携中国移动、中国联通、中国电信等电信运营商开展"十一五"期间的"村村通"工程。"村村通"工程开展以来取得了显著成果,实现了 100%行政村通电话,全国范围内自然村的通电话比例达 94%,99%的乡镇和 80%的行政村具有宽带接入能力。2015 年 5 月,国务院印发《关于加快高速宽带网络建设推进网络提速降费的指导意见》,提出大幅提高宽带普及率和速率,并在 2017 年实现 4G 网络全面覆盖城镇和农村。随着我国农村通信基础设施的逐渐完善,通信服务水平大力提升,农村信息服务平台得到进一步改善,对缩小城乡"数字鸿沟"起到了积极推动作用。

2.4.3 互联网

互联网代表了当前的先进技术,它的普及与应用程度是信息化程度的主要标志。互联网信息容量大、信息传送迅速及时、交互性好、信息资源共享便利,是建设信息高速公路的关键。近年来,随着农村宽带网络的普及,3G、4G 等移动网络的建设,智能手机在农村迅速发展,互联网逐渐深入到农村,农村村民接触网络越来越便利。农村互联网的发展有助于加快农村信息化建设,带动农村社会与经济的快速发展。

近年来我国网民规模持续增长,CNNIC(中国互联网络信息中心)数据显示,截至 2016 年 6 月,我国网民规模高达 7.1 亿,互联网普及率达到 51.7%,但农村网民占仅网民总数的 26.9%,如图 2-23 所示。虽然我国互联网普及率保持稳定增长,但相比城市,信息基础设施有待完善,无论从规模上还是增速上,农村互联网的普及率和城镇还存在较大差距,如图 2-24 和图 2-25 所示。

图 2-23　中国网民规模与互联网普及率

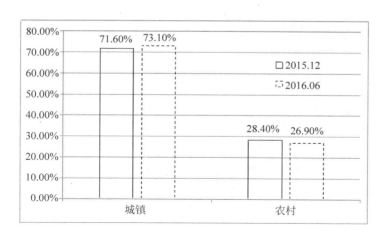

图 2-24　中国网民城乡结构

55

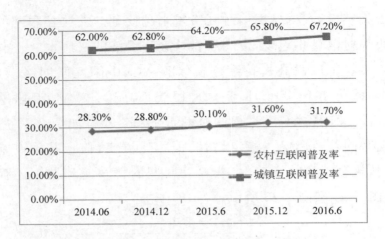

图 2-25　2014.6—2016.6 中国城乡互联网普及率

"村村通"工程的实施有效改善了农村信息基础设施,中国农村乡镇实现 100% 能上网,99% 的乡镇和 80% 的行政村已基本具备了宽带接入能力。图 2-26 中农村非网民不上网原因的数据显示,无法接入互联网或缺少上网设备已不再是农村非网民不上网的主要阻碍,近 80% 的农村非网民不上网的原因主要是由于不会上网和不愿上网。近年来,在政府的扶持下农村信息基础设施虽然实现跨越式发展,但由于经济发展的不平衡,农民本身整体素质较低,思想相对封闭,对信息重要性的认识不

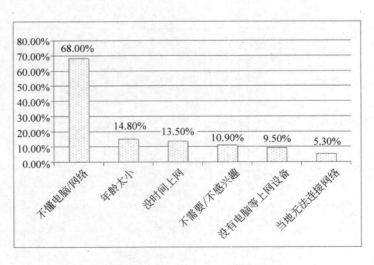

图 2-26　农村非网民不上网原因

够,还不能充分有效地利用现有信息基础设施。另外,农村信息人才资源缺乏,不能有效引导农民对信息的重视,并对农民传授缺失的基础信息知识,导致农民不会上网,也没有强烈渴望学习获取信息的意识。要真正实现农村信息化尚需要一段时间,除了对基础设施的大力投入外,还需加强投入农村的教育工作,提高其认识水平,从根本上解决城乡差距,早日实现农村信息化。

2.4.4　三网融合

随着通信技术的发展,电信网、广播电视网、互联网逐渐打破障碍,业务交集越来越多,逐渐形成三网融合局面。三网融合并不是各运营商的物理合并,而是三大网络在发展过程中业务、资源的有效融合,如图2-27所示,更确切地说是业务的相互渗透。运营商可以交叉运营业务,用户通过一种技术手段接入便可以享有三种网络服务。例如,电信网业务最初主要集中在固话上,现在电信网络还实现宽带、移动互联网等业务,电信的IPTV就是三网融合下的典型产品[①]。三网融合最终目的就是使用户能更方便地接入网。三网融合后用户可以根据需要选择终端和网络,打破了打电话只能用手机接入电信网、看电视必须接入广播电视网的局限,只要拉一条线或通过无线接入即可实现看电视、打电话等在以前需

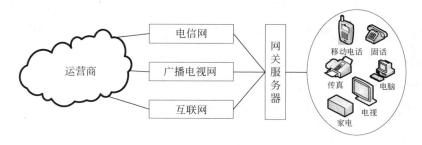

图 2-27　三网融合

---

① IPTV交互式网络电视,简单说就是电脑和电视的结合,可以实现在线点播视频的电视,是三网整合线的产物。

要多条线路才能完成的日常业务需求。三网融合使人们接收信息更具主动性,人们可以随意快进不想看的电视节目,也可以在将电视当作电脑使用,浏览网页、聊天看视频,甚至可以直接用遥控器跟朋友家人打电话。三网融合改变着人们的生活交流方式,既简化了烦琐的网络布线,也提高了生活质量和工作效率。

三网融合要解决的一个重要问题就是传输通道问题,要想使不同的业务走统一传输通道,需要使用统一的通道标准。现在的三网融合基本上都是采用基于互联网的 IP 协议实现的,即使有些运营商会通过两张网络传输信息,但在最后的传输部分都应该按照 IP 协议实现融合。其次,还涉及数字技术、软件技术、宽带技术等各种技术的应用。数字技术为各种信息的传输、交换和处理奠定了基础;光通信技术的发展为各种业务信息的综合传输提供了高速传送公路,保证了传输速度和传输质量[①]。现在光纤通信技术已在电信网、广播电视网、计算机网得到了广泛应用;软件技术为终端设备能够接入三大网络并顺利使用所需业务提供了技术支持,今天的软件技术已经具备三网业务和应用融合的实现手段。

2.4.5 案例:中国移动通信

中国移动通信简称 CMCC,是国内最大的国有移动通信运营商,网络制式有 GSM,TD-SCDMA 和 TD-LTE,即人们经常接触到的 2G、3G、4G 网络。2G 网络俗称"全球通",是目前使用最广泛的网络制式。随着 4G 移动通信的发展,全球很多 GSM 运营商决定 2017 年关闭GSM 网络,将腾出无线电频率用于建设 4G 及未来的 5G 网络。相比2G 网络,3G、4G 网络提供的网速更快,用户在获取网络服务时更便捷、流畅。截至 2016 年 4 月,中国移动固网宽带用户数达到 6172.1 万。

1. 移动通信系统

移动通信系统可以分为四个部分:用户终端、基站子系统、中继传

---

① 网络制式是指网络的频段,简单理解就是网络的类型。

输系统和交换控制中心,系统结构图如图 2-28 所示。

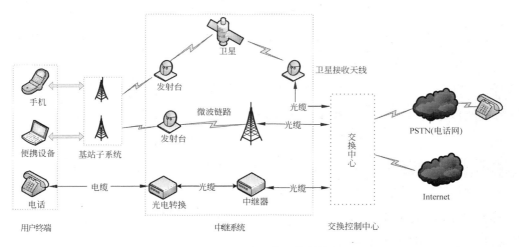

图 2-28　移动通信系统结构

（1）用户终端,是业务的请求发出者与接收者,在三网融合背景下,中国移动业务向电信、光电同时推进,用户终端除了包括手持机、便携设备、车载设备等移动台外,还包括非移动终端设备,如电视机、台式机等。

（2）基站子系统,由基站、无线信号收发系统、基站控制器及其相关设备组成,用于信号的接收和传送,连接移动用户和固定网络,实现相关通信。

（3）中继系统,包括信息传输的中继链路和中继设备。具体有微波收发台、卫星收发设备、无线通信网络、光缆、中继器及设备间相应的接口设施等。

（4）交换控制中心,移动通信系统的交换控制中心负责区域内整个网络系统的管理、控制和网间交换工作,主要包括数据的管理与安全、通信的控制、网间的切换等一系列工作。

2. 移动通信

移动通信是指通信双方至少由一方是移动的,利用相应的交换设备及传输设备将移动通信方连接起来的网构成了移动通信网。移动通信是在有线通信的基础上建立起来的无线通信,传输方式包括地面无线传输和空间无线传输。移动通信技术至今经历了四个阶段发展：1G、2G、

3G、4G。

（1）1G（模拟技术），是指第一代移动通信系统，通俗地讲就是大哥大时代，系统采用的是模拟电路，业务单一，且抗干扰能力差，所以用大哥大接电话必须到室外。

（2）2G（实现了语音的数字化），是指第二代移动通信系统，属于数字通信，相比1G、2G时代的移动通信抗干扰能力有了大大地提高，除了语音、短信业务外还能实现互联网的接入，人们最直观的体验就是能上网看小说，浏览资讯，但这些信息只以文本形式呈现，且传输速度较慢。

（3）3G（以多媒体通信为特征），第三代移动通信系统在2G基础上提高了语音通话的安全性、数据的传输速度，也即我们在浏览资讯时可以顺利加载出图片，获得更好的上网体验。

（4）4G（通信进入无线宽带时代），4G业务是各运营商近两年才推出的业务，4G时代数据传输速度更快，不仅能加载高清图像，还可以观看高清视频，几乎能满足用户无线上网的所有服务需求。

在用户看来，1G、2G、3G、4G时代移动通信网络最直观的区别就是网速的不同。随着技术的发展，伴随信息高速公路的建设热潮，人们将很快进入移动通信5G时代，信息设备越来越智能，数据传输速度将会继续增长，5G的网络传输速率将是4G峰值的100倍。美国时间2016年11月17日，国际无线标准化机构3GPP的RAN1（无线物理层）87次会议在美国拉斯维加斯召开，中国华为的Polar方案入选了5G标准。

3. 中国移动光纤宽带

中国移动推出的宽带有两种接入方式：光纤接入和4G无线接入，下面简单介绍光纤入网的接入方法。

光纤上网首先需要向运营商支付费用申请账户和密码，接入光纤专线。光纤网从运营商接过来后用到一个最关键的设备，就是光纤收发器，俗称光电转换器。简单地说，光纤收发器的作用就是光信号和电信号之间的相互转换。图2-29为光电接收器，光纤口通过光口接入光电转换器，转换后的电信号由电接口（RJ45水晶接口）通过网线接入电脑网卡口。接着由宽带服务提供商人员配置光电转换器，配置成功后即可使用宽带拨号上网。

光纤接口

RJ45水晶头接口

图 2-29　光电接收器

本 章 小 结

　　作为信息化建设的基础，信息化基础设施的建设水平直接影响着信息化的进程。本章主要介绍信息化基础设施的内容，包括光纤网、无线网、移动数据网，特别是农村广播、电视网、农村电信网、农村互联网等信息高速公路等硬件基础设施，以及操作系统、办公软件等信息化软件基础设施，讲述了农村信息化的组织体系、信息化系统安全体系、灾难备份与恢复体系基础设施，并就信息化基础设施的内容分析其特点和涉及的关键技术。

思 考 题

1. 举例说明信息化基础设施的内容有哪些。
2. 简述信息高速公路的基本要素。
3. 简述软件系统的含义，并列举出常见的软件。
4. 举例说明你的所在地都有哪些信息化基础设施。
5. 列举移动通信网络历史上的四次技术发展。

第3章 农村电子政务

学习目标

通过本章的学习,达到以下目标。

(1) 了解农村电子政务的基本概念与主要内容。

(2) 熟悉农村电子政务的主要管理系统与应用管理。

(3) 掌握农村电子政务具体的应用领域。

知识结构

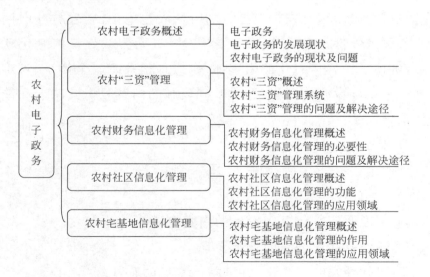

3.1 农村电子政务概述

政府作为公共管理的主体,其工作方式、工作内容和政府行为等一直是公众关注的重要方面。随着信息技术的迅猛发展和快速普及,政府的工作方式和工作内容都发生了深刻转变。网络信息技术的不断提高与个人电子计算机的普及,政府电子政务作为一项新兴的治理方式,开始进入各级政府机构与公共部门,特别是基层政府在过去几年获得了长足进步。那么农村电子政务的发展状况又是怎样的呢?

3.1.1　电子政务

电子政务是指各种公务机构通过广泛应用现代信息技术,推动政务活动方式的变革,提高行政效率,发展民主决策进程,向社会提供优质、规范、透明的管理与服务的过程与结果。

电子政务至少包括了三层含义:

(1)电子政务必须借助信息技术和数字网络技术,依赖于信息基础设施和相关软件的发展。

(2)电子政务并不是简单地将传统政府服务进行简单网上移植,而是要对其进行组织结构重组和业务流程再造。电子政务的建设是一项复杂的系统工程,是对传统政府管理的重组、整合和创新,不仅是技术创新,而是包括管理创新、制度创新在内的社会的全面创新。

(3)电子政务的目的是要大力利用网络通信与计算机等现代信息技术更好地履行政府职能,塑造一个更有效率、更精简、更公开、更透明的政府,为公众、企业和社会提供更好的公共服务,最终构建政府、企业、公民和社会和谐互动的关系,电子政务堪称政府管理的革命。

由上可知,电子政务是由政府机构提供的,面向多用户的服务形式,电子政务的用户类型可以分为四种,即:

G2G 指政府(Government)与政府(Government)之间的电子政务,即上下级政府、不同地方政府和不同政府部门之间实现的电子政务活动。

G2E 指政府(Government)与政府公务员即政府雇员(Employee)之间的电子政务。

G2B 指政府(Government)与企业(Business)之间的电子政务。

G2C 指政府（Government）与公众（Citizen）之间的电子政务。在 G2C 中，用户主要是广大群众，特别是需要与政府打交道的公众，政府通过电子网络系统为公众提供各种服务。从公众角度来看，G2C 电子政务所包含的内容十分广泛，主要的应用包括公众信息服务、电子身份认证、电子税务、电子社会保障服务、电子民主管理、电子医疗服务、电子就业服务、电子教育、培训服务、电子交通管理等。G2C 电子政务的目的是除了政府给公众提供方便、快捷、高质量的服务外，更重要的是可以开辟公众参政、议政的渠道，畅通公众的利益表达机制，建立政府与公众的良性互动平台。本章主要围绕 G2C 来进行论述。

同样，农村电子政务是指在农村的基层政府运用现代信息技术来处理日常办公、信息收集与发布、公共管理等各类公务，在数字化、网络化的环境下进行的农村社区行政管理形式，旨在提高政府服务效率，为公众提供高效、公开、透明的服务。它包含多方面的内容，如政府办公自动化、政府部门间的信息共建共享、政府实时信息发布、各级政府间的远程视频会议、公民网上查询政府信息、电子化民意调查和社会经济统计等。

3.1.2 电子政务的发展现状

我国电子政务的发展总体上可分为信息化前期、大规模基础设施建设和深化应用三个阶段。1999 年"国家信息化领导小组"的成立和"政府上网工程"启动可以作为分界线，之前为政府信息化的前期，1999—2002 年为政府信息化大规模基础设施建设阶段，从 2003 年开始到现在，政府信息化进入了以资源整合、深化应用为主的时期。近十年来，我国电子政务不断发展壮大，大大加快了对我国社会经济发展的支撑作用，极大提升了政府宏观经济调节、市场监管、社会管理和公共服务等各项能力。在政府网络基础设施、政府门户网站与公共服务、信息资源开发与利用、核心业务支撑等方面均取得跨越式的发展，我国电子政务用了十几年的时间走完了发达国家几十年的电子政务实践历程，如图 3-1 所示。

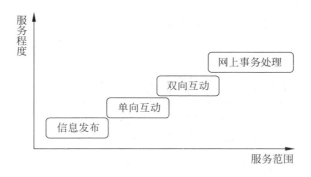

图 3-1　电子政务发展阶段

目前我国各级政府及部门都已建立网站,一些部门还建立了内网和跨部门协作网,依托日趋成熟的 Web 2.0 技术,电子政务发展的步伐越来越快,渗透在政府工作的方方面面,"政府 2.0 时代"呼之欲出,城市的电子政务已基本全面覆盖,我国各级政府的网站拥有率接近 100%,网站整体水平大幅提升。

2013 年 9 月,按照《国务院关于大力推进信息化发展和切实保障信息安全的若干意见》和《国家电子政务"十二五"规划》的要求,在工信部组织下,各个地方开展了基于云计算的电子政务公共平台试点示范的组织、申报和准备工作,确定北京市等 18 个省级地方和北京市海淀区等 59 个市(县、区)作为首批基于云计算的电子政务公共平台建设和应用试点示范地区,鼓励地方在现有基础上建设集中统一的区域性电子政务云平台,支撑各部门业务应用发展,防止重复建设和投资浪费,促进互联互通和信息共享,增强电子政务安全保障能力,推动电子政务朝集约、高效、安全和服务方向发展。试点示范地区中省级行政区包括北京市、天津市、内蒙古自治区、黑龙江省、安徽省、福建省、江西省、山东省、湖南省、海南省、贵州省、云南省、陕西省、甘肃省,以及青岛市、深圳市、哈尔滨市、成都市。这些年来,我国电子政务市场规模持续较快增长。根据统计,电子政务行业 2008—2010 年的市场规模分别为 740 亿元、861.7 亿元、1010.9 亿元,行业规模的复合增长率达 15%,高于同期的 GDP 增速。未来我国电子政务市场规模仍将保持较快增长,2015 年的市场规模将超过 2000 亿元,如图 3-2 所示。

图 3-2　电子政务发展阶段

　　2016 年,在第十一届中国电子政务论坛发布了《2016 联合国电子政务调查报告(中文版)》,指出我国电子政务国际排名稳步上升,我国的电子政务发展指数(EGDI)为 0.6071,排名第 63 位,相较于上一次调查上升 7 位,目前我国电子政务水平已处于全球中等偏上水平[①]。具体表现如下。

　　一是电子政务外网接入贯通率进一步提高。2015 年,新增 12 家中央政务部门接入政务外网,目前已接入政务外网的中央政务部门和相关单位已达 97 家。从纵向联通情况看,政务外网省级覆盖率已经实现100%,地市、区县网络接入工作明显加快,网络覆盖率分别达到94.3%、83.5%。其中,实现政务外网全覆盖的省份累计达到 23 个;从各地横向接入情况看,政务外网接入省及以下各类政务部门累计达到14.1 万家,接入终端超过 180 万台。二是政府数据开放开始起步。中央部门和地方政府开始积极尝试政府大数据应用,取得了积极进展。中国气象局与阿里云达成战略合作,双方将联手完善我国首个物流数据平台——物流预警雷达,挖掘气象大数据的深层价值,这是国家部委首次采用民营科技公司提供的数据服务。国家统计局开通国家数据网站(data.stats.gov.cn),提供由统计系统产生的,与 GDP、CPI、人口、总人口、出口、房价、社会消费品零售总额、货币、PPI、固定资产等有关的各种开源数据。三是政府网站服务能力大幅提升。据 CNNIC 发布的数据显

　　[①]《联合国电子政务调查报告》评价联合国成员国电子政务发展状况的报告,是全球电子政务领域权威调查报告。

示,截止到 2015 年 6 月 30 日,我国以 gov.cn 为结尾的域名数为 57923 个。100% 的国务院组成部门和省级政府、99.1% 的地市及 85% 以上的县(区)政府都已经建设了政府网站。根据我国软件评测中心发布的"第十四届(2015 年)中国政府网站绩效评估"结果显示,政府网上服务呈现七大亮点。

(1) 门户网站的运维保障水平提升明显,部委、省、市政府门户网站的可用性情况良好,站点可用性均超过了 95%。网站回复的平均时间由年初的 37 天减少至当前的 14 天,网站回应速度大大提升。

(2) 深入梳理职能业务,全面公开行政权力和责任清单,推进和落实简政放权。

(3) 依托业务系统建设,进一步提升政府数据的综合利用水平和服务能力。北京市、海南省、江西省、成都市、佛山市、广州市、禅城区等地方基于建设完善资源共享平台、加强与实体大厅的对接与融合,打通了下辖部门和地区的数据共享通道,提供了一门式、一口式服务,极大地方便了公众和企业办事。

(4) 不断创新服务手段、提升服务意识,以互联网思维指导政府网站建设。北京市、上海市、浙江省、青岛市等积极探索政府数据开放。如,浙江省的政府数据统一开放平台,共开放 68 个省级单位提供的 350 项数据类目,其中包含 100 项可下载的数据资源,137 个数据接口和 8 个移动 App 应用。

(5) 完善信息公开体系,进一步加大政府信息公开力度。与 2014 年相比,部委、省、市、区县政府网站开通了公共资源配置类、食品药品安全类、环境保护类、安全生产类等重点领域的公开专栏比例达到了 60%,比去年提升了 17 个百分点。

(6) 聚焦重点办事和民生领域服务需求,提高网站办事服务的实用性。北京市、深圳市、南京市、佛山市等网站进一步做实做深网上办事服务,优化网上服务展现形式,力图以最亲切、最直白、最人性化的方式向用户提供服务。

(7) 整合多平台多渠道资源,加强互动交流和舆论引导。各地方各部门愈来愈重视互联网的舆情引导和互动交流,利用多元化的互动渠道提升交流互动效果。

3.1.3　农村电子政务的现状及问题

1. 农村电子政务发展现状

电子政务的快速发展极大地提高了政府工作效率和质量,改善了政民关系,并促进了政府公信力的提高。毋庸置疑,广泛地使用先进信息与网络技术,能够提高政府部门的工作效率、增进政府工作的透明度、促进政府与公众以及政府部门之间的协调互动与协作,有利于公共服务与公共产品的提供。它不仅推动着城市公共事务的发展,也在一定程度上影响了农村公共管理和管理信息化的发展。

但是,由于我国一直以来是城乡二元结构,城市与农村的信息化建设水平呈现较大的差异。据 2010 年第六次中国人口普查资料,中国农村人口 6.7 亿,占总人口数的 50.32%;农村占地面积远远高于城市,占国土面积的 94.8%。农村行政村大多区域广阔,被大量山川河流分割,农村人口居住相对分散,生活物理距离远、地理环境迥异,且农村各地经济、文化、基础设施条件,农民素养及接受能力差异大,客观上需要有针对性、有地域特色的农村电子政务的畅通信息和便捷的基层公共服务来弥补农村资源分散的缺陷。

目前我国的行政区划基本上分为中央、省、市、县、乡,中央级的应用往往考虑到全国性的需求,这类需求标准化程度较高,例如国家信息化领导小组提出的"十二金"工程等,并且可以向省市和县乡延伸;省市级和县乡级的需求一部分来自于中央级需求的向下延伸,另一部分来自于本区域的特殊需要,例如经济发达地区提出的"数字城市",一些面向地区的行政决策支持系统等。正是在这种情况下,农村电子政务日益在全国发展起来,但是我国的电子政务在城市发展相对完善,在农村的建设就相对薄弱一些。在东部经济相对发达地区,农村的电子政务取得了一定的成绩,有些地方甚至优于城市水平,而在中西部的大部分农村,电子

农村信息化管理

68

政务的建设基本处于空白状态。

案例——南海①农村管理信息系统

南海智慧城市管理指挥（应急）中心暨政务服务中心桂城分中心，是南海整合政务资源、下层政务服务的一个重要举措。通过南海"一点通"电子政务平台和区、镇（街）、村（居）三级行政服务中心信息化建设，目前80%以上的行政审批事项可在网上完成；而通过发布手机移动终端和在"社区警务E超市"上装载南海"一点通"，公众查询相关审批事项也颇为方便。审批中涉及的资料，可以到行政服务中心提交，也可以在电脑上通过网络提交。南海已建成区、镇（街）、村（居）三级行政服务中心，相应的信息系统也已延伸至村（居）。南海区的农村管理系统的主要功能包括经营管理、资源规划管理、人口管理、党务政务管理、社会事务管理、村务财务公开管理等，涵盖了农村管理工作的各个层面。同时村委会设置一到多台触摸屏供村民查阅村务公开信息，方便快捷地了解所有村务大事，如土地投包情况、工程招标情况、村委会开支情况等。管理系统的应用提高了农村社会管理的效率，帮助村干部的管理水平向规范化、系统化、科学化迈进，同时也为上级政府更加准确、及时地掌握农村信息（如人口、土地、财务状况等）提供了有效手段。

目前，我国的电子政务发展才开始触及村镇这一层面。而在南海区，"村村通光纤，家家可上网"早已成为现实，在近几年的电子政务发展过程中，南海的村镇电子政务建设同样搞得有声有色，成效显著，成为我国村镇电子政务发展的典范。

与全国其他地区的农村一样，南海的农村管理以前也一直存在着较大的问题，主要是由于村务操作的不透明，导致村民无法行使知情权，使得村干部与村民之间的矛盾和纠纷时有发生。而南海的农村地区经济条件相对较好，一般的村级行政机构每年的财政收入平均达到百万元以上，多的高达上亿元。对如此巨额的村级财政收入缺乏监管或操作不透明，不仅不能给广大村民一个清白，也不能还村干部一个清白。于是，从

---

① 2002年，南海市降为南海区，为佛山市辖区。

1999 年开始,南海区就着手进行村镇电子政务建设,这些年下来,取得了明显得成效。

刚开始的时候,广大村干部对发展村镇电子政务有很大的抵触情绪,原因有两个方面:一是因为村干部的文化程度相对较低,普遍不会使用电脑,害怕因此而落选;二是因为村镇电子政务建设必然会对村干部的既得利益构成威胁,使得原来普遍盛行小金库、公款吃喝等现象无处藏身。因此,村镇电子政务建设实施之处遇到的阻力不可低估。

针对以上情况,市政府采取"先试点,后推广"的办法,先在经济条件较好的西樵区民乐村率先开通了村委会信息管理系统,使全村的财务收支、经济合同管理、户籍管理、征兵、计划生育等村务大事全通过电脑网络和触摸屏等方式展示出来,让村干部和全村村民亲身感受电子政务带来的实实在在的好处,并帮助他们打消电子政务"可望而不可即"的想法。时间不长,村民通过电脑和网络了解了自己关心的各种村务信息,村干部也通过这种方式与广大村民取得了很好的沟通,赢得了村民的理解与信任。因此,民乐村的电子政务系统很快就受到村干部和村民的接受与欢迎,大家参与电子政务建设,学习计算机应用知识的热情得到了极大地提高。在民乐村试点取得成功的基础上,南海区通过召开现场会等多种方式,逐步推行村镇电子政务的实施。

目前,全市 250 个行政村中,绝大多数都开通了适合农村管理需要的电子政务管理系统。特别是过去矛盾最集中的村级财务管理方面,现在全市所有行政村都实行了电算化管理,全市各镇(区)成立了财务结算中心,对镇(区)所属行政事业单位的财务实行集中统一管理。以西樵区为例,原来区属 58 个单位 58 本账,区位、区政府很难掌握每个单位人、财、物的基本情况,人员超编、吃空额等违规行为很难得到控制,而上了电子政务系统后,区属各单位的人、财、物全部上网公开,既要受到上级的监督,又要接受群众的监督,谁也无法作假。

南海区的村镇电子政务在我国首次将计算机网络技术与集中式管理模式应用于基层各项政务管理中,对提高我国农村基层党政机关的管理水平和管理效率,增强决策的科学性、前瞻性、系统性具有重要而深远的意义,必将会在更大范围内普及推广,具体结构如图 3-3 所示。

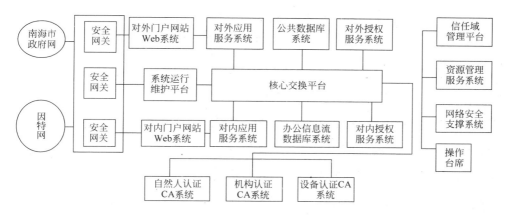

图 3-3　南海电子政务系统总体结构

2. 农村电子政务发展的局限

虽然我国电子政务的发展水平在发展中国家中居于较高地位,但与发达国家相比,仍然存在着较大差距,亟待政府部门加以重视和解决。特别是我国农村电子政务除东部少数经济发达地区外,大部分农村信息化处于电子政务的边缘。农村电子政务建设主要有以下局限。

(1) 硬件设施建设落后。农村信息技术水平偏低,网络基础设施较差,投入少;农村电子政务资金投入不足,基础设施落后,信息接入点建设不足,农村电子政务建设缺乏统一的协调规划,“条块分割”明显,出现了为维护部门利益,争相拼抢资源而各自为政的局面。虽然政府为改善农村信息基础设施状况采取了一些措施,硬件建设得到了改观,但是在此背景下,农民获取信息仍然难度大、费用高。

(2) 农村信息资源贫乏。在网站的总数中,农业网站及乡镇农村网站所占的比例非常小,全国 3.4 万乡镇中,有独立政府域名的不到10%。近几年,政府门户网站的发展较快,但网站内容与所能提供的服务却相对不足。各种农业数据库信息分散、内容不充分、更新不及时、数据重复率高,甚至登录不上,常出现政务信息沟通渠道不畅的现象。加之,农村电子政务农村居民综合素质不高,对于市场的信息需求大于对

71

民主政治的需求。民众的信息素养、接受能力相对较弱，农村居民整体的经济实力相对薄弱，其更多地侧重于农业生产、生活涉农的信息和行政审批，分阶段进行，时间跨度大，建设周期长。

（3）缺乏定位服务导向。虽然大部分涉农部门都有自己的门户网站，上至各个部委，下至乡村的农林站等，但是涉及"三农"的信息资讯却参差不齐，资源共享有限，信息的提供和农民的实际需求存在很大的差距。很多涉农网站的定位模糊、功能单一，沦为"信息孤岛"，甚至成为政绩工程的一部分。相对于较高水平的投入，实际的收益却是低水平的重复建设，部门之间缺乏协调，无序竞争加剧，资源浪费严重。农村电子政务提供的网络服务不能适应客观需要，很多乡镇政府门户网站信息还停留在乡镇简介、领导简况、发展目标和机构设置上，形式多于内容，内容更新慢，信息单一，缺乏实质性内容，缺乏动态的和经过加工处理的信息，"三农"问题的在线服务尚未得到充分重视。资料表明，农业信息发布系统普及程度为 69.2%，而农业气象系统、农业土地资源管理系统、农业防灾救助系统的普及率都还不到 10%。

（4）发展的多层次性和不平衡性。《2015—2020 年中国电子政务市场评估及发展趋势报告》显示，由于我国经济社会发展不平稳，中央部委、沿海发达地区和中西部地区电子政务的发展水平存在较大差距，呈现出多层次、不平衡性的特点。像上海的电子政务就具有国际先进水平，青岛市的电子政务也有许多创新的做法。然而，从全国来看"纵强横弱"的现象比较普遍，从中央到地方主要的纵向业务系统，像海关、税务、审计等经济监管电子政务系统发展较快，成效显著，但有些地方尤其是不发达地区的电子政务水平相对较低。无论是中央部委之间还是地方政府各部门之间的信息共享与业务协同的能力还十分有限。

案例——长沙县电子政务办公室建成全省首个公共信息平台

2013 年 8 月 1 日，长沙县获批 2013 年"国家智慧城市"试点。2014 年 2 月 19 日，在长沙县第十六届人民代表大会第三次会议颁布《政府工作报告》指出，2014 年主要工作中需要深入"开展智慧城市创建工作"，创新社会治理方式,在解放思想改革创新上始终与时俱进。2015 年 2 月,长沙县县长办公会通过《长沙县智慧城市顶层设计》,并要求在"十三五"时期强力推进智慧城市建设。县电政办全面开展智慧城市创建工作,并率先启动智慧城市公共信息平台规划、设计和招标、采购准备工作。智慧城市信息平台建设第一步,是建成长沙县电子政务内外网,实现全县各部门机关之间网络系统的大集合。由县电子政务办负责,县、镇、村三级不得再租赁政务光纤外的网络进行办公,县财政将不再单独安排网络租赁公用经费。县委书记、经开区党工委书记杨懿文在会上要求。湖南电子信息产业集团充分发挥技术、人才、装备、管理、运营等综合优势,快速搭建起湖南省首个集约化电子政务云平台,首个智慧城市公共信息平台。以政府大数据为中心,涵盖基础信息、政务管理、经济产业、民生服务四大体系,包含智能家居、智能旅游、智能城管、智能电网、智能交通、智能环保、智能医疗等多方面的内容。"互联网+"解决信息资源共享难题。2015 年,长沙县整合全县 100 余个县直部门的政务网络,新建乡镇(街道)、行政村(社区)光纤专网,形成覆盖全县的"县—乡镇(街道)—行政村(社区)"三级电子政务内外网,搭建了长沙县政府网站平台集群系统,20 000 余台电脑终端接入县政务网站,充分满足各级政府部门的网络带宽、信息安全等需求。除智慧城市公共信息平台外,县电政办还陆续建设完成县重点建设及惠企惠民项目长沙县电子防控系统和长沙县在线办理系统。在中国政府网"第十四届(2015)中国政府网站绩效评估结果发布会"上,长沙县政府门户网站获得区县级"中国政务网站领先奖"第三名,"2015 年度中国政务网站外文版国际化程度领先奖"第四名。在省政府网站绩效评估中,长沙县也取得了"湖南省政府优秀网站"的殊荣。

　　不久以后,长沙县人民的生活将是这样的——孩子要办理入学登记,教育部门需要公安、房管等部门配合出示本人及孩子的身份、房产等资料,通过云数据中心,只需在云平台上向有关部门提交申请,相关部门就能迅速在数据库里调阅、授权,市民无须再去费时费力开具各种证明。

3.2 农村"三资"管理

3.2.1 农村"三资"概述

农村电子政务的发展日益遍布到农村生活的各个方面,特别是在农村经济层面发挥着一定的作用。党的十七届三中全会提出的"健全农村集体资金、资产、资源管理制度,做到用制度管权、管事、管人",健全制度、规范管理、强化监督、加强服务,逐步形成产权明晰、权责明确、经营高效、管理民主、监督到位的管理体制和运行机制,促进集体经济发展壮大,促进农民收入增加,促进农村经济社会又好又快发展的要求。《农业部关于进一步加强农村集体资金资产资源管理指导的意见》(农经发〔2009〕4号)提出加强农村集体资金资源资产管理必须建立健全各项管理制度,规范农村集体资金管理要建立财务收入管理制度、财务支出审批制度、财务预决算制度、资金管理岗位责任制度、财务公开制度;规范农村集体资产管理要建立资产台账制度、资产价值评估制度、资产经营度、资产处置制度;规范农村集体资源管理要建立资源登记簿制度、公开协商和招投标制度、资源承包、租赁合同管理制度、集体建设用地收益专项管理制度。按照"总体规划、分步实施"的原则,利用现代信息网络技术,充分发挥计算机网络在信息处理和传播方面的优势。

农村"三资"是指由农村集体经济组织共同所有的资金、资产和资源。"三资"管理问题一直是广大农民群众关注的热点、焦点问题。农村"三资"管理就是通过健全农村资金、资源、资产管理的各项制度,健全民主管理、民主监督各项机制,形成管理规范、公开及时、经营高效、监督到位的管理体制和运行机制。

1. 农村集体资金

农村集体资金是指农村集体经济组织全体成员共同所有的货币资金和有价证券,包括村集体原有的资金累积、经营收入、土地补偿收入、上级拨付资金、出售财产收入等。

2．农村集体资产

农村集体资产是农村集体经济组织全体成员共同投资兴建的房屋、建筑物、机器、设备等固定资产，水利、交通、文化、教育等基础公益设施，以及农业资产、材料物资、债权等其他资产。

3．农村集体资源

农村集体资源是指法律法规规定，属于农村集体经济组织全体成员共同所有土地、林地、山岭、草地、荒地、滩涂、水面等自然资源。

3.2.2 农村"三资"管理系统

农村集体"三资"信息管理系统，实行数据大集中管理，按照"横向到边，纵向到底"的管理理念，建立了一套完整的农村集体资金、资产、资源（以下简称"三资"），如图3-4所示。

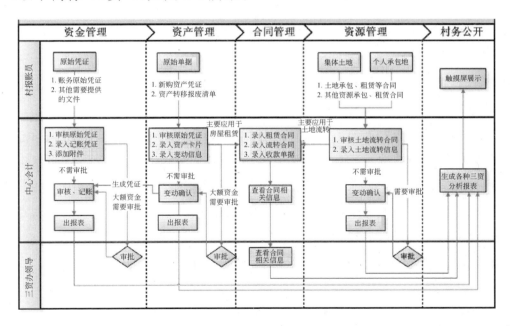

图 3-4 农村三资管理业务流程

管理信息采集、处理、监督和控制系统，实现村级、乡级、县区、市级、省级五个级次的管理功能、实时监控功能、远程查询功能、在线分析指导功能,使农村集体"三资"管理、监督、民主公开做到三位一体,寓监督于管理全程,同时业务处理过程暴露于全程公开之中,真正解决了传统"三资"管理人为处理、监管缺位的弊端,建立了从源头预防腐败的管理机制。

农村集体三资信息管理系统主要有两级平台组成。

"三资"业务管理平台,是乡镇农村集体"三资"代理服务中心业务处理平台,进行村组财务资金、资产、资源数据录入、处理,实现动态管理的平台。

"三资"监管平台,是由县、市、省农村经管单位和纪委监督机构建立"三资"网络监控平台,根据各机构级别不同进行分级查询和监控。

具体如下。

(1)三资业务管理平台:主要由各镇办"三资"管理中心软件管理员及操作员进行数据的录入和相关的操作,平台主要包括资金管理、资产管理、资源管理和经济合同管理四个模块。

资金管理:主要是依托"村账委托代理",严格收入支出审核把关,随时掌握全镇或各个的代管资金数额,可实现镇(办)"三资"管理中心按村进行账务的录入,自动形成各种账簿、报表、财务公开榜,同时具备查询、修改、分级数据汇总等。

资产管理:主要建立了资产台账,详细登记每一项资产的数量、价值和管理使用情况,可实现村级各类基础资产信息和变动信息的录入,能分类查询资产的构成、数量、变动及管理使用等信息,并能自动生成资产明细台账和汇总表,对资产的使用情况进行监管,规范资产、资源管理,做到账账相符,对资产进行盘点,做到账实相符,并将资产、资源使用情况定期向村民公开,确保资产保值增值。

资源管理:主要实现了对可利用资源登记造册,建档立案,逐项登记,对资源管理实施全程监督,便于随时查询,实现村级各类基础资源信息和变动信息及资源租赁信息的录入,能分类查询资源数量、资源租赁、承包费收取和实际收款情况,能自动生成资源明细台账和汇总表,并能提前自动提醒租赁合同的到期时间。

经济合同管理：主要是建立"合同管理台账"，进行电脑录入，动态管理，通过台账掌握各村合同的基本内容和合同金额，经合同履行情况等，及时发现违纪违规问题等，统一招投可实现村级各业经济合同的录入和查询，自动生成合同台账，同时可对全县经济合同情况进行汇总；标管理，对招投标过程进行记录和公布，接受社会监督，促进资源使用合理。

（2）三资监管平台：由县纪委、农业局及三资管理领导小组对其进行监控，主要包括财务进度、重大事项、资产变动、费用控制、大额监控和单项统计，同时系统可产生对于资产资源变动、费用超标、大额收支情况的自动提醒。

- 财务进度：可实现对所有镇办所有村每月和全年记账情况的监督和查询。
- 重大事项：镇（办）对重大财务支出事项的基本情况录入后，在县级监控平台中可实现重大事项的查询和监控功能。
- 资产变动：可对资产变动情况进行提示并进行查询。
- 费用控制：通过对有关费用指标上限的设置，可对各镇（办）、村费用超标情况进行查询。
- 大额监控：通过对有关收支项目最高限额的控制，可按镇（办）、村对超额收支情况进行查询。
- 单项统计：可对全县任何一、二级会计科目进行期初、期末、按月、按季、年末等发生额和余额的汇总。

这些系统采用多级应用模式，"三资"账套划分可到村级、组级，不影响任何一级的核算和管理，同时还能保证有效的分级汇总。

3.2.3 农村"三资"管理乱象

在一些农村，"三资"管理多年来缺乏统筹，乱象丛生。有的村存在会计、出纳不分家，账、钱、权由村支书一人掌管；有的村集体资产往往流向村干部的关系户，普通村民不知、不问、也问不了；有的村集体资源成为村干部自家资源，有多少、在哪儿、谁在用，都是一笔糊涂账。很多农村上访事件皆起因于农村"三资"管理混乱。

"比如村里的厂房租赁,有人托了关系,可能厂房就低价租赁给他了,有的甚至都租到了30年以后,吃掉了子孙饭。"浙江永嘉县溪口乡的一位村干部说。

农村的厂房、门面等资产的管理混乱,租赁价格不公开,口头、长期、低价合同的存在,明显扰乱了农村经济的发展。此外,农村的"三资"管理混乱还容易导致村民对村干部的不信任,疏远干群关系,诱发不稳定因素。

"以前,村里广场上新增了健身器材,会有人怀疑村干部是不是多买了一些拉回自家去了。"陕西高陵县湾子镇湾子村村民张大妈说。

也正因为针对农村"三资"有效的监管机制并不完善,很多农村矛盾由此而生。据统计,高陵县近3年涉农的230起信访件中,有217件与"三资"的管理有关,占涉农信访总量的80%;发生在农村干部中的98起违纪违法案件,有85起都与农村"三资"有牵连。

隶属湘西的吉首市一名村干部在因贪污公款被查后,依然理直气壮地反问:"我当村干部不就是为了捞两个吗,这怎么还违法了?"足见对农村"三资"进行有效监管,刻不容缓。为何农村"三资"会引起如此波澜?农村资产、资金、资源底细不清楚,对外不公开或选择性公开,必定引发群众猜疑;村干部一手遮天,"关系户"屡屡得手,财富聚于少数人而非聚于民,必定引发群众愤怒;监督执行不力,睁一只眼,闭一只眼的现象也是屡屡发生,导致群众越级上访、非访层出不穷。

1. 职能不明

管理方式方面。目前,各地对农村"三资"的管理,主要有"村自管"和"乡代管"两种,"村自管"是一种传统的管理模式,符合村民自治的管理原则,但在我国农村特别是边远乡村,大量青壮年外出务工,留守在家的多为老人、妇女和小孩,他们对村级事务的参与意识和民主监督意识不强,加上农村专业管理人员缺乏,乡镇及上级主管部门监督职能受限,农村"三资"的支配和管理基本上由几个村干部说了算,存在村干部腐败问题;"乡代管"模式是对农村"三资"管理的创新,旨在强化乡镇对农村

"三资"的监管和委托代理服务,解决"村自管"模式下的监督缺失问题,但在管理中一些地方弱化了村民自治的管理原则,未充分尊重村民和村级组织的意愿依法履行代理职责,乡镇政府过多地通过行政手段干预村级事务,平调、挪用村级资金等问题时有发生。

管理职能方面。按国务院有关规定,农村"三资"管理的上级主管部门为各级农经管理部门,但在很多地方乡镇机构改革中,乡镇农经管理部门几经撤并,已不具备管理农村"三资"的条件和能力,县乡农经管理部门对农村"三资"管理名不副实,一些地方在文件中把农村"三资"管理职能明确为农经管理部门,但在实际操作中却又不得不交由县乡财政部门管理,由于各部门缺乏明确的职责分工,在履职过程中存在重复交叉、缺位和越位等问题。

审计检查方面。各地普遍未将农村集体"三资"管理纳入有关部门常规审计范围,也未实行村干部离任审计制度,只有在一些专项检查中才会被涉及,缺乏审计监督长效机制,很多农村集体"三资"管理长期未进行审计检查,管理中存在的问题长期得不到揭示和纠正。

2. 家底不清

资金管理方面。一般来讲,上级安排的财政性资金,由于各级检查较严,管理较为规范;但对村级集体的一些自有资金、社会捐赠资金等,管理则非常松散,坐支或账外结算的问题突出,资金核算不完整。

资产管理方面。未建立完整的资产管理台账,特别是对集体投资建设的公益用房、倒闭后集体企业资产、社会捐赠资产等,未纳入账务核算和台账登记管理;对国家政策性补助形成的公益性资产,未进行权属划分,造成权属虚置。

资源管理方面。对集体所有的耕地、林地、山地、水域等自然资源,未进行完整详细的登记管理,经过多轮对外承包后,有的改变了性质,有的资源价值缩水,有的长期被私人占用,损害了集体利益。

债务管理方面。由于历史原因,村级债权债务形成非常复杂,一些债权债务长时间未纳入账面核算,很多债权人经常找村干部纠缠不清,形成矛盾和上访事件;一些已纳入账务核算的债权债务,很多已通过村干部进行了账外抵减结算,未纳入账务冲账处理,形成呆账、死账。

总之,村级"三资"情况复杂,一些村干部和代管人员也心中无数,致使农村集体"三资"存在产权不明,家底不清,长期闲置浪费、挪用流失等诸多问题。

3. 管理不规范

民主机制不健全。村民理财小组形同虚设,在实际操作中,很多村都绕过理财小组直接办理"三资"事务,村民监督职能难以有效履行,"村干部一言堂"问题严重;村务公开流于形式,一些村往往对一些重大和群众敏感的问题进行回避,群众无法了解真实情况。

交易管理不规范。一些村对集体房屋、耕地、林地、山地、水域等资产、资源的开发、承包、流转以及处置时,存在程序不合法、过程不公开、收入不入或少入账等问题,尤其是合同签订和文书档案管理方面问题突出,有些合同要素不全,条款不明,权利和义务的规定不对等、不全面,有的甚至没有书面合同,执行中随意更改、终止、延长合同,对合同等重要文书档案不归档管理,一旦出了问题很难分清责任,最终损害了村集体和群众利益。

传统方式不科学。目前,很多地方未建立起农村"三资"信息化管理系统,账务核算、台账登记、信息分类、文书档案等仍采用手工处理,由于农村集体"三资"构成情况复杂、分布范围广泛、管理人员更换频繁,传统手段管理难度非常大。

"三资"是农民关心的热点,也是农村信访的焦点,管理不好,就会成为矛盾点。落实群众路线,必须通过清理农村"三资",给群众亮出一本"明白账"。

3.2.4 有效实现"三资"管理

农村"三资"的管理规范与否不仅直接关系到农民的切身利益,而且直接关系到社会稳定和谐。因此,在新形势下,规范农村集体资金、资产、资源管理,对维护农民群众的切身利益,融洽干群关系,维护农村社会稳定具有重要的意义。

所以如何避免农村"三资"管理问题扩大化,成为当下基层党委、村干部必须要正视的问题。因此,必须要营造良好的农村"三资"管理环境。

案例——广东乳源瑶族自治县"三资"管理

广东省乳源瑶族自治县是广东省 3 个少数民族自治县和 21 个扶贫开发重点县之一,集革命老区、民族地区、贫困地区、石灰岩山区、生态发展区于一体,下辖 9 个镇 115 个村(居)委会 1082 个自然村。该县建立了县、镇、村三级政务服务体系,解决了服务群众"最后一公里"问题。2015 年下半年,乳源又在政务服务平台上拓展增加了农村"三资"监管功能,融"三资"监管于政务服务之中,形成了贫困山区农村"三资"监管大公开的管理模式,有力地促进了农村综合改革和社会和谐稳定,如图 3-5 所示。

图 3-5 村民使用自助服务终端机查询"三资"信息

乳源县不仅在实施"三资"管理中结合当地实际更将监管贯穿于全过程。

1. 找症结,信任成干群关系焦点

在农村,村小组没有完整的财务监管制度,财务状况普遍存在比较混乱的情况。一些比较富裕的村小组,集体山林、山塘和土地出租收益较多,村主任手里的"三资"处置权力较大,监管也一直是空白。更为重要的是,因为村小组的村务信息不是阳光运行,致使村民对村干部不信

任,在一定程度上导致村干部在质疑声中处理基层矛盾"腰杆子硬不起来",甚至"有理也说不清",在维护干群关系、农村和谐稳定工作中缺乏威信。

正是源于此,乳源县委、县政府花大力气把农村集体"三资"管理工作作为维护村民利益和农村基层稳定的一项民生工程来抓,同时把这项工作作为加强农村基层党风廉政建设的基础工程,推进基层治理法治化的制度创新。

2. 借东风,搭便车打造公开平台

该县巧借东风,紧紧抓住扶贫开发"双到"工作机遇,充分整合各类资金资源,在开展党的群众路线教育实践活动中,在省纪委以及各级各部门的关心支持下,投入1500多万元,升级改造了县行政服务中心办事大厅,并将政务服务向镇、村两级延伸,建成9个镇便民服务中心,分三类标准建设了102个村便民服务站,搭建了县镇村三级政务服务体系,打通了服务群众"最后一公里"。

在这个硬件和软件基础上,该县2016年7月在乳城、桂头镇实施试点工作,从9月起,对现有的县镇村三级政务服务体系进行升级改造和扩容增效,在全县建立了联通县镇村组四级的"三资"监管网络平台,实现了实体办事大厅管理与电子网络大厅管理有机结合、同步运作。

3. 拓渠道,"三资"实现数字化管理

该县把所有农村"三资"信息全部录入管理平台,各级职能部门可随时调用和分析经济数据,做到现状随时查询、变动及时了解、代理实时掌控,村民可凭身份证随时进入管理平台查阅到本村的"三资"信息。

同时,乳源县还整合管理机构,实行县行政服务中心与县公共资产交易中心、镇农村"三资"管理服务中心与镇新农村建设办公室合署办公,并把具有丰富农村工作经验和熟悉"三资"管理业务的干部配置到农村"三资"管理中心岗位,实现了政务服务与农村"三资"管理两块牌子、一套机构和人马的管理格局。这个农村"三资"管理网络监管信息平台对所有"三资"业务处理实行全程电算化记账,实现数据网络传输上下贯通,相关业务审批部门可在平台上协同办公,使得乳源"三资"管理实现了数字化的管理。除了定期通过公示栏、广播、村民代表会等形式公开村务信息外，村民也可以通过农村"三资"管理平台查询，同时还开发了手机客户终端功能，村民通过手机上网即可查询了解"三资"信息，提高了村民参与农村事务管理的积极性。还利用政务微信、政务微博、手机短信等方式，发布涉及农村"三资"相关政策法规、农业科技、技术培训等信息。

4. 敢尝试，镇帮助村小组"理财"

2012 年，"村账镇代理"在乳源已经逐步全面铺开，但对村小组的资金收支监管却一直是个空白。为此，乳源大胆尝试，严格规范"三资"处置流程，实行阳光操作，在全县范围内推行"组账镇代记"，使"三资"账目明晰、去向清楚，实现集体资产保值增值。

一方面，村小组将集体"三资"委托给各镇农村集体"三资"管理服务中心代理（管理），村小组所有资金存入镇"组账镇代记"办公室专用账户，所有村级资产资源合同一律要在镇备案。另一方面是建立健全农村基层党风廉政建设、村务公开民主管理工作目标考评细则等制度，规范了资金的使用，促进阳光运作。

全县 102 个村制定了村规民约和村民自治章程，各村民小组均成立了组委会、理事会，凡涉及重大资金处置等事项时，严格按照"三议一审"，即组委会提议、理事会商议、报村党支部和村民委员会审议、户代表或村民会议决议的原则议事决策，要求事前公开实施方案、事中公开实施过程、事后公开实施结果，确保村级决策民主公开透明。

5. 强监管，关口前移从源头把关

那会不会有的村隐瞒"三资"情况，绕过监管私自将集体资源或者资产承包给个人呢？为了防止村小组绕过平台搞暗箱操作，乳源紧紧抓住监管环节，建立健全了"三资"管理和交易等 20 多项制度，构建了县镇村自上而下或自下而上直通互馈的监管体系。

从 2012 年开始，县镇村成立清产核资工作领导小组，组织精干人员对全县农村集体资金、资产、资源进行全面清核，并逐一登记造册，录入"三资"管理平台，主动在平台上公开"三资"信息，实施电子档案管理。全县村组共清理集体土地 240 多万亩、资产总额 6500 多万元、货币资金

总额 950 多万元,进一步摸清了家底,使得全县"三资"情况公开透明。

乳源对集体资产资源交易和项目招投标额度分层定额,限额以下的一律进入镇交易中心,限额以上的进入县交易中心,实行统一交易、招标,杜绝了拆细、绕开监管的交易行为。农村集体"三资"管理网络监管信息平台上的村务政务和"三资"信息数据,能够在县镇村三级网络上传输,相关业务审批部门可在平台上协同办公,县级对镇级可实时监控、远程查询和在线分析指导,镇级纪检部门可在线实时监督有关村务及"三资"情况,实现了县镇村三级集信息管理、公开互动和效能监察于一体,实现了县级监控审查、镇级核算、村级公开和群众监督四位一体的监管体系。例如,如果有村小组绕过平台私自将集体山林承包给个人,那么当承包人到县林业部门办理林权证过户手续或在成林后办理采伐许可证等手续时,审批部门按照规定,进入农村集体资产资源交易平台查询该承包程序是否符合规定。如果发现程序违规,相关责任人将被追责。

6. 阳光运行,惠及百姓

乳源在建立县、镇、村三级政务服务平台工作中先人一步,如今再次在村集体"三资"管理工作方面进行了积极尝试,为创新基层管理、推进基层法治建设打造了一个"乳源模式"。

一方面,加强"三资"管理阳光运行是维护基层和谐稳定的惠民之举,保障了村民以及民主理财小组对村集体"三资"使用、收益及分配的知情权、反映权和监督权,通过对"三资"的管理,让村集体经济发展壮大,就能把钱用在刀刃上,帮助农村改善生产生活条件。

另一方面,"三资"监管促进了农村基层的法治建设,解放了农村干部的"手脚"。在监管下,村民消除了对村干部处理"三资"事务的疑虑,村干部在农村治理工作中逐渐树立起法治思维,学习运用法治方式正确对待和处理问题,确保各项工作顺利稳步推进。

村里的账算清楚了,就会让那些想通过贿选或者带着私心想"沾村集体光"的人望而却步,而一些有公心、想干事的村干部腰杆子就能硬起来,工作起来更带劲。说到底,最终受益的是老百姓。

因此,怎样促进有效地农村"三资"管理就成为当前农村社会管理重要的环节。具体可以通过以下途径。

(1)因地制宜,不搞一刀切。

我国农村地域辽阔,基础条件和经济发展情况差异性大,对经济发展较发达,基础条件好,民主机制健全,专业人员、机构等具备管理能力的乡村,应实行"村资村自管"模式,充分发挥村民自治和村集体自主发展经济的积极性,乡镇及上级主管部门主要履行业务指导、监管和服务职能,确保农村"三资"管理的合法性;对于经济欠发达,基础条件差,专业人员、机构等不具备管理能力的乡村,应实行"村资乡代管"模式,由乡镇设置以村级会计委托代理服务为主要内容的农村"三资"管理机构,履行对村级"三资"的代管职能;"三资"代管机构必须尊重村民意愿,履行民主程序,依法签订委托代理协议,明确双方的权利和义务,防止乡镇通过行政手段平调、挪用、处置农村集体"三资",确保集体资产所有权、使用权、审批权和收益权"四权"不变,切实维护农村集体经济组织及其成员的合法权益。

明确和细化各部门在农村"三资"管理中的职责。村民委员会是农村"三资"管理的责任主体;乡镇党委、政府是农村"三资"管理的组织者;农经部门是农村"三资"管理的业务主管部门;财政部门主要对农村"三资"履行会计指导服务和财政监督职能;审计部门应将农村"三资"管理纳入常规审计范围,建立定期和专项审计、村干部任期和离任审计制度;纪检监察部门应加强村干部及"三资"管理责任人员违纪行为的查处;各部门应设置农村"三资"专门或兼职管理机构及人员,既发挥各自优势,又统筹协调推进。

(2)清"家底"、交"明账"、拍"苍蝇"。

从问题抓起,敢于直面农村"三资"管理的乱象。坚持真抓实干的工作态度,坚定扫除顽疾的决心,不回避、不拖延,逐步解决农村"三资"管理问题。

资金清理方面。由县农经、财政、审计、纪检以及乡镇有关部门组成专门清理小组,对农村"三资"进行全面清理、核实,在资金管理方面,将上级所有转移支付及补助、补偿资金、社会捐赠资金、"一事一议"资金、集体建设用地收益、集体发包、租赁和经营各项收入以及货币资金和有价证券等全部纳入账务核算，严禁坐收坐支、公款私存、账外结算等，做到日清月结、账款相符，确保资金管理、账务核算的真实、准确、完整。

资产管理方面。将集体房屋、建筑物、工具设备、公益设施、无形资产等全部纳入管理范围，分为经营性和非经营性资产，建立资产管理台账、卡片账，详细记录各类资产的保管、使用、处置、收益等情况，做到产权明晰、责任具体、账实一致。

资源管理方面。将村集体所有的耕地、林地、山地、沙石、水域等资源全部纳入管理范围，分为收益性和非收益性资源，建立资源管理台账，详细记录资源名称、资源面积、经营方式、经营单位（人）、经营收益、合同编号、合同到期日等情况，确保资源发包、流转、收益等规范、公正、透明。

（3）重长效，给"村干部"权力装上制度的"铁笼子"。

应该建立健全长效机制，不能因为农村工作的烦琐就畏缩不前。既要用制度约束权力、约束干部，更要让制度成为农村"三资"管理的硬规矩，谁也不能违抗。让各项制度成为一道道"紧箍咒"、一个个"铁笼子"，将权力规范在制度之下。这样，对农村集体"三资"加强监管后，群众心里亮堂了，村里不论做什么，大家都积极出谋划策。

第一，建立健全民主监督机制。各村由村民投票选出5～7名村民代表组成民主理财小组，村里的资金收支、资产变化、资源管理等原始凭证必须经理财小组成员集体审核签字后才能生效、入账；重大资金开支、资产处置、资源开发等事项，还必须召开"两委"会、村民大会或村民代表大会民主讨论通过做出决定。设立村务公开栏，按照形式专栏化、内容通俗化的标准，对财务收支、资产处置、资源发包、项目建设、一事一议等群众关心的事项及时公开；设立群众监督意见箱，及时收集、掌握群众意见，根据意见或建议及时整改。建立农经、审计、财政等部门联动检查机制，及时发现、纠正、查处农村三资管理中存在的问题。

第二，建立资产资源公开交易制度。集体资产、资源的承包、租赁、出让等，应经过具有评估资质的单位，按法定程序进行科学评估，按市场原则合理确定价格,按照"公开、公正、公平"原则,实行公开协商、公开竞价、招标投标。成交后必须签订书面合同,合同应实行统一编号,使用统一文本,明确双方的权利、义务、违约责任等,并将合同作为重要文书档案归档管理,村民代表和上级有关部门应对合同履行情况进行跟踪监管,所取得的收入归集体经济组织所有,纳入账内核算并定期公开。

(4)让阳光"三资"大行其道。

第一,建立"三资"信息网上公开系统,确保民主监督落实到位。村集体经济组织"三资"方面的信息通过网上公开系统上传到互联网,村民可通过手机、电脑方便地查询本集体经济组织"三资"方面的信息,确保村民的民主监督权落实到位。

第二,建立"三资"管理网上论坛,完善民主管理。村民可通过手机、电脑登录网上论坛,对本集体经济组织"三资"管理发表意见。"三资"代理服务中心可通过论坛直接回答村民提出的问题。

第三,建立支出事前审核系统,改进监管方式。事前审核有别于对经济活动及账目进行事后审计监督,其特点是变事后监督为事前防范,把问题扼杀在萌芽状态,避免给村集体经济组织造成经济损失。使用支出事前审核系统的程序为:①发生支出项目时,村报账员填制《支出项目事前审核单》,详细填写支出事项,支出金额;②村书记、村主任在《支出项目事前审核单》上审批签字;③通过支出事前审核系统,将《支出项目事前审核单》上传到三资代理服务中心(大额支出项目需上传村民代表会议讨论通过的会议记录);④三资代理服务中心主任审核支出项目;⑤如支出事项和额度合理,三资代理服务中心主任在《支出项目事前审核单》上审核签字;⑥如支出事项和额度不合理,三资代理服务中心主任写明不合理原因,并通过支出事前审核系统传给村报账员;⑦三资代理服务中心出纳员依据审核通过的《支出项目事前审核单》向村报账员支付相应额度的现金或支票;⑧支出项目发生后,村报账员到三资代理服务中心报账,三资代理服务中心出纳员对照《支出项目事前审核单》认真核对支出项目,与《支出项目事前审核单》不符的支出项目不予报销。

俗话说:"疮疤见光易好,伤口捂着易烂"。道理都懂,但是大家未必会把疮疤现于阳光之下；好的制度规定放在那儿就是个摆设，用得好才是工具。所以，期待监督有力、落实到位、村干部有为，否则想对农村"三资"说放心，可不是件容易事！

案例——长沙市望城区的阳光"三资"

农村"三资"关系农民的切身利益，也是农村矛盾的焦点，农村"三资"管理的规范化与否关系到农村的稳定问题，望城街道把"三资"监管工作作为加强村"两委"班子建设的一项重要内容。成立了农村集体"三资"监管工作领导小组，街道财政所为具体牵头部门，认真制定"三资"管理工作方案。同时各村成立由村两委、村集体经济组织主要负责人等人员组成的农村集体"三资"管理工作实施小组，具体负责村集体经济组织"三资"管理工作。两个工作小组协调配合，明确清产核资工作范围、内容、时间，做到账实、账款、账账相符。

全面摸底排查，优化管理平台。监管工作领导小组准确把握 8 个行政村 2 个社区现有资产资源情况，各村在监管工作领导小组的指导下全方位、无死角进行清产核资、登记摸底、账实核对，重点清查村级租赁收入、征用土地补偿收入、上级拨付资金、集体土地等自然资源，重心放在群众反映突出、债务往来不清楚的地方，各村及时将信息反馈，做到保质保量。

坚持公开公正，打造阳光"三资"。"三资"管理工作的全程坚持公开的原则，实行日报、周报、月报，充分发挥村务公开栏的作用，接受群众的监督。开通"三资"管理咨询热线，专门为群众答疑解惑。接受群众监督。"三资"监管工作领导小组对各村的工作进展情况、公开力度进行明察暗访，并将结果纳入年底考核。

3.3 农村财务信息化管理

3.3.1 农村财务信息化管理概述

农村财务信息化是农业信息化建设的核心和切入点，可以规范农村财务管理,克服人为主观因素的影响,使农村各级财务更具透明度和时效性,有利于堵塞各种漏洞,遏制乱收滥支;可以有效地对农村集体资金、资产、资源进行动态监管,防止集体资产的流失;可以减少财务人员,压缩非生产性开支……总之,财务信息化对推进新农村建设具有重要的作用。

农村财务信息化管理的主要服务对象是农村集体。它借助现代化的科学技术手段,将传统的记账等人工财务的管理环节,形成财会工作的技术升级,将信息化系统应用在资金筹集,使用分配等各个环节上,使得农村的财务管理信息可以全面共享,无论是村民还是政府上级部门都可以通过系统查看,方便高效快捷。

3.3.2　农村财务信息化的必要性

(1) 有利于农村政务公开,增加财务收支的透明度,增强村民对财务管理的监督积极性。将所有财务信息公开,村民可以随时通过信息系统进行查阅。如果一些信息不符合规定,则可以向上级部门进行举报,这样就起到了相互制约的作用。

(2) 有利于政府能够全面、准确掌握经费的收支情况,能够保证农村经济的有效运行,各个上级部门可以及时了解财务的收支使用情况,进行总结归纳,提高资金的使用效率,减少浪费。

(3) 有利于财务工作的规范化和工作效率的提高。加强统一的财务管理模式后,一方面可以规范财务行为和管理行为,并通过建立规范的责任制度和会计资料档案的管理,有效地遏制腐败行为,为国家挽回经济损失;另一方面加强农村财务管理后,可以使会计和出纳从繁重的会计记账、报账中解脱出来,变被动为主动管理,真正体现会计的最大职能,大大提高工作效率。另外,会计和出纳节余的时间还可以起到监督作用,同时兼任其他行政职务,从而进一步减少工作人员,降低相应成本和负担,真正实现高效、节能。

对于发展速度越来越快的乡镇,农村财务信息化管理的实行使乡镇财务工作摆脱了过去的"糊涂账",透明度不断增加。例如,湖北省仙桃市农村财务管理是在进一步落实村级"双代管"的基础上,大力推进民主理财和财务公开,切实加强农村财务审计,全面推进会计电算化,严格票据管理,村财务管理工作日臻完善。仙桃市农村财务管理的主要模式为村级"双代管",自 2007 年以来,全市 15 个乡镇日常资金全部实现代管,建立农村会计服务中心专用账户,对上级部门下拨到村的资金实行了专户存储。其中,毛嘴镇的"双代管"工作是比较突出的,资金管得非常好。对村级收入坚持票款同行,支出实行备用金制度。村级有现金收入时,村报账员将钱存入会计服务中心专户,凭银行进账单在总出纳处出具到款通知书,交专业会计做账。村级支出额度严格限定在备用金额度内,先支出再报账,专业会计根据报账额度开具付款通知书,再到总出纳处补充备用金。到目前为止,全国共有 60% 以上的县级政府部门都加强了对农村财务管理,并且从各个方面加大了建设投入。不过,随着农村经济的快速发展,农村完善的财务管理模式和先进的财务管理经验都会稳步提高。全市除工业园外,其他各镇办基本上实行了会计电算化。一是配备了专人。全市培训了 60 人,人人能上机,个个会操作。二是配备硬件设施。各地配齐了电脑、打印机、刻录机等硬件设施,确保会计电算化工作的正常运转。三是按程序操作。各镇办严格按照程序,清理村级固定资产,核对村级农户往来,核实村级债权债务,完成初始数据的录入。仙桃市农村会计委派制的实施,成效非常突出,有效制止了农村"三乱现象"。其次,农村会计委派的实施从一定层面上改变了财政收支的格局,经费支科目明显改变,经费拨付明显下降,盘活了财政有限资金,充分发挥了会计委派的监督职能。

3.3.3 农村财务信息化管理存在的问题

农村财务管理在实现电算化与信息化建设的过程中受到了许多因素的阻碍,进一步加强农村的财务管理水平很重要。首先是物质方面,其次是人的认知能力因素。影响其发展的主要因素是社会经济发展因素,财务人员的综合素质以及能力。总之,农村的信息化程度以及专业人才的素质更加制约了财务管理水平,这些都直接影响了农村财务信息管理的发展。

(1) 农村财务人员的水平参差不齐,对软件掌握的程度也不同。专业的信息化人才很少,不能真正起到维护系统的作用。

(2) 缺乏高级的操作软件,运行的效率和效果不够好,容易受到病毒攻击,安全状况令人担忧。现有的软件有很多缺陷,很多需要改进的地方。

(3) 缺乏宏观管理。政府或者是上级部门没有给予足够的指导,在购买软件时,人员培训环节都很混乱,没有统一的标准,这使得农村财务信息化管理的发展就有了很大的局限性。

3.3.4 解决农村财务信息化的途径

1. 培养公开透明的意识

只有做到了公开公正,获得农民群众的广泛监督,让更多的农民群众参与到工作中来,才能更大程度地保障农民的权利,调动农民群众的积极性,也便于更多的政策推行实施。而且,农村政府可以选择网络及时地更新各地方乡镇的财务情况。同时,在定期内张贴公布相关的财务情况,让农民群众时刻了解本地区本乡镇的经济情况,这样就可以让农民和政府共同承担本地区的管理的责任,做到有福一起享,有困难一起面对。对于应该公开的财务资料,保证透明度,避免流于形式化、当作政绩,一哄而上图形式,对于财务、村务落实的具体情况,则告之甚少,往往虎头蛇尾,形式主义过于严重,或者是公开的不规范,对于具体的问题不能够清楚落实,重大的支出项目没有具体的专项公开,这些问题都是从事会计工作的农村政府工作人员所需要注意和避免的。

2. 加大人员培训力度

政府可以定期地对现有的相关财务工作人员进行专业培训和考核,提高财务管理人员的专业素养和业务水平,同时对他们做不定期的检查,并且在选拔入职的时候,加大门槛难度,选择专业性强、优秀的会计人员,使之达到科学化、规范化、现代化管理的基本要求。对于会计人员的工作要求,应该严格的要求他们的职责,让他们定期或者不定期的审查核对账目,及时记账、做好报表和汇报工作,拒绝不合理、不合法的票据入账,做好集体资金的核算、登记和管理工作。

3. 加强政府和农民群众的法律制度意识

加大宣传的力度,共同提高政府和农民群众的意识,在农村财务制度不够完善的情况下,国家应该着手完善制度,并且增强执行的力度,提高农民群众的监督意识,加大政府的资金投入、制度化管理,使得财务工作有章可循、有据可依、健康发展,做到年初有预算、有安排、有检查、有落实,特别是财务的信息化建设等方面所需的费用一定要转向列支,重点解决,严格的避免政府的专用费用私人化,确保财务管理的及时、安全、完整和保密,然后逐步的再向现代化管理方面过度。正所谓"没有规矩,不成方圆",这是亘古不变的硬道理。政府应该建立严格的审批制度,针对每一笔资金的支出或者流入,都应该获得不同级别的领导的审批,这样的审批制度可能会烦琐复杂,但是可以做到对于每一笔的资金流动有据可查,都可以找到责任人,可以严格的保证资金流动的安全性和清晰性。

我国新农村的建设工作不断发展,农村群众的生活水平是我国整体发展的纪实,农村财务管理水平的提高是新农村建设成功的必经之路。而且,农村财务管理与群众的切身利益密切相关,突出影响农村的和谐稳定问题,处理不妥,可能是诱发农村各种矛盾的主要根源。那么,从根本上破解这一难题,直接影响着农村社会稳定以及和谐社会的构建。要想高效、快速的建设社会主义新农村、构建社会主义和谐社会,就必须立足基本点,加强农村财务的管理。

案例——南海市的在线政府财务管理

南海市在推进电子政务过程把加强政府财务管理作为一项重要的任务,并通过建立南海市市直行政事业单位会计结算中心财务管理信息系统的方式,确立起了一套透明、廉洁、高效的在线政府财务管理体系,成为了南海市电子政务发展的重要特色应用项目,南海市于 2001 年 11 月 1 日专门成立了南海市市直行政事业单位会计结算中心筹备组,筹备组由一位专门的副市长和两位市委常委共同负责,并由科技局、财政局、审计局、纪委和检察院等几大政府机构负责具体事务。在信息系统的选型问题,最终选定了目前在国内政府会计结算中心建设具有领先优势的东软金算盘公司的会计结算中心信息系统。南海会计结算中心于 2002 年 1 月 1 日试运行,正式实施分三批进行,最终目标是全市 287 家市属行政事业单位都纳入到结算中心进行统一管理,真正实现财政财务的在线式集中核算管理,使南海市政府财务管理水平达到国内外领先水平。

1. 系统结构

南海市市直行政事业单位会计结算中心财务管理信息系统是一个开放式的网络系统,最大的特色就是支持远程数据的输入和查询,且所有的远程方面系统都是建立在南海的国家信息安全平台基础上的,有极高的可靠性和安全性。其特点可概括成以下几个方面。

(1) 系统前、后台分离的做法可有效遏制和杜绝腐败产生,可降低因为集中核算而带来的内部管理风险。

(2) 高度集成了远程单位报账员、预算会计、统管会计、资金会计、主管会计、档案管理员等六大岗位的功能,实现了国库集中收付、部门预算、收缴分离、收支两条线和工资直达等目标。

(3) 系统支持 Internet/Intranet/Extranet、多层 C/S、B/S 结构,实现了远程化数据管理,为实现财政信息管理的整体化、网络化和综合化奠定了良好基础。

(4) 系统在财务——业务间有良好的控制方式,保证了财务——业务数据的集成,实现了一体化的政府财务与业务管理。

(5) 系统具有较强的灵活性,财务人员可按照需要生成各种财务报表,以加强控制和监督。

2. 实施效果

南海市市直行政事业单位会计结算中心财务管理信息系统的建成和运作,取得了较为理想的效果,具体表现在以下几个方面。

（1）加强了对政府收入的监控。系统运行后，所有市政府能够收钱的部门不再单独收钱和开票，而是由中心统一开发票，并实现网上实时开票，所有政府部门收得的钱不再放在该职能部门，而是直接缴到财政部门在银行开设的统一账户上，这样使政府的各项收入变得透明、公开。

（2）规范了政府的各项支出。中心运作后，每个政府职能部门都取消了财务科，只设置一个兼职的报账员，支出集中由财务结算中心进行核算。尽管部门领导的审批权不变。但是，上级和相关主管部门可以随时看到各部门的财政情况。这样在一定程度上杜绝私设小金库的现象，避免私自截留资金、开票不入账等长期困扰政府支出管理的难题。

（3）精简了人员与费用。系统运行后，政府财务管理人员从原来的287家行政事业单位的近400人员缩编至中心成立后的35人，每年可节省经费数百万元。

（4）提高了政府财务管理的水平。实行会计集中核算后，全区各行政事业单位的会计基础工作做到了"一个标准、一个模式、一个制度、一个质量"，大大提高政府财务管理工作的科学性和规范性。

3.4　农村社区信息化管理

农村社区从2001年起，作为一种新农村建设方式开始在各地尝试，农村社区建设进入地方自发试点阶段。2006年10月，党的十六届六中全会通过的《中共中央关于构建社会主义和谐社会若干重大问题的决定》首次完整地提出了农村社区建设的概念，并做出了全面开展城市社区建设，积极推进农村社区建设，健全新型社区管理和服务体制，把社区建设成为管理有序、服务完善、文明祥和的社会生活共同体的重大决策。随着工业化、城镇化、市场化、信息化和城乡一体化及基本公共服务均等化的发展，我国正处在从封闭社会向开放社会、从农业文明向工业和城市文明的社会转型时期。农村社区作为基层社会的构成单元，在农村社会日益开放、流动，多元化和复杂化的新形势下，正逐步打破传统封闭式的发展模式。

3.4.1 农村社区信息化管理概述

农村社区信息化是指农村经济、社会事业发展全过程的信息化,在农村社区中应用因特网等现代通信技术,构筑政务、管理、服务、村民生活等方面的信息技术应用平台和通道,更加充分有效地共享及合理开发利用信息资源,达到提高村民生活质量和促进社会全面进步的目的。利用信息化管理系统整合了政府部门、社区组织、服务企业和农村村民自我管理与服务的资源和工作流程,涵盖了服务热线、办公自动化、网络信息交流、电子政务(村民办事服务)、各类政府信箱、工作台账查询、网上会议、各类信息发布等功能,整个系统完成了社区房屋、居(村)民、办事、公文等各类资源的基础数据采集、整理和入库,形成一套完整的社区基础数据库;建立社区综合业务管理体系,包括日常管理、台账管理、资产管理、合同管理、村务(居务)信息公开等;对已有的相关业务管理系统进行全面的利用和整合,方便社区工作人员统一管理使用,便于信息共享和管理;借鉴市场化机制,支持、引导全社会参与社区服务,建立一套完善的社区服务运营体系,例如便民服务、社区网上商城等,可以有效地推进社区服务产业化进程。

农村社区服务方式也凸显出信息化。随着我国农村社区建设的不断推进,社区各项服务设施及服务功能得到了极大的提升,农村地区已有的社区服务方式也得到了不断地完善和发展。目前,农村社区的服务方式主要有依托社区服务中心(站)的一站式服务、依托现代信息技术的网络式服务、依托营利组织的政府购买式服务、依托非营利组织的志愿式服务几种。社区服务中心(站)一站式服务意味着只要居民有需求,进入所在的社区服务中心,所有的问题基本都可以解决或者由社区服务中心工作人员代办,社区居民本身没有必要亲自再找其他政府机关办理服务。如湖北鄂州市建立"1+8"社区综合服务中心。"1"是指社区综合办公场所;"8"是指社区综合服务中心具有便民服务、综治维稳、文体活动、就业培训、卫生服务、计划生育、农村党员群众电教培训、村级综合服务等 8 项服务功能。近年来,该市"1+8"社区综合服务中心不断创新服务方式,形成了以公共服务为重点、以生产生活服务为补充的社区综合服务体系。2012 年,湖北黄石市根据街巷定界、规模适度、无缝覆盖、动态调整的原则,在不打破现有行政区域的前提下,实施城市社区网格化管理的同时开展农村网格化管理。在城区按每格 300 户左右的标准设置,将中心城区共划分为 260 个单元网格,农村每格则按 130 户左右的标准设置,如大冶市保安镇芦嘴村(617 户)12 个村民小组划分为 5 个单元网格,每个网格配备一名网格员,并建立全市"1+X"社会管理综合信息平台,实现动态管理。同时,各社区公共服务站将为居民提供社会治安、社会保障、公共卫生等"一站式"便民服务。深圳实施织网工程,出台社区家园网建设实施方案、社区党风廉政信息公开平台建设规范和社区党风廉政信息公开平台目录等文件,建成社区综合信息平台。温州实行多村一社区,在社区设立一站式社区服务平台,向居民提供一站式服务,具体如图 3-6 所示。

其特点是在农村地区围绕农民生产生活的各个方面广泛应用信息技术,深度开发利用涉农信息资源,加快提升农村现代化水平,促进农村经济发展和社会进步的过程。农村社区信息化与村委会管理、村民日常生活等信息密切相关,其内容主要包括几个方面:政务信息化,是指村委会内部建立各个职能部门之间的电子办公网络环境,并与上级政府有关职能部门通过专用计算机网络互联,利用先进的网络信息技术实现办公自动化、管理信息化、决策科学化。管理信息化,是指村委会对外提供电子信息系统手段,使得各部门与村民及各界之间能够利用网络信息平台充分进行信息共享与服务,加强群众监督,提高办事效率及促进政务公开等。服务信息化,是指通过将电话、传真和计算机网络等多种信息资源有机整合起来,通过信息服务平台,使农民享受到信息化带来的便利和实惠。村民生活信息化,是指在村民家庭利用家庭电脑连接宽带,通过广播电视、电话等方式接收各方面信息,从而提高生产、生活水平。加强农村社区建设,保持农村社会稳定,离不开农村社区信息化建设。信息化在改变农村区贫困落后局面、统筹城乡经济社会发展中发挥着重

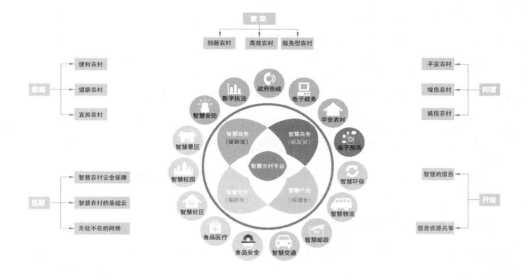

智慧农村公共信息平台

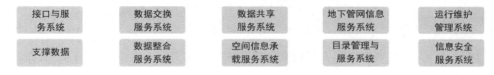

图 3-6 智慧农村社区信息化体系

要作用,因而加快农村社区信息化建设,实现农村信息进村入户,让广大农村群众分享信息化发展带来的实惠,是加快发展现代农业的迫切要求。因此,立足农村社区建设,对农村社区建设中的信息化问题展开研究具有重要的现实意义。基本内容具体如下。

1. 农村社区基础数据库

农村社区基础信息管理涉及全部农村社区、全部行政村所有的人口户籍基本信息、农村社区服务、劳动保障、社会救助、文化体育、环境卫生、农业科技、房产办理、土地资源管理、社区警务等多方面内容。农村社区管理的对象包括个人、家庭、辖区企业、服务机构、服务项目等。这些业务内容所涉及的各种数据,如各系统应用产生的数据、信息发布等相关内容、服务体系产生的各种数据等,通过数据采集,形成覆盖全市的农村社区基础数据库,提供检索统计分析服务。

2. 农村社区综合业务信息系统

第一,协同办公自动化系统。建立贯穿市、县(区)、乡镇(街道)、农村社区,围绕日常工作的农村社区协同办公自动化系统,用于日常通用办公业务管理,通过这个平台构筑起各部门间的横向联系以及各级别部门的纵向联系,为各级部门营造具有综合信息处理能力的现代化网络办公环境。第二,综合业务管理系统。配合基础信息数据库,为农村社区、乡镇(街道)、市级各业务处室用户提供基于基础数据库的高级应用,同时辅助以报表生成(如基于人口基础数据的残疾人登记簿、农村劳动力统计调查表等)、高级查询统计分析(提供可自定义的查询分析方式,如随时获取区域人口年龄段分析结果)、报表上报等多种应用方式。

3. 农村社区一站式服务信息系统

针对农村社区服务大厅提供的各种公共服务,如土地承包经营权流转、房产业务服务、政策咨询、事务处理等,建设专门的服务应用系统。同时建立考核监督机制,辅助以领导监察、公众监督机制,对社区工作人员、服务人员的工作质量和各类服务情况进行监督和评估。

4. 农村社区信息服务网站群

作为提供服务的门户网站,为农民和相关人员提供网上诸如公共服务、信息发布、政策法规和办事流程查询、表格下载等服务。建立这个网站群,需要综合考虑农村社区各项工作和服务的集中统一管理的需要。主要是建立和完善社区信息服务网站群,并将其纳入到全市电子政务网站群中,为政府、社区工作者、居民、企事业单位之间架设一个有效沟通的桥梁。

3.4.2 农村社区信息化管理的功能

1. 资源整合

将各类社区管理、服务设施、组织和人力资源进行全面整合,使之达到充分利用的水平。

2. 功能整合

整合了政府部门、社区组织、服务企业和居民自我管理与服务的资源和工作流程,涵盖了服务热线、办公自动化、网络信息交流、电子政务(居民办事服务)、各类政府信箱、工作台账查询、网上会议、各类信息发布等功能。

3. 高效服务

社区居民可以通过社区信息化系统获得各类所需的公共服务和便民服务。

4. 数据查询

建立数据库,对社区各类人员、设施和工作情况可进行准确快速、全面的查询,大大提高工作效率。

5. 技术先进

社区信息化系统运用云计算技术,可以随时吸收最新网络、信息技术,使之在技术上保持先进水平。

3.4.3 农村社区信息化管理的应用领域

基础信息通过对社区常住人口、流动人口、志愿者、计生对象、社区内企业、出租房、营业用房、物业等信息的采集及人工录入或者导入,汇集各类部门数据而成的综合数据库。

1. 政务服务

社区政务包括以下内容:社区台账,包括基层党建、组织人事、民政管理、司法、信访等;社务公开,包括社区财务公开、政务公开等;政务受理,包括办事申请、网上受理、行政审批等;协同办公,包括内部公文流转、通知公告、电子邮件等。

2. 社区服务

在信息化系统中体现为以下几个方面。老人关怀:针对老龄化社会的趋势，为独居的老人定期拜访跟踪，记录动态信息。

求职招工：记录社区内个人求职、企业招工的情况方便居委会的统计管理。

社区志愿者：记录社区内志愿者的基本信息。

社会保障：记录社会保障体系中的保障与救济及收录包括军烈属、失业下岗人员等帮困优抚对象的基本信息。

计生卫生：记录有关妇孕情况的育龄妇女基本情况、怀孕史登记、避孕史登记等信息；文化宣传：记录关系社区文化方面的五好家庭、文明楼院、文化活动队伍，并进行日常工作宣传。

治安联防：记录联防、平安服务队等社区治安队伍信息。

失业培训：针对失业和不在岗人员，提供再就业的岗前培训服务，记录服务信息。

3. 社区商务

社区商务通过网站和热线电话等方式，覆盖以下领域：家政服务、外卖服务、房屋工程、宠物医院、医疗保健、交通旅游、购物消费、教育培训、住宿餐饮、庆典礼仪、中介服务、丧葬服务、美容保健、法律服务、家电维修、金融保险等。

社区办事人员通过平台上发布共享的信息分享经验。如利用短信、彩信互动在社区设立一个短信、彩信特服号，群众发来的求助短信可以自动转给所在社区的工作人员；群众反映问题短信，可以自动转换成服务办事模块的待办工作；社区工作人员收到短信，需要做相应的处理然后在系统中登记处理结果；遇到自然灾害或其他紧急事件时可以给群众群发短信通知；集成各种通信手段，例如通过热线电话享受同样便利的公共服务。系统管理可以维护和管理系统的部门、账号。以及工作日历、在线用户等系统各项配置和日志。

案例——广州：社区信息化向农村延伸

早在 2006 年开始，住在广州市越秀区光塔街的近万名老人不用再为看病难、看病贵的问题犯愁了。光塔街与越秀区红十字会医院联合推出了健康绿卡制度，并承诺提供六项服务：免费提供每年一次普通物理体检,每季度一次定期健康体检;24小时全天候免费健康咨询、问诊及电话预约挂号服务;每天8时至17时免费出诊服务;住院、托老、临终关怀一条龙服务;专家健康用药、用膳、预防、保健指导服务;定期举办健康教育讲座、健康指导及慢病专题讲座,逐步完善社区医疗服务体系。

这是在实施社区综合业务受理系统的基础上,广州市城区街道涌现出的众多为市民提供一站式、针对性和特色化服务案例中的一个典型。

1. 创新条块结合,城区街道深化应用

这样的服务以前是无法想象的。由于缺乏基础数据支持,以前社区工作人员基本上忙于应付上级差事,只是被动地给当地居民提供服务,而且在提供服务时既不考虑街道本身的特点,也不考虑服务对象的具体需求。实施社区管理信息系统以后,一方面使社区工作人员得以从繁重的日常工作中解脱出来,有时间和精力为市民提供服务;另一方面由于街道和社区及时掌握了服务对象的完整情况,可以主动为有需要的市民提供服务。经过多年的努力,目前广州市社区信息化雏形已经形成,特别是在城区街道的试点单位如越秀区的北京街、六榕街都已经在社区平台上完成与计生、民政等多个部门系统的集成应用。但是,信息共享的机制在全市范围内尚未形成,跨部门业务协同刚刚开始,数据的组织挖掘还没有投入。

今后广州社区信息化建设将突出两个重点:一是在城区街道,鼓励创新应用,在实践中继续深化条块结合的电子政务建设模式,探索以电子政务建设带动电子社区形成,整合社区资源和社会资源共同为市民服务的道路;二是按照城乡一体的思路全面推进农村社区信息化,填补城乡数字鸿沟。在这两个建设重点推进的过程中,逐步形成信息共享和业务协同的机制,并逐步加大对数据组织挖掘的投入力度,最终达到社区信息化的优化升级和整体提升的第三阶段目标。"以前我们搞社区信息化,是希望整合政府资源为市民服务;而现在我们认为可以利用政府资源整合其他社会资源,共同为市民提供服务,这就是光塔街创新应用为我们揭示的方向,这也是社区信息化在城市信息化中的地位体现。"

2. 城乡一体,社区信息化跨越数字鸿沟

广州农村社区信息化参考了城区社区信息化建设的思路,首先选择了白云区钟落潭镇进行试点建设，具体做法是联合各业务主管部门共同为试点办10件实事，包括推广应用镇村管理软件、建上网培训中心、建上网服务站、建信息化示范户、组织信息化下乡服务队等。这些实事的落实过程，让信息办对如何在农村开展社区信息化有了更深的认识。10件实事中的组织信息化下乡服务队，是由信息办主抓的，信息办的党员每周末到三个试点村作指导。在刚开始两周，服务队发现农村很多人不懂拼音，没办法打字，于是就回来找到了一种非常简单好学的五笔输入软件，在村镇进行大力推广。

下乡服务中，信息办总结出建设农村社区信息化需要把握好以下四个方面。

（1）明确四个目标，包括电子政务延伸到村，信息服务入户，提高村民信息能力，种养大户、农业龙头企业开展网上营销，逐步走向电子营销等。

（2）夯实四个基础，包括村干部要有责任心，每个村要有专职信息员，村官、村干部要有上网环境，每个村要有村民上网服务站。

（3）信息化建设包括四项内容，建人口和土地数据库；建村的网页，村网页要包括村情村报、村务公开等栏目，并连接到区的网页上；建村干部的活动记录，过去村干部高的活动有时候村民都不知道，遇上干部离任交接，因记录、资料都不全，工作没有连续性。现在要求村干部的活动记录放在区信息系统中，不能随意修改删除；建村民和政府沟通的平台。

（4）就是要向村民普及四种技能，包括上网，输入，如何在网上找到需要的东西以及学会如何在网上与人沟通等。

3.5　农村宅基地信息化管理

3.5.1　农村宅基地信息化管理概述

在我国的土地管理政策中，农村的宅基地，主要是指在农村中，住户或者是个人将作为住宅基地用地而发生占有，或者是利用本集体的所有土地。宅基地既包括各种建造房屋占据的土地,也包括已经建好,或者是过去已经占用的土地,同时还有即将用于房屋建造的土地。宅基地是从村集体所有的土地中采用无偿、无使用年限的方法划拨给村民的,法律规定村民对宅基地仅拥有使用权,而所有权属于村集体。农村宅基地只能用于自建住房。《中华人民共和国土地管理法》第六十二规定:农村村民一户只能拥有一处宅基地,宅基地的面积不得超过省、自治区、直辖市规定的标准。农村村民建住宅,应当符合(乡)镇土地利用总体规划,并尽量使用原有宅基地和村内空闲地。农村村民出卖、出租住房后,再申请宅基地的,不予批准。在我国现行法律政策中,宅基地主要分为三类,已经建立房屋的占用地,建过房屋但已无附着物,不能居住的土地以和准备建房用的规划地。其中,宅基地的所有权要归属于农村集体经济组织。随着城乡经济的快速发展,农民生活水平大幅提高,改善住房条件成为头等大事,但由于基层政府和村委组织对农民建房缺乏正确引导和有效管理,农村宅基地也呈现出一些亟待解决的新情况和新问题。目前,由于我国的宅基地在制度体系和分配政策上存在着很多的缺陷,使得我国的宅基地使用分配缺乏规范性,分配秩序混乱。在宅基地的使用分配过程中,受到来自各方面的影响较大,行政力量的干预更是严重,使用权的分配制度不严格,规范难以贯彻落实,很多地区分配过程中,都是由村干部进行决策,造成严重的不公平和不合理现象,不仅很大程度的丧失了公平性,也加剧了社会的矛盾。

1. 宅基地信息化管理

地理信息系统(GIS)是用于采集、存储、管理、处理、检索、分析和表达地理空间数据的计算机系统,是分析和处理海量地理数据的通用技术广泛应用到土地利用、资源评价与管理、环境监测、交通运输、经济建设、城市规划等社会各个领域。在中国,GIS应用于区域以及县市一级的地籍管理的研究。卢晓宁、郭金运、聂雅珉等都对地籍信息系统的建设问题进行了探索,提出了各自对地籍信息系统的构想和设计方法;刘昌华、瞿明松等则以河南温县城区为例,将地籍管理系统的建立与实际的地籍调查工作联系起来;刘小生、张秀丽提出了以土地变更登记为中心的日常地籍管理系统数据库设计的方法。相比技术较为成熟的城镇地籍信息系统,GIS 在农村地籍管理中的应用,特别是宅基地管理信息系统的建设和研究却相对滞后。赵耀龙等曾对农村地籍信息系统中的数据处理与组织进行过详细探讨;沈超、钱自红等利用面向空间数据库的 Client/Server 管理模式,提出了一套基于 MapX 控件技术的农村宅基地信息管理系统的设计和开发技术。

数据模型是对客观事物及其联系的数据描述,是地理信息系统的基础,所有地理信息系统都要使用表述事物空间分布的规范模型。地理数据模型经历了 CAD 数据模型、Coverage 数据模型到 Geodatabase 数据模型的发展。Geodatabase 是 ArcGIS 最新引入一个统一的、智能化的空间数据库。"统一"是指能在同一个框架上对所有类型的数据(如矢量、栅格等)进行同一描述;"智能"是指在 Geodatabase 采用面向对象技术,空间要素的表达更接近于人们的直观感受。

近年来,北京市经过一次详查、城镇地籍调查、集体土地地籍调查,基本上已经查清了国有土地使用权、集体土地所有权、农村集体非农建设用地使用权的状况。随着城镇化发展宅基地管理问题的凸显,农村宅基地普查已经提上了国土部门工作日程。由此获取的农村宅基地数据如何使用和管理成为农村宅基地管理工作面临的问题。因此,讨论和建设一套能够满足基层宅基地管理需要的农村宅基地管理信息系统是有现实指导意义的。

2. 系统需求分析

业务需求分析。农村宅基地管理是基层部门工作中较为复杂的一部分。日常的宅基地管理主要涉及宅基地现状管理、宅基地审批登记两部分工作。宅基地现状管理涉及宅基地数量、面积、位置等数据的存档和管理;审批登记涉及户籍审核、家庭人口调查,原有住宅拥有情况调查;是否符合土地利用总体规划和村镇规划等。农村宅基地管理信息系统应当与实际工作相结合,满足以上日常宅基地管理工作的需求。

功能需求分析。根据宅基地日常管理的需要,农村宅基地管理信息系统包括一般功能(文件输入、地图浏览、数据编辑、查询统计、专题制图)和辅助功能(审批登记)。

3.5.2　农村宅基地信息化管理的作用

土地是各种自然资源的载体,也是人类一切生产活动、社会活动的载体。随着人口的增长,经济的持续发展,城市的扩张以及土地有偿使用法规的实施,使得城乡宅基地的新增和变更日益频繁,征地拆迁等成为不可避免的问题。面对数量巨大、来源多样、变更频繁的信息,传统的管理方法已经愈来愈不能满足现代化土地管理的需要。如何管理土地资源,使有限的土地达到最大的社会、经济和生态效益,实现资源的可持续发展就成了日益重要的问题。由于准确性、现势性等方面表现较差,地籍的传统人工化作业手段与管理方式,无法达到现代地籍工作的需求。近年来,随着经济、科技的飞速进步和发展,利用 GIS 技术和计算机技术建立农村地籍数据库系统,从而实现以下几个方面的功能。

(1) 数字化表达地籍图形和交互操作(查询、处理等)地籍空间数据与属性数据。

(2) 提升信息化管理、使用地籍数据的效率,提高科学规划、合理安排土地利用的效率和缩短地籍数据更新的周期等。随着我国经济的飞快发展和城镇化进程的进一步加快,现实中的土地供求矛盾日益突出、人地关系逐步紧张。国家通过开展农村集体土地确权登记发证工作(其中包括农村宅基地使用权确权登记发证),旨在解决此类问题,以保障在城镇化、工业化和农业现代化进程中广大农民的合法权益(包括合法拥有宅基地的权益)。农村集体土地确权登记发证工作的实施,目的在于建立合法、合格、规范的农村集体土地产权制度,改变薄弱的农村土地地籍管理基础,深化改革农村土地使用制度,和夯实农村地籍管理与改革的根基,进一步改善农村经济发展状况。因此,作为这一系列问题的基础,建立有效的农村宅基地使用权数据库系统就显得尤为重要。

(3) 将农村宅基地管理引入规范化、信息化、科学化的良性运行轨道,使政府相关部门在其信息管理、评价分析和管理决策中提高工作效率和管理水平,将具有可视化表现和空间分析功能优势的 GIS 技术应用于其中,对农村宅基地进行地图数字化和属性调查,建设农村宅基地数据库,设计与开发农村宅基地管理信息系统,实现了相关的管理目标。

3.5.3 农村宅基地信息化管理的应用领域

1. 户主地址信息表

主要存储地址信息,即数据范围内的数据来源地点,便于对属性数据进行范围查询。以队为单位,每个队对应一个编号,编号规范是 6 位,如 A01A04,依次为 A 代表 XX 区,01 代表 XX 镇,A 代表 XX 村,04 代表 XX 队。

2. 户主成员信息表

主要存储户主家庭成员的信息,这些信息不仅可以用于反映在查询的数据结果上,而且当涉及房产的转让处理等工作时,方便土地管理部门对数据进行更新和处理。以每一位户主成员为一条纪录,成员编号为唯一索引,成员编号的规范是 11 位,如 A01A0400301,前九位为户主的编号,后面两位 01 代表该户主名下成员的编号。

3. 户主房屋信息表

户主房屋信息表主要存储的是每一户主拥有的房屋情况,表中有房屋是否违规的信息,这有利于在管理土地的时候采用有效的方式对这部分房屋进行处理。表中的房屋面积、房屋层数等信息可以在对房屋统计的时候得到一些统计信息,有利于土地的管理和给土地管理者一些决策支持,拆迁价格字段用于计算拆迁时需要的费用总和。以每一块宅基地为一条纪录,房屋编号为唯一索引,房屋编号的规范是 12 位,如 A01A04003001,前九位为户主的编号,后面三位 001 代表的是该户主名下房屋的编号。

4. 户主综合信息表

户主综合信息表是对户主房屋信息表信息的补充,存储了房屋的四至(东、南、西、北)、房屋的占地面积和批准占地面积等属性,这些属性主要是用于宅基地的审批登记,审批房屋是否符合审批的要求。以每一位户主为一条记录,户主编号为唯一索引,编号规范是 9 位,如 A01A04003,其中前六位为户主所在队的编号,后三位 003 代表户主在该队中的编号为 3。

5. 宅基地审批登记表

在系统的登记模块中采用工作流管理机制,根据国土资源和宅基地管理部门的业务流程进行工作流定义。在这个基础上通过对宅基地登记所必需的信息建立宅基地登记表,在表中记录了宅基地登记申请时所必需的信息(如申请人、户主编号、身份证扫描件、申请面积、宅基地位置等);整个调查、审批过程中的信息(如调查经办人、房屋平面图、房屋四至、调查经办人意见、初审经办人、初审意见、审核人、审核意见、复审人、复审意见、登记人、宅基地登记证号、是否发证等)。

6. 新增宅基地登记表

农宅补充调查情况统计表采用 Access 2003 版的数据库,以统一的数据结构存储在宅基地数据库的补充调查情况表。补充调查情况表以每一个队为一条纪录,队名为唯一索引。

案例——海南省打造数字化的农村宅基地管理体系

2009 年 1 月,海南省政府明确提出"力争用 3 年时间完成农村宅基地确权登记发证"的任务。在时间紧、任务重的情况下,把信息化手段作为推进农村宅基地确权登记发证的突破口,构建起了覆盖广、权属清、操作易、管理严的农村宅基地数字化管理体系,确保工作任务的顺利完成。

海南省累计投入 1000 多万元用于农村宅基地管理工作的软件开发、数据建库和电子档案库建设。在全省统一电子政务平台上建立了农村宅基地确权登记数据中心,在农村宅基地登记发证各环节逐步实现了省、市县二级网络化管理,实现农村宅基地登记发证工作全数字化管理,有效提高了农村宅基地确权登记发证工作的效率和质量,基本构建起了适合本省实际的农村宅基地数字化管理体系。

以标准化、流程化的手段推进宅基地确权发证。采取了"六个统一"的全数字化管理手段,建立信息化标准、管理信息系统,以及贯通宅基地确权登记发证全业务流程的质量控制体系,将业务规则打包到信息系统软件中,形成了一整套标准化、流程化的运作体系。实现了全省18个市县、55支调查测量队伍、2000多名专业人员能够按照统一的标准、同步开展工作,确保了工作的效率和质量。

一是建立统一的网络体系。建立了全省统一的国土资源骨干网络和市县局域网,省厅和全省18个市县的国土资源部门及直属事业单位网络系统全部实现互联,全省共有6000多个网络节点与省厅数据中心互联。

二是建立统一的数据中心。按照"大集中"模式建立了全省统一的国土资源业务数据中心,集中存储全省农村宅基地确权登记发证所形成的档案、图件、法律文书等资料的海量数据。并在省政府机房建立容灾备份系统,确保了数据和应用系统安全。

三是建立统一的标准体系。制定《海南省农村宅基地地籍调查数据库标准》,对农村宅基地地籍调查数据库的权属属性表结构、空间要素分类代码、空间要素分层、数据文件命名规则、图形和属性数据的结构、数据交换格式和元数据等内容做了明确、详尽的规定。

四是建立统一的编码体系。制定全省农村宅基地统一编码规则,为全省2万多个测区建立了宗地空间数据介质点、权属界线和宗地编码。

五是建立统一的业务延伸体系。在全省各市县所有作业队伍统一部署《地籍调查数据管理软件》和《测量数据采集和成图软件》,用于将地籍调查形成的图件、扫描件、表单进行数字化处理,使信息化管理手段延伸到测量作业前端。同时,将数据质量控制、建库和报送标准集成到成图软件中,将外业调查和测量数据直接按照标准格式进行打包、输出、入库,确保了数据质量。

六是建立统一的质量控制体系。基于全省国土环境资源电子政务平台,部署了覆盖全省各市县的农村宅基地确权登记发证管理系统,按照标准化的审批流程进行登记发证管理。地籍测量、权属调查、数据上报、质量控制、档案管理和发证审批全部实现数字化管理和集中管理,保证了全省农村宅基地确权登记发证工作在统一的质量控制体系下推进。

本 章 小 结

农村电子政务是推进现代农业和新农村建设的重要手段,是以信息化带动农业现代化的有效措施。本章从农村电子政务的基本概念着手,围绕农村电子政务的发展现状和存在的问题,充分认识农村电子政务的具体应用领域,包括农村"三资"管理、农村财务信息化管理、农村社区信息化管理和农村宅基地信息化管理等方面,对每个领域的具体建设内容加以阐述,厘清农村信息化建设的实质,并结合各具体应用的案例,探析农村电子政务的实际操作层面,旨在推进农村电子政务更高效地服务于现代化农业。

思 考 题

1. 名词解释。

(1) 农村电子政务

(2) 农村社区信息化

2. 简答题。

(1) 怎样有效实现"三资"管理?

(2) 解决农村财务信息化的途径。

第4章　农村电子商务

学习目标

通过本章的学习,要求同学们能够做到以下几点。

(1)掌握:电子商务的概念。农村电子商务的体系,农村电子商务、农业电子商务、农资电子商务、农村产品电子商务和农产品电子商务之间的关系和概念。网络信息传播的关键因素,网络营销四大工具,网站访问统计分析工具的指标体系,电子商务应用的基本技能。

(2)熟悉:O2O模式、可视化电子商务。农村电子商务应用的主要形式,农产品尤其生鲜产品的特性,农产品与生鲜电子商务的相关问题。农产品网络营销工具体系。

(3)了解:电子商务常见的分类方法和电子商务发展现状。农村电子商务的现状,涉农电子商务主要平台。农产品电子商务应用的策略,农产品电子商务物流配送模式的选择。

知识结构

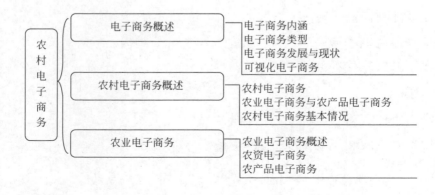

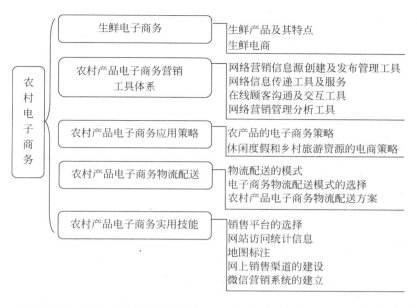

农村电子商务在政府政策鼓励、电商巨头渠道下沉及社会资本的推动下，迅猛发展，各种模式创新应用；农村电商、农业电商、农产品电商、农资电商等各种概念不断呈现，让人眼花缭乱；农村电商是淘宝、京东下农村，只是农村人上网购物等将在本章里一一阐述。

4.1　电子商务概述

在电子商务的活动中，如果能从商务的逻辑出发遵循电子商务的本质，将更能把握电子商务的内涵，丰富电子商务的应用形式，更大范围地开展电子商务。随着网络技术尤其是互联网技术的应用与普及，网络尤其互联网作为产品或服务开始渗透人们的经济、生活的各个领域，并由此产生深刻的变化。电子商务就是网络技术尤其是互联网对商业的渗透与影响最直接的方式。网络技术尤其是互联网对商业的渗透过程也是人们对电子商务内涵的逐步理解与认识的过程，在这过程中不同的学者、不同的机构从不同的视角都阐述过电子商务的内涵，不同角度的理解在电子商务应用中也将产生不同的影响。因此对电子商务内涵的理解非常重要。

4.1.1 电子商务内涵

1. 商务与商务活动

1) 商务

随着社会主义市场经济的不断发展和完善,企业直接面对市场谋求更大的生存与发展空间,政府采购逐步采用市场化运作,加上个人消费呈现多样化个性化趋势,使得市场与企业、政府、家庭以及个人的联系越来越紧密,商务活动渗透到社会经济生活的各个领域,人们从不同的角度对商务的理解也异彩纷呈。

(1) 商务是涉及买卖商品的事务。

(2) 商务即是市场营销。一切买卖商品的活动都属于市场活动,都要以销售活动为目标开展市场营销。

(3) 商务是涉及各种经济资源,包括物质产品、劳务、土地、资本、信息等有偿转让的相关活动,这种资源通过交换方式实现所有权转移的过程就是商务活动。

(4) 商务泛指赢利性的活动。人们以赢利为目的从事的经济活动就是商务活动,它包括了商品生产与买卖活动、其他赢利性服务活动。

(5) 商务是涉及企业、政府部门、家庭及个人的市场交换活动。

我们更认为,商务是以实现商品或服务的交易而开展的一系列经营管理活动的总称,商务的最终目的是为了实现商品或服务的交易。

2) 商务活动

围绕商务的最终目的——商品或服务交易的实现而开展的一系列活动就是商务活动。商务活动包括采购、生产、销售、商贸磋商、价格比较、经营决策、营销策略、推销促销、公关宣传、售前/售后服务、客户关系、咨询服务等。

这些活动涉及商品或服务的产前采购、商贸磋商,产中生产、经营决策,产后营销公关直至消费终端关系维护等等。高质量高性价比的原料或是服务价值的定位、商品生产质量或是服务过程的质量把控、商品或服务在目标客户中呈现及目标客户的维护等一系列活动将直接影响到商品或服务的最终交易和商务或服务交易的良性循环。

2. 电子商务的概念

电子商务是以商品或服务的交易为最终目的。电子商务的技术基础是网络技术尤其是互联网技术。电子商务的本质是商务。

广义来说,电子商务是利用网络开展的商务活动。这里网络不仅限于互联网,还包括前面提到的电信网络、广播电视网络,随着三网融合,电子商务应用范围将更为宽广,电话营销、电话订购、电视购物、网络购物等都可以纳入广义的电子商务范围中。

狭义来讲,电子商务是利用互联网来开展的商务活动。这是目前人们普遍理解的电子商务,主要指利用 PC 互联网或移动互联网开展的商务活动。

从上述定义中不难理解,只要利用网络或互联网开展的商务活动都可以认为是电子商务。换句话说,任何主体在商务活动中不论哪个环节利用了网络或互联网,都可以认为是电子商务。

正确理解电子商务的概念才能更好地应用电子商务,更灵活多样地开展电子商务。

(1)不是所有商务活动都适合在网络上开展。从商务活动的内容看,一些商品或服务的某些活动环节必须依托本地,例如餐饮;还有些商品或服务具有特殊性,更适合依托本地,例如时效性强且附加值较低的生鲜产品、体验性很强的大型设备等等。

(2)要遵循商务逻辑,以成本、效率和效益为基准,分析商务流程中各个环节,结合网络或互联网技术,将适合网络或互联网化的环节实现线上化,并充分利用网络或互联网的相关技术创新模式、优化商务流程、降低成本、提高效率,最终服务于顾客。

总之,电子商务不是简单的网络购物,也不只是网上下单——网上支付(或到付)——快递到家这种固有的流程模式,还可以通过网上搜寻——实体考察——实体成交,或网上下单——网上支付——实体店自提;电子商务更不只是交易环节的互联网化,还可以是商品或服务的研发互联网化,顾客维护互联网化;电子商务不只是追求和注重流程的互联网化,还可以根据商品和服务的特性部分互联网化,既可以线上到线下,也可以线下到线上,还可以线上线下交互融合。

3. 移动电子商务

移动电子商务(M-Commerce),是由电子商务的概念衍生出来的,就是利用手机、PDA及掌上计算机等无线终端开展的电子商务。

移动电子商务将因特网、移动通信技术、短距离通信技术及其他信息处理技术完美结合,使人们可以在任何时间、任何地点进行各种商贸活动,实现随时随地、线上线下的购物与交易、在线电子支付以及各种交易活动、商务活动、金融活动和相关的综合服务活动等。

移动电子商务与通过计算机(台式 PC、笔记本计算机)平台开展的传统电子商务相比,拥有更为广泛的用户基础。据艾瑞咨询发布的电商数据显示,2015 年移动设备在网购总交易额中的占比首次超越 PC 端,达到 55%。

案例——一场特殊的农产品电商化讨论课

在一次农村致富带头人的电商培训中,一位经营大米的老板向培训老师反映,本来很想做电子商务,一方面安排了专门的人员在淘宝上做开店前的准备工作,另一方面老板亲自出面与快递公司洽谈。正常情况下大米一般是 10 斤、20 斤装,老板与快递公司几经还价,最后谈下来的结果是 20 斤装的大米快递费 20 元(除新疆、西藏、青海等之外的省份)。快递公司说已是最优惠价格,而老板算了一下账,一袋 20 斤的米,如果除去 20 元快递费,还能赚多少? 迫于无奈,只好选择放弃。他想问:大米能做电商吗?

培训老师把这个案例放在课堂上讨论:大米,尤其普通大米,是一种复购率高的民生产品,价格敏感度高;比重大,快递成本高,是否适合开展电子商务,如果适合又应该怎样开展? 课堂上讨论热烈,最后大家得出结论:普通大米不适宜,但高端大米可以,因为高端大米有足够的利润来分担快递带来的成本。

这时老师为大家设想了普通大米购买的几个场景如下。

场景一：顾客在小区的米店中选购了大米，完成交易，米店老板递给顾客一张名片，如果喜欢这米，下次记得打电话，我给你送来。顾客拿着名片提着大米回家，随手将名片一扔，开始做饭。饭出来了，不错，香，下次可以再买。

场景二：几天后，米吃完了，顾客想：该给米店老板打电话了，名片呢？好不容易找到名片，接通了电话，发现怎么都说不清楚是哪米，唉，没办法只好再次去米店亲自确认。

场景三：闺蜜、邻居一起闲聊或通过 QQ 和微信聊天，有没有好的大米推荐，这时你告诉他，你家吃的米不错，可以试试，等你回家或者等你找了名片把电话告诉他，他自己打电话让米老板送。接下来也许同样会遇到自己同样的尴尬，说不清哪种米！

接下来，老师用不同方式呈现同样的场景。

场景一：顾客在小区的米店中选购了大米，完成交易，米店老板让顾客扫描米店的二维码，是一个订阅号连接的一个微店，并告诉顾客这是哪个产品，如果喜欢这米，直接下单，给你送来。顾客提着大米回家，开始做饭。饭出来了，不错，香，下次可以再买。

场景二：几天后，米吃完了，顾客想再次购买，掏出手机，下单付款，填好地址，搞定，坐等米店老板送米来。哦，对了，似乎刚刚微店里还有想要的黑米，再下一个吧，一起送来。

场景三：闺蜜、邻居一起闲聊或通过 QQ 和微信聊天，有没有好的大米推荐，这时你掏出手机向朋友们分享推荐，并告诉他们是哪款产品，可以试试。朋友们进入微店不但买了推荐的米，还有其他东西。

培训老师问：两种大米购买与分享场景是传统商务与电子商务带来的不同感受，那么第二种方式中米老板还可以做些什么呢，未来的业务会是什么呢？

台下一片哗然：是啊，小小的一个改变，不仅方便用户、方便传播、还能沉淀用户，更好地服务；再深一点，个性化推荐产品、个性化服务等服务。

大米产品电商化过程，打破了传统电子商务的模式，线上下单，快递至家；小小的智能手机、不起眼的二维码打开了电商应用的另一扇窗，开启商家、用户、产品的连接之桥。

思考：（1）电子商务模式不是只有线上下单，快递到家。

（2）本地商务是电子商务下一个蓝海市场。

（3）任何一个商务环节互联网化都可以理解为电子商务。

4.1.2　电子商务类型

电子商务的类型随着分类的角度或标准不同会有不同类型。

1. 根据交易参与的主体

交易主体一般有企业（Business）、政府组织（Government）、个体消费者（Consumer），基于不同组合可以分为以下几种。

（1）B2B（Business to Business），企业与企业间的电子商务，电子商务所有参与者都是企业或其他机构。

（2）B2C（Business to Consumer），企业与消费者间的电子商务。由企业向个体消费者提供产品或服务的零售商业模式。

（3）C2C（Customer to Consumer），个人与个人间的电子商务。消费者直接向消费者提供产品或者服务。

（4）C2B（Customer to Business），消费者与企业间的电子商务。个体消费者利用互联网向机构销售产品或服务，或者个体消费者寻求产品或服务报价的卖方，比如个性化定制或者反向拍卖。

（5）B2G（Business to Government），企业与政府间的电子商务。企业向政府提供产品或服务的电子商务，比如政府通过互联网向企业采购。

（6）C2G（Consumer to Government），个体消费者与政府组织间的电子商务。个体消费者向政府部门提供产品或服务。

除了以上几种主流的类型外，也还有 G2B、G2C 等。

2. 根据交易过程的数字化程度

据销售产品（服务）、销售过程和交付方式的数字化程度，即从实物到数字的转变，Choi 等人构建了一个框架，对三要素不同的组合方式进行分析，把电子商务分为完全电子商务和不完全电子商务。

（1）完全电子商务：产品（服务）、销售过程、交付方式三个维度全部数字化。如上网购买电子版的图书，并通过网络将图书传递给购买者，产品是数字化的、销售过程是数字化的、交付也是数字化的，这就是一个完全的电子商务。

（2）不完全电子商务：从图 4-1 可以看出，产品（服务）、销售过程、交付方式只要有一个维度是数字化的，就认为是电子商务，但这是不完全电子商务。例如，在天猫上购买一个电饭煲，其商品是实体交付的，是不完全的电子商务。

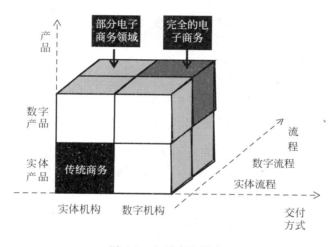

图 4-1 电子商务维度

事实上，因为产品（或服务）的自身特性或者环境因素无法支撑，很多产品（或服务）是不能被互联网完全侵蚀的，也就是不可能完全线上化，这与前面对电子商务的概念理解是一致的。

3. 根据地域范围

根据地域不同可以分为农村电子商务和城市电子商务。

农村，即乡下，不同于城市、城镇，以从事农业生产为主的劳动者居住的地方，是相对于城市的称谓，具有特定的自然景观和社会经济条件，也叫乡村。

城市，包括城市与城镇。其中，城镇通常指的是以非农业人口为主，具有一定规模工商业的居民点。人口较多且稠密的地区称为城市，一般包括了住宅区、工业区和商业区并且具备行政管辖功能。

（1）农村电子商务：在农村区域范围内开展的电子商务就是农村电子商务。

（2）城市电子商务：在城市或城镇区域范围内开展的电子商务就是城镇电子商务。

由于农村有其特殊性,农村资源丰富、人口众多且相对分散、互联网应用基础差、人才匮乏、物流落后、支付困难等原因,电子商务应用难度大,但农村电子商务却具有广阔的市场和发展潜力。

4．根据交易过程的互联网化程度

根据交易过程的互联网化程度,可以分为网络购物模式和O2O模式。

交易过程：不论是传统商务还是电子商务,其交易过程包含四个主要环节,交易前的准备、商贸磋商、合同签订与手续办理、支付与执行。传统商务与电子商务所不同的是交易过程所基于的环境和对应环境下所使用的工具,例如电子商务是基于网络环境,使用的工具对应为互联网工具。

网络购物模式：是指用户在线上下单,商家仓库发货,通过自建或第三方物流将货物配送到用户,这种模式是传统的电子商务。其交易过程,包括商品发现、磋商、下订单、支付等环节基本是互联网化,配送是自营或是第三方专业配送。

此模式交易范围广,规模集聚效应明显；商品丰富,适合标准化产品或储运要求不高、时效性不强或附加值高的产品。

O2O模式：客户在线下单,服务商收到订单后整合供应链,多终端配送。此模式中,交易过程不是全部互联网化,例如商品的发现过程,可以是线上,也可以是实体终端。配送方式除自营外,包括供应链上服务商、零售商等多终端方式。

此模式适合交易范围一般局限在本地,注重本地消费,满足即时、碎片化、场景化的需求,适宜体验性强、时效性强、储运成本高且附加值不太高的产品。

5. 其他分类

按开展电子商务交易的范围,可以分为区域电子商务、远程国内电子商务和全球国际电子商务。

另外,还可以根据行政区划来分类。电子商务行业作为一个新兴行业,其行业的发展主要与区域经济发展水平、人口基数及结构、文化发展水平、地理位置及交通等因素密不可分。一般来讲,县域的经济发展相对落后,涵盖县城、乡镇和农村地区,地理位置和交通优势不强,电子商务发展条件有限,所以把县域独立出来,这就是目前大家所说的县域电商。

4.1.3 电子商务发展与现状

中国电子商务萌芽于 20 世纪末,经过多年市场培育和国家相关政策的激励,我国电子商务发展的内生动力和创新能力日益增强,正在进入密集创新和快速扩张的新阶段,日益成为拉动我国消费需求、促进传统产业升级、发展现代服务业的重要动力。

1. 电子商务发展历程

1997 年 12 月,中国化工网上线,成为国内首家垂直 B2B 网站。中国电子商务走过近 20 个春秋,而这近 20 年的发展,大致可以分为以下几个时期:萌芽期、冰冻调整期、理性发展期、崛起与高速发展期、野蛮生长与群雄争霸期、融合与转型升级期。

1)萌芽期(1997—1999 年)

20 世纪末,以互联网为基础的全新商业模式的兴起鼓舞了第一批新经济的创业者,他们认为互联网将变革传统的贸易,充满无限商机。国内第一批电子商务网站开始逐步创立,在 1997—1999 年这三年间中国化工网上线、8848、阿里巴巴、易趣网、当当网等知名电子商务网站先后涌现,电子商务发展开始萌芽。

2)冰冻调整期(2000—2002 年)

2000 年后,随着纳斯达克互联网泡沫的破碎,电子商务的发展也受到严重影响,创业的信心经受了严峻挑战,包括 8848、阿里巴巴在内的

119

知名互联网企业经历了冰与火的考验,中国电子商务企业进入了冰冻与调整期。

3)理性发展期(2003—2005 年)

电子商务经历低谷后,2003 年非典的疯狂肆虐突显了电子商务的便捷与安全,电子商务出现快速复苏回暖,很多电子商务网站经过泡沫的洗礼,更加谨慎务实,我国电子商务进入理性发展阶段。

4)崛起与高速发展期(2006—2007 年)

随着互联网环境的改善、理念的普及以及国办发[2005]2 号效应的释放,给电子商务带来巨大的发展机遇,各类电子商务平台的会员数量迅速增加,大部分 B2B 行业电子商务网站开始实现盈利。而专注 B2B 的网盛生意宝与阿里巴巴的先后上市成功引发的"财富效应",更是大大激发了创业者与投资者对电子商务的热情。IPO 的梦想、行业良性竞争和创业投资热情高涨这"三驾马车",大大推动了我国行业电子商务进入新一轮高速发展与商业模式创新阶段,衍生出更为丰富的服务形式与盈利模式,电子商务网站数量也快速增加。

据中国 B2B 研究中心调查显示:仅 2007 年,国内各类电子商务网站的创办数量达到当时各类网站总数的 30.3%。该阶段正是我国电子商务的崛起与高速发展阶段。

5)生长与群雄争霸期(2008—2010 年)

2008 年全球金融海啸不期而至,全球经济环境迅速恶化,致使我国相当多的中小企业举步维艰,尤其外贸出口企业备受影响,不但有传统外贸公司倒闭,包括沱沱网、慧聪网、宁波网、阿里巴巴在内的外贸在线 B2B 企业或关闭,或裁员重组,或增长放缓。

与此同时,内贸在线的 B2B、B2C 却逆流而上,以低成本、高速率的方式爆发式增长,外贸厂商依托电子商务转战内贸,传统企业也纷纷触电转型,催生电子商务野蛮发展。一方面中国化工网、慧聪网、中国制造网、淘宝、京东、当当等原有 B2B、B2C 主流平台迅速壮大扩张,另一方面以百度、凡客为代表的互联网企业和以苏宁、中粮为代表的传统企业投身电子商务领域,新平台、新模式、新产品与服务层出不穷,资本的追逐与政策鼓励催生了电子商务的生长,群雄争霸使行业的竞争加剧。

6)融合与转型升级(2011年至今)

2008年后电子商务经过三年的盲目扩张和同质化竞争,电子商务蓬勃发展的同时,网络诚信、资本融资、发展模式等诸多问题凸显,通过优胜劣汰,电商遭遇行业洗牌,行业内走向大融合,兼并、战略联盟协作促成了电商巨头形成。

随着国家对电商行业的规范与促进措施的激励,电子商务环境进一步改善,电商行业在移动互联网快速发展之中转型升级并不断突破固有模式,O2O、新的营销方式、新的营销平台层出不穷,电子商务从城市转战农村,从PC端转向移动端,从3C、服饰扩展到生鲜,从线上到线下再到线上线下深度融合,从完全的虚拟经济到与实体经济的深度融合,从日常百货到医疗、再到生活领域,从内贸到跨境电商……电子商务变化日新月异。尤其近两年"互联网+"风生水起,电子商务也在转型升级中融合,在融合中转型升级,成为新的经济发展动力。

2. 电子商务发展现状

在"互联网+"战略、"大众创业、万众创新"的推动下,我国电子商务持续快速发展,为创新创业提供了新的舞台,成为经济发展新的新引擎、新动力。

1)我国电子商务产业蓬勃发展

2015年5月7日,国家层面继2005年后再次颁发"新二号文"《国务院关于大力发展电子商务加快培育经济新动力的意见》(国发[2015]24号),以消除束缚电子商务发展的机制体制障碍,发挥电子商务在培育经济新动力,打造"双引擎"、实现"双目标"的作用。

(1) B2B仍是电子商务主体。

中国电子商务研究中心相关数据显示,2015年中国电子商务交易额达18.3万亿元,同比增长36.5%,增幅上升5.1个百分点,其中B2B电商交易额13.9万亿元,同比增长39%,增幅上升17个百分点,网络零售市场交易规模3.8万亿元,同比增长35.7%。B2B仍是电子商务市场的主体。

（2）网络零售占比持续扩大。

通过向跨境电商、农村电商和 O2O 的拓展，网络零售保持稳定持续增长，在社会消费品零售总额的占比持续扩大。中国电子商务研究中心相关数据显示，2015 年中国网络零售市场交易规模达 38 285 亿元，同比增长 35.7%，占到社会消费品零售总额的 12.7%，较 2014 年增加 2.1 个百分点，实物商品网上零售额的占比已超过 10%，预计 2016 年网络零售额在社会消费品零售总额的占比将达 13.5%。

网络零售市场持续升温，行业进入兼并整合期，巨头企业通过收购、兼并等资本投资方式，迅速对新市场、新业务领域渗透，同时不断拓展了新的业务线。

（3）创造千万就业机会。

电子商务的快速发展不仅提供了直接的就业机会，同时还带动了物流快递、营销运营、培训咨询等业务的增长，提供了更多间接就业岗位。截至 2015 年 12 月，中国电子商务研究中心统计，电子商务直接从业人员超过 270 万人，同比增长 8%，而由电子商务间接带动的就业人数已超过 2000 万人，同比增长 11%。

2）电商行业向纵深发展

（1）服务电商化。

随着我国服务业的快速发展和国家对保障民生问题的日益重视，国务院先后出台了一系列政策鼓励、支持和规范生活性服务业的发展，尤其 2015 年 9 月颁发《关于线上线下互动加快商贸流通创新发展转型升级的意见》，极大地推动了线上线下的协同发展。根据国家商务部统计，2015 年上半年，我国 O2O 市场规模达 3049.4 亿元，同比增长高达 80%。随着移动互联网宽带的普及，移动宽带（3G/4G）用户增加，同时各类 App 在手机终端的广泛安装、二维码扫码应用的普及，让 O2O 端口、应用场景越来越广泛、便捷，极大地推进了吃、住、行及旅游、购物、娱乐等生活服务在线化，电商经济已向服务电商转移和渗透。

（2）电商国际化。

随着国家"一带一路"战略的实施和国家相关政策的支持与规范，跨境电子商务从规模到质量都有所提高。据中国电子商务研究中心监测数据显示。2015 年中国跨境电子商务交易规模为 5.4 万亿元,同比增长 28.6％,其中跨境出口交易达 4.49 万亿元,跨境进口交易达 9072 亿元。进出口结构比例中出口电商占比 83.2％,跨境电商的发展始终以出口为主,进口为辅。从跨境电商的交易模式分析,B2B 交易占比达到 88.5％,较 B2C 而言占绝对优势,但 B2C 模式受降低交易成本、满足消费者个性化需求的驱动,以及互联技术、物流支付环节的支持,有较大的发展空间。

（3）电商农村化。

随着电子商务向农村的渗透,以及国家对农村电商的相关政策的支持,以工业品下乡为主的农村电商得到了长足发展。2015 年中国农村网购市场规模达 3530 亿元,同比增长 94.3％。

以阿里巴巴、京东、苏宁为代表的电商企业,纷纷迈开了电商下乡的步伐。2014 年 10 月,阿里巴巴集团推出了以“千县万村”计划为主体的农村战略。在阿里巴巴的带动下,包括京东、苏宁等电商平台也推出了各自的农村电子商务计划,“电商巨头下乡”已成潮流。截至 2015 年 12 月底,阿里巴巴农村淘宝已累计覆盖全国 28 省,超 250 个县布局,建成村级农村淘宝服务站点超 12 000 个。阿里巴巴集团推出的农村淘宝合伙人、淘帮手(村淘合伙人的帮手)、京东推出的乡村代理员和顺丰速运推出的内部创业计划,未来有望推动数十万计的农村居民加入电子商务创业和就业大军。

3）电子商务企业转型升级

（1）B2B 企业多元化服务。

受宏观经济下行影响,B2B 电商服务商营收市场整体增速放缓。各主要服务商中,除阿里巴巴外,环球资源、焦点科技、慧聪网等在营收和净利润两大指标上都出现了不同程度的负增长。B2B 电商经由单一的综合信息服务向多元化发展,B2B 企业相继推出贷款融资、信用保障等措施以促进在线交易及增值服务的发展,但总体还处于探索期。阿里巴巴旗下一达通,提供外贸综合服务,包括通关、结汇、退税等基础服务(政务服务)和物流、金融等增值服务(商务服务),同时还提供信用保障服务。B2B服务已向多元化纵深方向发展。

(2)网络零售市场转型升级。

2015年中国B2C网络零售交易规模占51.6%,网络零售市场出现"拐点",B2C份额首次超过C2C,人人开店的盛况不复存在。与此同时,电商企业的市场份额变化不明显,天猫、京东、苏宁易购为前三,B2C市场已进入相对成熟阶段。各电商企业纷纷开拓新业务如跨境电商、农村电商、消费金融、电商物流、智能硬件等,不断加固自身"地盘"。网络零售市场正在从"增量"增长向"提质"增长转型升级。

4)企业竞争点面结合

(1)促销常态化。

2015年,电商促销活动风云迭起,"三八"妇女节、"4·18""6·18""8·18"等促销不断。借节促销、造节促销都是为了在短期内形成"聚力",打响自己品牌的同时,增强用户黏性,为年终冲刺准备。与此同时,国家工商总局出台了《网络商品和服务集中促销活动管理暂行规定》,对电商平台进行集中促销包括促销期限、方式和规则等进行了规定,引导电商规范化发展。

(2)并购整合活跃。

网络零售市场持续升温,行业进入兼并整合期,巨头企业一方面通过收购、兼并等资本投资方式,迅速对新市场、新业务领域进行渗透,另一方面通过战略合作,互联网企业与传统零售企业强强联合,优势互补,共同发展。2016年8月,阿里巴巴入股苏宁,开辟了互联网企业与传统零售公司联姻的先河;同月,京东也入股永辉超市,通过联合采购来强化供应链管理水平。10月,大众点评网与美团网宣布达成战略合作,双方沟通成立一家新公司,加强优势互补和战略协同。

5)消费习惯加速改变

根据中国互联网络信息中心(CNNIC)数据,截至2016年6月,我国网民规模达7.1亿,手机网民规模达6.56亿,手机网民由2015年底的90.1%提升至92.5%,手机在上网设备中占据主导地位。一方面移动设备上网的便捷性,降低了互联网的使用门槛;另一方面移动互联网应用服务不断丰富、与用户的工作、生活、消费、娱乐需求紧密贴合,推动 PC 网民持续快速向移动端渗透。

(1)购物行为从 PC 端向移动端迁移。

随着智能手机、平板电脑的普及,4G 网络环境的日渐优化,PC 网民持续快速向移动端迁移,而电商巨头也加强了移动端布局,用户移动购物习惯逐渐成熟。截至 2016 年 6 月底,我国手机网购用户达 4.01 亿,手机网购的使用比例达 61%,手机网购占比超过 60%。据电子商务研究中心数据显示,2015 年中国移动网购交易规模达到 20 184 亿元,同比增长 117%,增速远远超过网络购物整体增速。

(2)人均年度网上消费近万元。

2015 年上半年,平均每个网购用户在网上消费 4302 元,预计全年人均网购消费有望达到 9000 元,较 2014 年网购消费支出增加近 16%。

服装鞋帽仍是用户网购的主要品类,其在线消费者占整体网民的比例超 75%。由于毛利高,重复购买率高,服装品类一直是网络零售主要利润来源,吸引众多电商企业积极投入拓展服装品类市场。目前,服装网络零售市场正由拼价格,向品质化、个性化转型。

(3)服务类网上消费呈加速趋势。

机票、酒店在线预订,由于其便捷的用户体验,以及企业的大力推广,越来越赢得用户青睐。电影、演出票,由于其在移动端即时购买、现场自助取票的便捷性和电影市场消费需求的释放成为当前在线预订的热门品类。

6)电子商务发展机遇与挑战

(1)加快与传统产业融合发展。

农业农村方面,大力发展农村电子商务,促进农业"小生产"与电商"大市场"的有效对接,推动农村一二三产业融合发展,带动农民增收和农村就业创业。

制造业方面,依托电子商务,推进网络化制造和经营管理,加速研发设计、生产制造、业务重组等向全球体系演进,促进产业创新模式向高效共享和协同转变,推动工业从生产型制造向服务型制造转变。

商贸流通方面,支持传统商贸流通企业与电子商务企业优势互补、资源整合,通过移动互联网、地理位置服务、大数据、O2O 等信息技术创新应用,将逐步提升传统商贸流通企业服务能力,加速"互联网+流通"的转型升级。

(2)电子商务激活新兴服务业态。

传统企业利用电子商务优化采购、分销体系,拓宽能源、化工、钢铁、药品、林业等行业电子商务应用领域,提升企业经营效率。大力支持网络租车、网上问诊、社区服务等生活服务类电子商务,不断创新服务民生方式。进一步完善政策,清障搭台,充分发挥市场对技术研发方向、路线选择、要素价格、要素配置的导向作用,带动新兴产业和新兴业态发展。

(3)从国内市场走向全球市场。

积极发起或参与国际电子商务交流合作,简化境内电子商务企业海外上市审批流程和境外直接投资外汇登记手续,鼓励电子商务领域的跨境人民币直接投资。积极发展面向"一带一路"沿线国家的电子商务合作,建立政府、企业、专家等各个层面的对话机制,推动我国电子商务走出去。

经过整个行业和电商企业的不懈努力,中国电子商务得到迅猛发展,成为互联网经济的重要力量之一。在"互联网+"时代,电子商务行业新应用、新业态将继续蓬勃兴起,产品形态和服务模式将进一步融合创新,成为大众创业、万众创新的重要方向,同时成为推动中国社会经济前行的重要力量。

4.1.4 可视化电子商务

在互联网的发展中,信息的表现形式由纯文字——图文——图文+声音+动画——视频循序渐进,目前已进入视频时代,电子商务也顺应互联网技术的发展,营销信息的展示也进入可视化阶段。

1. 可视化电子商务的概念

可视化电子商务是一个动态的概念,随着网络技术的发展而有不同内容。

可视化电子商务就是视频电子商务,是通过专业的电子商务平台,企业和商家把自己制作的产品视频广告,投放到互联网上,供经销商或者消费者观赏、了解,从而达到高效率、低成本、形象化的传播目的,并通过电子商务平台,使供需双方迈出电子商务的第一步。

从可视化电子商务的内容看,企业或商家经过精心制作的用于传播的视频,有一定的滞后性和相对稳定性。

随着视频技术和网络技术的发展,视频也进入实时状态,可视化电子商务也进入直播视频时代,视频的作用不再限于产品或服务宣传、广告,更赋予它的场景化,带给用户更好体验。

2. 直播

1) 广播电视词典对直播界定

直播是广播电视节目的后期合成、播出同时进行的播出方式。按播出场合可分为现场直播和播音室或演播室直播等形式。

电视现场直播是在现场随着事件的发生、发展进程同时制作和播出电视节目的播出方式,是充分体现广播电视媒介传播优势的播出方式。

2) 直播引申定义

直播可以理解为现场随着事件的发生、发展进程同步制作和发布视频信息的形式。

3) 直播的分类

电视直播和网络直播。

(1) 网络直播定义。

随着互联网技术的发展,直播的概念有了新的拓展和变化,现在更多的人关注网络直播,特别是网络视频直播更受关注。通过网络在线收看球赛、体育赛事、重大活动和新闻等,这样让大众有了广阔且自由的选择空间。

网络直播可以理解为在互联网环境中,现场随着事件的发生、发展进程同步制作和发布信息,具有双向流通过程的信息网络发布方式。

网络直播吸取和延续了互联网的优势,利用视讯方式进行网上现场直播,可以将产品展示、相关会议、背景介绍、方案测评、网上调查、对话访谈、在线培训等内容现场发布到互联网上,利用互联网的直观、快速、表现形式好、内容丰富、交互性强、地域不受限制、受众可划分等特点,加强活动现场的推广效果。

网络直播一般是在现场架设独立的信号采集设备(音频+视频)导入导播端(导播设备或平台),再通过网络上传至服务器,发布至网址供人观看。

(2) 网络互动直播。

网络互动直播是针对有现场直播需求的用户,利用互联网(或专网)和先进的多媒体通信技术,通过在网上构建一个集音频、视频、桌面共享、文档共享、互动环节为一体的多功能网络直播平台,企业或个人可以直接在线进行语音、视频、数据的全面交流与互动。

网络互动直播主要应用在网络营销、日常工作、企业活动上。

2015 年以来,随着电竞直播、秀场直播、游戏直播等的应用,直播平台实现了初期的爆发式增长,而随着淘宝、微博、陌陌等带有电商或社交属性的大流量平台的加入,直播本身的工具属性则变得越来越强。

3. 网络直播在电子商务中的作用

电商用户的红利逐渐消失,获取用户的成本越来越高,而原有的用户结构发生了变化,消费行为也发生了变化,原有的用户获取方式也将随之变化。同时随着电商经营水平的提高,图片、文字和滞后的视频已很难提高顾客的转化率。网络直播实时性、场景的可视性,增加了用户的可信度,成为消费者快速决策工具。网络直播也就成为可视化电子商务的新方向,成为电子商务应用的新工具,其主要作用如下。

1) 强大引流作用

据统计,目前直播规模接近 100 亿元,在线直播平台数接近 300 家,用户数量达 2 亿,大型直播平台每日高峰时段在线人数达 400 万,同时进行直播的房间数超过 3000 个,已经形成巨大的流量源。

聚美优品:明星直播发红包互动,美妆产品瞬间抢空。瞄准"颜值经济"的聚美优品请魏晨来直播,刚出场 5 分钟,直播平台粉丝数突破 200 万。

惠氏奶粉:奶爸吴尊直播 1 小时卖了 120 万份奶粉。

小米 Max:创新直播新玩法引得千万观众围观小米 Max 的新品直播,直播共有超过 1800 万人围观,送出将近 700 台小米 Max 手机,每天吸引 200 多万 UV 参与,在日常流量较高的时段,同时在线人数通常都在 10 万以上,即使在深夜一两点,也有 1 万多人在线。

聚划算:柳岩在淘宝直播 1 小时成交 6 万单。

2)提高转化率

直播形成超高的流量,形成强大群体决策效应。一方面消费者在一个强交互场景下,从众效应得到放大,群体的决策效果影响每个个体,另一方面直播通过视频增强用户对产品的了解,对产品的信心,从而在从众效应下产生较高的转化率。

3)建立强大的信任感

直播在跨境电商和农产品电商中发挥着巨大的信任作用。在跨境电商,消费者对卖家商品来源的质疑,通过实时直播商品的采购,增强了消费者的信任,帮助消费者快速决策。

农产品的安全问题一直为消费者所关注,农产品是否有机、天然历来受消费者质疑,如果能直播产品的生产过程、动物的饲养过程,将增强消费者对产品的信心,快速达成交易。

总之,可视化电子商务是在帮助消费终端了解产品,并提供高效、低成本传播方式,解决电子商务产品的"可信度"困局,使电子商务更真实、更普遍、更容易让人接受。

4.2 农村电子商务概述

我国经济社会的发展存在明显"二元结构",这种现象表现在我国城乡之间、东西之间。城乡之间的二元结构不仅体现在传统的社会经济领域,也存在于以互联网为发展领域。以互联网为基础的电子商务是始于城市。随着城市互联网用户增长的趋缓,城市互联网人口红利逐渐消失,电子商务增速也逐渐下降,为了寻找新的业务增长点,电商巨头不得不下沉业务布局,争夺农村这个蓝海市场。而近年互联网加速向农村渗透及智能手机的普及,农村电子商务基础环境不断改善,尤其 2015 年国家支持发展农村电子商务密集出台政策,农村电子商务开始迅猛发展,2015 年成为农村电子商务发展的元年。大力发展电子商务对增收农民、增效三农、建设美丽乡村具有重大意义。

从最初的干果之类农产品在网上销售,到今天政府部门、电商巨头及投资者把电子商务的发展转向农村,农村电子商务、农业电子商务、农产品电子商务、农村产品电子商务等相关的概念相继出现,通过知网文献搜索,这几个概念同时在一个文献中不存在,换句话说目前为止没有学者明确界定过这几个概念,翻阅不同的文献资料,只有比较笼统的说法:农村电子商务范围大于农产品电子商务。本书中我们尝试对这些概念进行界定和理解,以便更好地开展电子商务应用。

4.2.1 电子商务

1. 农村、农业和农民

(1) 农村:农村,又叫乡村,是从事农业生产为主的劳动者聚居的地方,是相对于城市的称谓。因此农村是一个区域的概念。

(2) 农业:农业是利用动植物的生长发育规律,通过人工培育来获得产品的产业。农业是国民经济中一个重要的产业部门,是以土地资源为生产对象的部门,它是通过培育动植物产品从而生产食品及工业原料的产业。狭义的农业指种植业,包括生产粮食作物、经济作物、饲料作物和绿肥等农作物的生产活动。广义的农业包括种植业、林业、畜牧业、渔业、副业五种产业形式。

农业是一个产业的概念,是以土地资源为生产对象,具有明显的地域性、季节性和周期性,属于第一产业。但农业又是一个动态发展的概念。随着社会的发展,农业内涵和外延都得到了拓展和延伸,这就是我们的现代农业。

（3）农民：农民是指长时期从事农业生产的人，也指务农者，是以农业为职业的人，因此农民既是一个职业也是一种身份等级。农民的内涵也是不断发展的。

传统农民是对应于传统农业下的农民，指从事传统农业生产的人，主要包括以种植、养殖、林业、渔业等自然经济产业为职业的人。

随着传统农业的拓展与延伸，农民也赋予了新的内涵。新型职业农业和新农人是在现代农业下，赋予了新含义。

农村是一个地域，农业是一个产业，农民是一种职业或是具有某种共同属性的群体，这三者的关系如图 4-2 所示。

图 4-2　农村、农业、农民关系图

农村是相对城市的一个区域，农民是居住这个区域中主要群体，这个群体有基本的组织如组、村、乡（镇）；在这个区域里同样存在第一、第二、第三产业，农业是农村里最主要产业，农民主要从事农业。

2. 农村电子商务

农村电子商务：在农村这个区域范围内利用网络开展的商务活动。

通过前面对农村、农业、农民三者关系阐述，农村是相对于城市的一个区域，从产业的角度上分析，在这个区域中，同样包含第一产业、第二产业和第三产业，只是农业是农村最主要的产业，电子商务在农村中的应用，理所当然就是在农村的三个产业中的应用过程。

再从人类经济活动的两大要素——生产和消费来分析，农村电子商务的应用过程也就是电子商务在这两大要素中渗透的过程。从生产角度看，如何用电子商务方式从外界获取优质生产资料（生产消费），以提高生产的质量和效益,并将生产的产品或服务推向市场实现增值,是持续再生产的条件,可以理解为生产电商。从消费角度看,消费包括生产消费和生活消费,生活消费指人们在生产和生活的过程中消耗物质资料和享受服务的一种经济行为,生产性消费放入生产过程中分析,电子商务在生活消费中的应用体现在如何用电子商务手段低成本快捷地获取生活中所需物资,可以理解为消费电商。

4.2.2 农业电子商务与农产品电子商务

农业电子商务是指利用网络(互联网)技术、以农业产业链为核心开展的商务活动,它包括前端的农资电子商务,终端的农产品电子商务,如图 4-3 所示。

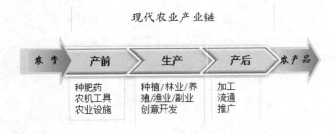

图 4-3 现代农产业链简化图

上述现代农业产业链表明农业生产活动输入的是农业生产资料即农资,通过生产转化输出的是农产品,农资的成本、质量决定农产品的质量与市场竞争力,最终决定交易的成功,电子商务在农业这个产业中的渗透主要在优质农资的获取和农产品的销售这两个环节,即农资电子商务和农产品电子商务。

农产品是农业中生产的物品,农村除了农业外,还有加工制造业和服务业。在农村区域中各产业生产的产品统称为农村产品,包括农产品和其他农村产品,例如手工艺品、制品及乡村旅游等。农产品电子商务是利用网络(互联网)针对农产品开展的商务活动的总称。

农业电子商务的重点是农产品电子商务,它是农业实现增值的重要途径之一,是农民增收、农业持续发展的保证。

农村产品电子商务是利用网络(互联网)针对农村产品开展的商务活动的总称,它包括农产品电子商务和其他农村产品(手工艺品、制品及乡村旅游等)电子商务。农村产品电子商务的重点是农产品、农村制品及休闲旅游。农村电子商务、农业电子商务、农产品电子商务、农村产品电子商务间的关系如图4-4所示。

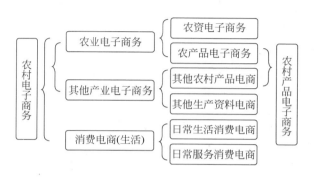

图 4-4　四类电商间关系图

在农村这个地域包含农业和其他产业,产业是社会经济活动的生产部门。沿着农业产业链开展的电子商务就是农业电子商务,它包括前端的农资电子商务和终端的农产品电子商务。其他产业也包括其他生产资料电子商务和其他农村产品电子商务,农产品电子商务和其他农村产品电子商务统称农村产品电子商务,农村产品电子商务是农村电子商务的重点,是实现农民增收、农业增效的有效途径。消费分为生产性消费和生活性消费,为了便于说明,将生产性消费归到各产业中,所以图中的消费部分仅指生活性消费,包括日常生活用品和日常生活服务,对应日常生活消费电子商务和日常服务电子商务,统称消费电子商务。目前电商三大巨头开展的电商下乡基本还停留在消费领域。

4.2.3　农村电子商务基本情况

随着互联网向农村加速渗透,电商巨头渠道的下沉以及国家支持农村电商发展政策的密集出台,农村电子商务出现了蓬勃发展的态势。农村网购市场不断扩大,农村居民生活方式逐步改变,电子商务与农村产业融合更加深入,将促进农村产业的转型升级,给农村经济注入了新的动力。

1. 政策密集出台,加速电商向农村的渗透

电子商务的蓬勃发展已经成为经济发展的新动力。中央一号文件已连续五年将发展农村电子商务写入文件,特别是 2015 年,农村电商迎来历史性发展机遇,政策利好频出。2015 年 2 月国务院颁发《关于加大改革创新力度加快农业现代化建设的若干意见》,提出"支持电商、物流、商贸、金融等企业参与涉农电子商务平台建设,开展电子商务进农村综合示范";2015 年 5 月国务院颁发《关于大力发展电子商务加快培育经济新动力的意见》,提出"积极发展农村电子商务";2015 年 5 月商务部出台《"互联网+流通"行动计划》,提出"推动电子商务进农村,培育农村电商环境";国家邮政局、商务部出台《关于推进"快递向西向下"服务拓展工程的指导意见》提出"加强快递在中西部、农村地区与电子商务的协同发展,促进农村流通现代化";2015 年 9 月农业部会同相关部门制定的《推进农业电子商务发展行动计划》围绕 5 个方面的重点任务,制定了 20 项具体行动计划以推动农业电子商务发展;2015 年 11 月《关于促进农村电子商务加快发展的指导意见》,提出七个方面措施促进农村电子商务的发展。

2. 电商巨头布局农村,主攻消费市场

以阿里、京东、苏宁为代表的电商巨头下沉农村市场,从初期的原始野蛮"刷墙",到后期的阿里"千县万村"的运营中心与服务站、京东的"大家电战略"下的京东帮服务店、苏宁的"消费品"服务站等建立,电商巨头不断在以 O2O 的方式向农村领域中渗透。

但不管是阿里还是京东或苏宁,他们最末端的服务站实际是为平台开辟的新流量入口,通过这些端口,主要是将日常消费品(主要是生活消费品)向农村居民输送,农村产业所生产的产品或服务向外输出的功能很弱。换句话说,目前电商巨头主要还是致力农村的消费市场,一方面农村居民的网购习惯需要时间培养;另一方面农村产品尤其是农产品有其复杂性，加上电商支撑条件有限，农村产品的输出功能仍然相对较弱。

3. 各类电商平台竞相发展

目前涉农电子商务网站超过 3 万个，农产品电子商务平台近 4000 家。大型农业信息平台有中国农业信息网、中国蔬菜网、中国农业资源网；农产品 B2B 交易平台有中农产品网、中国惠农网、农商网；一些各具特色的农产品专业电商平台也迅速崛起，如河南辉县杜千里、山西杂粮大王小帮等草根电商如雨后春笋般成长；除此以外，农资电商平台如云农场、农一网、村村通等，农村金融平台如亿农贷等也蓬勃发展。

4. 以新农人为代表，农村电商应用群体不断壮大

新农人是互联网时代催生的一个充满朝气的群体，他们是具有互联网思维、有文化、懂经营管理且致力于农业领域的新生代。据阿里研究院 2015 年发布的《中国新农人研究报告（2014）》数据显示，截至 2014 年底，仅阿里零售平台上的新农人达上百万；新农联盟、农人联合会等新农人组织不断涌现，最大人数规模达 2 万人，最大联动农村合作社达 140 家。他们有的是农业生产者、有的是农村产品流通者、有的是农业服务商或是监管与研究者，他们创新农村产品流通方式、建立农村产品品牌、网络创业带动农民就业、注重环保推行健康食品，在电子商务应用中最突出的表现就是能利用网络针对农村生产资料、生活消费品及农村产品开展商务活动，目前最为突出的是农村产品的网络销售活动，其网络销售的渠道是以阿里平台为核心。《阿里农产品电子商务白皮书（2015）》统计，2015 年阿里平台完成农产品销售额 700 亿元。2015 年农产品网络零售额达到 1505 亿元。

随着移动互联网的发展以及智能手机的普及，微商也成为新农人实现农村产品销售的新方式。微商利用社交网络开展商务活动，新农人主要通过开发 App、微店、公众账号，借助微信、微博开展农村产品的销售。

5. 农村电商与农业产业融合深入，向其他产业纵深发展

一方面互联网与农业的融合，使得电子商务向农业生产、加工、流通

各环节渗透,产业链、价值链、供应链等现代农业产业发展理念和组织方式开始引入农业,预订农业、私人订制农产品应运而生,"互联网+电商"推动了分散的、个性化的消费者需求与小规模的农产品生产供给实现有效对接。

另一方面,电子商务也向农村其他产业渗透。农村制品电子商务、休闲观光农业电子商务、旅游电子商务开始起步,带动农村第二、第三产业的快速发展,同时农村电子商务的快速发展也为电商服务业的发展提供了新空间,促进电商运营服务、营销推广服务、仓储物流服务、品控保险服务、农村金融服务等产业服务体系形成,农村电商正加速向服务专业化迈进。

4.3 农业电子商务

到目前为止,我国仍是一个农业大国,农业是我国的基础产业。电子商务作为新的经济动力,它在传统产业转型中发挥着重要作用,对农业的影响也非常巨大。由于农业有其复杂性,电子商务的应用目前还处在探索阶段。但随着"互联网+"的发展,国家对农村电子商务政策的支持,农业电子商务的应用也将成为农业转型升级最强有力的工具。

4.3.1 农业电子商务概述

农业电子商务作为一种新兴业态、新的商业模式,将对农业生产经营方式产生深刻影响,推动农业生产经营以农产品为中心向以市场为导向、以消费者为中心转变。在经济发展新常态下,农业电子商务将成为加快农业发展方式转变的重要手段,是农业现代化和城乡一体化发展的新驱动力量。

1. 农业电子商务的应用主体

新型职业农民是现代农业的主力军,也是农业电子商务应用的主体。

　　农业是一个与自然环境和特定的生产技术相关的产业,具有季节性、区域性和周期性。农业的产出与自然因素、劳动力和生产资料密切相关,而且这些因素相互作用,共同影响农业产出的质量。同一作物同一品种,在不同的地域环境产品品质表现有差异,即使是同一地域,因施肥、管理等方法不同,品质也会有差异。在产业的后端,不同产品的加工方法、储运要求、流通方式都会不同,即使是同一产品,因加工方法不同、储运的措施不同、选择的流通渠道不同,用户体验也不同,利润空间也会不一样。因此,农业产业本身的复杂性决定了农业电子商务应用的复杂性和艰难性。

　　另一方面,互联网是一个全新的领域,新的概念、新的技术、新的手段和新的渠道,需要有新的一代来理解与运用。建立在互联网基础之上的电子商务,它的应用与发展离不开对互联网的理解。

　　农业电子商务的推广应用过程是互联网与农业逐步融合的过程。农业电子商务从业者必须有对农业产业的深度了解,掌握农业产业的基本规律,并且具备互联网思维。没有对产业的深度理解,电子商务将是空中楼阁。

　　新型职业农民有较高的文化素养,掌握一定的农业生产、经营与管理技能且从事现代农业生产,有很好的产业基础;同时,新型职业农民作为现代农业的主力军,他们学习能力强,接受新生事物的能力强,具有用新的技术优化产业的能力和用电子商务使农业增效的欲望,势必成为农业电子商务应用的主体。

　　近年来,国家加大新型职业农民培育,充实新型农业经营主体,成效显著。2016 年,农业部办公厅、财政部办公厅发布了《关于做好 2016 年新型职业农民培育工作的通知》,提出以专业大户、家庭农场、农民合作社、农业企业、返乡涉农创业者等新型农业经营主体带头人为培育对象,着力培养一大批有文化、懂技术、会经营的新型职业农民,造就高素质新型农业经营主体以服务现代农业产业发展和促进农业从业者职业化。在系列的新型职业农民培育中,电子商务技能也成为培训必学技能之一。

2. 农业电子商务的应用类型

农业电子商务历经十年,目前主要应用有四大类型。

1) 依托第三方平台开展农产品销售

农产品销售是农业产业链中最关键的环节,是农业持续发展的保证。农业电子商务最原始的动力就是增收,而农产品销售是获取收入的前提。目前,农产品销售主要是利用已有的电商平台,尤其是第三方平台如阿里、京东、慧聪、苏宁等,以销售耐储运的干货和加工品为主,生鲜类以区域性平台为主如顺丰优选、本来生活等,而近两年普遍盛行 O2O 平台。

2) 农资电商

电子商务向农业产业不断渗透,由最初应用于农产品转向应用到产业前端的农用物资,农资电子商务市场正在逐步崛起。一方面阿里巴巴、京东都在布局农资电商,开通农资频道;另一方面有实力的农资传统企业开始建立平台通过线上线下提供农资产品和服务,典型的有以农场主业务为主的云农场、以零售与种植大户为主的农一网、B2B 平台农集网等。他们依托电商平台和线下服务站、农资店等开展化肥、种子、农药等生产资料电子商务,推动放心农资进农家,为农民提供优质、实惠、可追溯的农业生产资料。

3) 农业产业服务

向农业产业提供服务是农业电商应用的另一种形式。主要通过互联网提供农技服务、向农庄提供大数据服务等,如农技云、农管家、智农通。

一方面依托电商平台和各类服务站、农资连锁店、供销合作社、乡村快递网点等,提供测土配方施肥服务,提供代交代购、土地流转等服务;另一方面发挥电商企业和技术服务、研究机构的优势,将销售与指导农业生产相结合,通过网络、手机等提供及时、专业、贴心的农业专家服务,与电子商务紧密结合提供大数据应用指导农业生产,减少盲目性。

4) 农业电商服务

电商运营与咨询、物流与快递、金融等是农业电商发展的支撑体系,是农业电子商务发展不可或缺的要素。因此,电子商务专业服务机构开始为农业电子商务发展提供咨询、人员培训、技术支持、网店建设、品牌培育、品质控制、营销推广、物流解决、代理运营等,通过线上线下向农业电子商务应用主体提供专业化服务。

4.3.2 农资电子商务

近年,新型农业经营主体对农资产品的质量、价格和专业技术服务的要求越来越高,给传统农资经销商们提出了更大的挑战。在互联网环境下,如何用新的技术、新的方式去重塑农资体系以提高用户的服务体验成为农资行业的热点话题。随着"互联网+"的兴起和国家政策的扶持,传统农资生产企业、传统流通企业、电商平台公司等纷纷布局农资电商,农资电商正在步入快速发展的黄金期,2015年也被业内称为我国"农资电商元年"。

1. 农资电子商务的概述

为了更好地理解农资电子商务内涵并在农资领域中应用好电子商务,首先必须理解农资的内涵及其产品的特点。

1)农资的内涵

农资是农用物资的简称,一般是指在农业生产过程中用以改变和影响劳动对象的物质资料和物质条件。农资产品包括的范围很广,不仅有种子、化肥和农药,还有专业运输机械、生产及加工机械以及农机具、农膜等其他农用生产资料。

2)农资产品的特点

(1)来源及结构复杂。

农资产品来源与结构非常复杂,既有国内资源,也有国外资源,既有全国范围的资源,也有地方范围适用的资源,具有品牌分散、品种多、规格多的特性。

(2)时效性与分散性。

农作物生长有着极强的季节性,这是自然条件决定的。尽管反季节生产有了很大的发展,但不能代表整个农业生产情况。不同季节有完全不同的作物种类,不同的气候条件、水肥条件,病虫害的发生种类与数量也不同,这些因素导致了农资产品购买具有集中性和明显的季节性,也决定了农资产品的时效性。

农资产品的需求在农村,而我国目前农业生产大部分以户为单位,分散生产和经营,生产种类繁多,规模较小且比较分散,生产水平参差不齐,这就决定了对农资产品需求具有分散性。

（3）地域性。

不同地域农业生产作物种类和种植结构不同,对农资产品需求的种类和数量也不同,因此农资产品具有明显的地域性。不同的地域有着不同的气候、不同的种养结构、不同的水肥条件以及不同的种养和生活习惯。不同地域的种养结构不同,对种子、农药、化肥等的要求不同。即使同一种作物,在不同的地域,如南方以水稻为主,而北方以小麦为主,农业生产地域性特点也决定了农资产品地域性特点。

（4）双重性。

从购买目的上看,农资市场具有工业品市场属性,因为农业劳动者购买农资的目的是为了再生产。从购买行为上看,农资市场具有消费品市场属性,因为农业劳动者多是非专业、分散、重复购买农资。

（5）人为与自然影响。

一方面气候的变化直接影响作物生长、病虫害的发生及作物对水肥的需求,农资必然受自然因素的影响；另一方面农资作为特殊商品历来被政府严格管制,农资产品受国家政策法规的影响仍然较大。

（6）储运要求高。

农资中的化肥、农药、农机具等品种或体积大或易燃易爆或有毒,这决定了农资储存和运输条件要求较高。

（7）服务有专业性。

农资是农业技术运用的载体,其使用技术要求高,其使用方法、使用时机、配套技术应用等都影响农资产品的效果,农资产品不是简单的产品的售卖,更多的是专业技术的售后服务。

3）农资电子商务

农资电子商务是利用网络（尤其是互联网）在农业生产资料领域内开展的商务活动的总称。农业生产资料不同于一般消费性的产品,其产品的特性、产品质量、使用方法、使用时机、配套技术应用、售后服务等因素都影响产品的选择和销售,农资电子商务应用具有复杂性。

4）农资电子商务发展机会

农资市场容量大。在现代农业发展,新型农业经营主体壮大,全民环保意识增强的情况下,为迎合消费者对农产品新的需求,农业生产者对农资提出了更高的要求。一方面传统农资经营者转型发展成为必然;另一方面亿万级的市场激发了新的经营主体进入的热情。

（1）据测算,国内农资市场容量超过 2 万亿元人民币,其中种子、化肥、农药、农机四类农资产品的市场空间分别约为 3500 亿、7500 亿元、3800 亿元和 6000 亿元,市场空间巨大但电商化率很低,农资理所当然是一片全新的电商蓝海。

（2）流通环节多,效率低下。传统农资的销售基本是按代理、批发、零售模式进行,农资从厂家生产出来后,要通过区域代理商、市县、乡镇、村等多级分销商才能到达农民手中,流通环节多,效率低下。缩短农资供应链,提高效益不仅是农资经营者的需求,也是现代农业生产者的需求。

（3）农资赊销经营风险大。农资生产者因为产能过剩,正采用赊销方式抢占市场和客户,这为农资代理商带来了巨大的资金压力和经营风险。电子商务在削减市场销售环节的同时不仅可以缩减管理成本,提高效率,而且可以通过线上支付,利用互联网金融解决赊销问题,降低风险。

（4）农资产品生产盲目与同质化严重。农资商品需求的季节性、地域性、服务的专业性与自然的关联性,决定农资产品经营是种综合性的服务,而目前品牌分散、产品过剩、同质化严重、质量风险的不可控也是赊销的另一个根本原因。应用电子商务,能够直接对市场透视,通过大数据防范生产风险,而且预订预售等多样化的经营方式,智能测土配肥、农情病害的预警、在线专家指导、互联网金融等都为电子商务在农资领域的渗透提供了更大的机会,也给现有农资行业转型升级带来了出路。

农资电子商务虽然有着巨大的发展机遇,但农资产品的特殊性,售后服务的技术性,储运配送的专业性,注定农资电子商务不只是产品的买卖,农资电子商务的路还有很长要走。

2. 农资电子商务的应用现状

农资市场巨大的容量,电子商务对产业转型升级的巨大作用,加上国家政策的频频发力,使农资领域不再纠结做不做电子商务。农资电子商务正如火如荼地开展起来,成为一片全新的电商蓝海。目前,农资电子商务应用具有以下特征。

1) 农资电商应用主体多元化

农资电子商务虽然始于 2008 年,但发展较慢。2014 年以来随着"互联网+"的兴起和国家政策的大力支持,资本市场突然风起云涌,各企业纷纷布局农资电商,农资电商步入了发展的快车道,农资电子商务应用主体来自不同背景,呈现多元化状态。目前,农资电子商务应用主体可以分为三大类。

(1) 电商巨头:以阿里和东京为代表的电商巨头涉足农资电子商务。2015 年 7 月 14 日,淘宝农资频道在江苏沭阳县宣布正式上线。农资网销是阿里巴巴集团农资网销成为阿里巴巴集团"千县万村"农村战略的重要组成部分。京东依托京东强大的物流支撑京东依托其强大的物流支撑,2015 年 8 月 11 日农资频道正式上线,京东农资频道是京东东京 3F 战略(Factory to County 工业品进农村,Finance to County 农村金融,Farm to Table 生鲜电商)的重要组成部分。两者都充分利用现有农村电商的布局,依托村淘服务站、县级服务中心进入农户。

(2) 传统农资企业转型:以农药上市公司诺普信、山东圣丰种业集团、辉丰农化股份有限公司为代表,充分依托企业传统业务优势开展B2B 农资电子商务应用,通过网络直接服务于自身的零售商。诺普信2015 年成立田田圈平台,圣丰种业 2014 年 2 月云农场上线、辉丰农化2014 年 12 月上线农一网。

（3）互联网企业：以深圳市五谷网络科技有限公司和创乐网络技术（北京）有限公司等具有互联网背景的企业为代表，分别于2014年创立大丰收网、2015年4月成立丰收侠，从事农资电子商务。

2）O2O是农资电子商务的必然选择

由于农资产品特殊的商品属性，在农资电子商务应用中，农资产品的销售仅仅是其中一个环节，要更好地发挥农资产品作用，必须有强大的售后服务，包括生产指导、使用指导等。同时，农资产品的区域性、专业性特性，决定农资电商应用必须有强大的当地专业服务人员的支撑，进行更个性化服务和获取高黏度重复消费，不管是B2B还是B2C，农资电商的应用线上线下融合才是唯一的出路。因此，O2O是农资电子商务的必然选择。

3）农资产业链环节选择的差异化

电子商务在农资领域的渗透贯穿于整个农资产业链，企业在农资电子商务应用时也会针对性地选择产业链中不同的环节。

（1）农资产品的销售：阿里、京东目前主要选择农资产业链的末端，即农资产品的销售，并依托自身在农村建立的服务站进行售后服务。

（2）农资流通环节：七公里、大丰收却更多地致力于农资的流通环节。大丰收，是国内领先的农业供应链服务平台，以农业互联网金融、农村仓储物流、农产品销售三大业务为主，通过互联网、互联网金融、供应链、大数据等先进技术手段，提升农资流通产业链的整体效率。七公里，则是一家基于SaaS（软件即服务）和仓储物流体系的农资B2B电子商务平台，重在仓储物流和SaaS的服务。

（3）农资与农技服务：云农场、农仁街是集农资与农技服务于一体的典型。农仁街根据用户注册的种植信息即时提供农时农事，推荐适宜产品，提供天气预报、在线农技辅导等多项服务；云农场是集农资电商、农村物流、农技服务及农村金融等为一体的农业互联网高科技集成服务商。

（4）金融：京东、大丰收对农资赊销推出白条业务，提供农资互联网金融特别服务。为农户提供低门槛、免抵押、速审核、分期还款方式的贷款,为解决传统农资赊销的问题提供解决方案,为农资电商化提供了前提与保证。

4)重组产业链要素及其功能

传统农资产业链比较长,从厂家生产到区域代理,从区域代理到分销商再到零售商,最后到达农户,产品销售渠道冗长,配送服务、金融服务、售后服务都由不同的角色完成,造成产业链要素繁多,功能单一,效率低下。在电子商务应用的过程中,重构了农资产业链,将流通渠道扁平化,去掉传统农资流通中层层分销,通过电商平台将厂商农资产品直接到零售商;其次,重新定义组成产业链要素的功能,零售商或分销商成为其服务商,平台本身有金融服务功能。

3. 农资电商主要平台

农资电商经过两年的快速发展,特别是在 2014 年和 2015 年农资电商爆发期,涌现了不少平台,且各具特色。

1)农商一号

农商一号(http://www.nsyh001.com),2015 年 7 月 16 日上线,由财政部和农业部直属两大基金——中国农业产业发展基金和现代种业发展基金有限公司,联合东方资产管理有限公司、北京京粮鑫牛润瀛股权投资基金、江苏谷丰农业投资基金及金正大生态工程集团股份有限公司共同投资创立。

农商一号为非完全开放平台,只有国内外冠军品牌方可进入,农资产品质量有保障,上线商品有保险公司承保,通过网络整合农技专家资源在线指导,实体联合农技人员上门指导。

截至 2015 年底,"农商 1 号"电商平台已经推广到 98 个县,注册会员超过 10 万家,未来该电商平台除金正大肥料外还将纳入其他农资产品,逐步实现平台化运营。

2)七公里

七公里(http://www.7gongli.com.cn),隶属于陕西奇志共利现代农业服务有限公司,总部位于西安,研发和运营在北京,是一家基于 SaaS 和仓储物流体系的农资 B2B 电子商务平台,获得 A 轮融资。

2015 年交易额 1.5 亿元,截至 2016 年 5 月止,年拥有近 3000 家农资零售商门店,交易额过 2.5 亿元,其中有毛利的自营产品占比不断提升。

3) 京东农资

京东农资频道(http://nong.jd.com/),2015 年 8 月 11 日正式上线。

京东农资以自营为主,依托县级服务中心进行实体展示、配送等服务,招募乡村推广员向农村拓展,充分利用自身的供应链体系为所有农资提供可追溯体系。

京东集团为推进京东农资电商战略的落地,先后在华南、华东、华中进行了京东农资电商示范区的模式探索。

4) 云农场

云农场(http://www.ync365.com/newweb),2013 年 8 月由北京天辰云农场科技股份有限公司创立,旗下拥有 18 家子公司,是集农资电商、农村物流、农技服务及农村金融等领域为一体的农业互联网高科技集成服务商。

云农场拥有自己的研发中心和研究人员,掌握着诸如 ASI 土壤分析技术、精准配方专家系统、微生态液体发酵工艺、增强型生物炭技术等现代农业技术。

云农场目前已建立起包括农资中转、农技推广和农产品及交易中心"三位一体"的县级服务中心数百家,并与多地政府签订战略合作协议,建立村站服务中心近 3 万个,覆盖十几个省份。

已有 400 余家知名农资企业、2800 多个农资品牌进驻上线,注册用户已超过 100 万。

5) 农一网

农一网(http://www.16899.com/),是辉丰股份联合中国农药发展与应用协会等单位共同发起设立的专门从事农资电子商务的公司,于 2014 年 11 月上线。农一网通过整合上游知名农药企业,为种植大户、专业合作社、农业公司、农垦基地、家庭农场、政府采购、零售商等提供网上直购平台。

农一网七大中心库已经投入运营,签约工作站近 800 个。日销售额在 150 万元至 200 万元。2016 年上半年农一网的销售额已经突破了 2 个亿,超越 2015 年全年销售额近 40%。

6)田田圈

田田圈(http://www.ttq.com/),是由国内农药制剂企业诺普信在 2015 年 5 月 11 日创办的农资电商服务平台。

田田圈线上有田田商城(原农集网)、田田云(云数据管理平台,也是各区域中心及 VIP 会员管理运营平台)、田田圈 App(社群平台、移动端)、田田购(田哥田姐代购分销工具)等四个运营平台,线下已与 400 多名核心经销商、优质零售店深度合作,结盟发展,主要在河南、湖南、广东等数百个农业县展开了田田圈的创建推广工作;已完成品牌授权 400 多家,签约 288 家,已完成参股 164 家,参股比例为 35%,完成控股 11 家,控股比例 51%,并在 28 个省(直辖市/自治区)的 400 多个农业县,开设了 2200 多家田田圈农业服务中心店。

7)丰收侠

丰收侠(http://fsx123.com/tbmweb/),是创乐网络技术(北京)有限公司于 2015 年 4 月搭建的"互联网+农资"平台,完成 A 轮融资。

丰收侠联合夫妻店采用 B2B2C 模式,农资产品自营方式进行。目前已覆盖 8 个城市,共有三千余名农资店用户,留存率达到 90%,3 个月复购率 90%。平均客单价在 1 万~2 万元,每月流水数千万元,且已与数百家厂商签订合作协议。

8)大丰收

大丰收农资商城(http://www.dfs168.com/),是国内领先的农业供应链服务平台,由深圳市五谷网络科技有限公司研发并直接运营,成立于 2014 年,总部位于深圳市南山科技园,完成 A 轮融资。大丰收农资商城旨在通过互联网、互联网金融、供应链、大数据等先进技术手段,提升农资流通产业链的整体效率,帮助种植大户、流通商、厂商创造更大的效益,进一步促进农业生产向集约化、专业化发展。

作为大丰收农资商城运营方,五谷网络致力于打造完整的农业互联

农村信息化管理

网生态圈,推进现代农业发展。目前形成了以"大丰收农资商城"为主体,"农业互联网金融＋农村仓储物流＋农产品对接"为侧翼的"一体三翼"业务模式。截至 2016 年 1 月,已发展种植大户会员 4 万余名,覆盖陕西、安徽两省 80 余县,覆盖土地 1000 万亩,实现农资交易额超 4 亿元。

9) 淘宝农资

淘宝农资(http://ny.taobao.com/),2015 年 7 月 14 日,淘宝农资频道在江苏沭阳县宣布正式上线。农资网销是阿里巴巴集团"千县万村"农村战略的重要组成部分。

依托淘宝村而发展,2015 年末,淘宝在全国范围内 20 余个省份建立淘宝村超过了 1 万个,淘宝农资服务也延伸到了 20 余省的上万个淘宝村。

10) 哈哈农庄

成都市哈哈农庄电子商务有限公司,是成都市新都化工股份有限公司旗下专门从事农村电子商务的全资子公司。

哈哈农庄电商平台注册会员数已突破 16 万名,有 900 多个经销商参与,其哈哈财神累计投资额突破 8 亿元。未来 1 年拟发展注册会员超过 200 万名,哈哈财神累计投资额突破 70 亿元,并计划未来 3 年在全国范围建设 1000 家县级体验中心。

哈哈农庄电商平台,终端呈现为哈哈农庄 App,下设哈哈商城、哈哈财神、哈哈娱乐及哈哈试用等模块,由哈哈农庄 App 统一运营,依托公司复合肥业务在中小城市现有的经销商、零售商网络渠道,致力打造中小城市互联网生活平台,引领中小城市生活和消费习惯。

农资既有工业产品的标准性,又有适宜互联网销售的特点,但农资产品的特殊属性,决定了农资电子化不同于一般的工业化产品。一方面农资是依附于农业技术的产品,其使用方法、使用时机、配套技术应用等都影响农资产品的效果;另一方面农资产品储运要求高,很难借助电子商务现有的社会快递网络,农资电商的应用与发展,实质是整个农业产业链提升与协同的过程。

无论是传统农资企业转型、互联网企业的跨界，还是电商大佬的进入，最终都要先真正深度理解农业和农次，把控农资产品质量并获得高度信任，同时整合多方资源提供农资产品使用技术及相关农技服务、金融服务，充分利用互联网重构供应链、丰富农资产品、实时技术指导，甚至利用农业、商业大数据提供个性化农资产品、指导种养等增值服务。

种养户在农资电商平台的选择中，农资产品的价格不是唯一的选择依据，将更注重通过三个方面的评估来做出选择。一评平台实力，主要看平台支撑企业实力；二评产品可靠性，优先自营产品、优先承保产品、优先大品牌农资；三评售后保证，优先有农技服务人员的、优先赔付体系完善并赔付金额高的、优先配送体系完善且速度快的。

4.3.3 农产品电子商务

在国家惠农政策的扶持下，我国农产品交易规模逐年增长。2015年农产品市场交易额达 4.8 亿元，同比增长 24.8%。

1. 农产品概述

1）农产品

农产品是农业中生产的物品，如高粱、稻子、花生、玉米、小麦以及各个地区土特产等。国家规定初级农产品是指农业活动中获得的植物、动物及其产品，不包括经过加工的各类产品。

根据《中华人民共和国农产品质量安全法》，农产品是指来源于农业的初级产品，即动物、植物、微生物产品及其直接加工品，包括食用和非食用两个方面。

2）农产品特点

（1）品种繁多，数量庞大，对销售渠道功能要求高。

（2）生产的地域性与消费的普遍性并存。

（3）受自然条件的制约和影响，产量不稳，生产的季节性与消费全年性之间的对立。

（4）标准化程度低，损耗率高。

（5）农产品大部分是民生产品，价格敏感度高。

3）发展农产品电子商务的意义

（1）以市场为导向，降低农业生产风险。传统农业绝大多数不是以市场需求为导向，更多的是一种习惯性生产行为。这种习惯性行为往往造成需求与供给之间的矛盾，给农业生产带来了极大的风险。发展农产品电子商务，让农业生产者准确、实时了解市场动态信息，并利用大数据精准分析市场需求，指导农业生产者合理组织生产，生产适销对路的产品，以降低农业生产风险。

（2）减少农产品流通环节，降低交易成本。传统农产品供应链环节较长，从农业生产者到消费者环节较多，导致农产品在储运、加工和销售环节中的成本过高。电子商务将农产品直接推向市场，减少农产品流通环节，缩短供应链环节，不仅降低了农产品流通运输保鲜成本和时间成本，而且节约交易成本。

（3）拓宽农产品销售渠道，增加农业收入。传统农产品交易受时空的限制，农产品的销售渠道比较单一，农产品销售行为被动且市场狭窄。发展农产品电子商务，突破了交易时空的限制，降低了交易信息的不对称程度，使交易主体多元化，从而拓宽农产品销售渠道。销售渠道的多元化，为提升农产品价格带来了机会，也增加了农民收入。

总之，发展农产品电子商务，将在农民增收，农业增效，进而发展农村经济，减少城乡差距，增进社会稳定等方面起到重要作用。

2. 农产品电子商务的基本情况

农产品电子商务是农村电子商务的重要组成部分，农产品电子商务的应用是农村经济增长的重要动力，是农业增效的重要措施，也是农民增收的重要方式。目前我国农产品电子商务主要呈现以下特征。

（1）农产品网络零售交易额持续增长，且增长空间大。

据农业部统计数据显示，2014 年我国农产品网络零售交易额已超过 1000 亿元，2015 年农产品网络零售额达到 1505 亿元，增速超过50%。但目前网络零售交易额占农产品销售额比重不到 5%，未来增长空间十分巨大。

（2）农产品电商平台体系比较完善。

目前，我国已初步形成了包括农产品期货市场网络交易平台、大宗商品电子交易平台、B2B等专业性农产品批发交易网站、农产品网络零售平台在内的多层次的农产品电子商务市场体系和网络体系，农产品电商平台体系比较完善。

网上商品期货交易额达136.47万亿元，其中农产品期货交易品种包括棉花、白糖、菜籽油、早籼稻、玉米、黄大豆等21个，交易额48.7万亿元，约占商品期货市场交易总量的36％。

农产品大宗商品电子交易市场达402家，占全国大宗商品交易市场总量的20％，年交易额超过20万亿元。主要交易市场有广西糖网、中国棉花市场、中华粮网、中国四川白酒交易中心、沁坤农产品、山东寿光蔬菜产业集团、惠农网、中国-东盟海产品交易所等。

农产品零售交易额达到1505亿元，同比增长超过50％，农产品跨境交易额超过200亿元，增幅超过100％，阿里平台上农产品网络零售额达695亿元。

我国生鲜农产品网上交易有天猫鲜生、本来生活、天天果园、中粮我买网、壹家壹站、沱沱工社、亚马逊（中国）等，2015年交易额达544亿元，增长90％。

另外，食材农产品电商平台也得到迅速发展。

（3）网络零售平台寡头格局形成。

农产品网络零售平台已形成阿里和京东两大平台寡头，阿里系网站、京东系网站，两个超级垄断网站加起来占市场份额的80％以上。其中阿里系有淘宝网、天猫的喵鲜生，京东系有京东商城、京东商城生鲜频道等。

除两大农产品网络零售巨头外，还有许多具有较强竞争力的农产品网络零售平台，如亚马逊、顺丰优选、沱沱工社、我买网、本来生活、一号店、苏宁的苏鲜生等。

另外一些特色农产品零售平台也有不少，如中国地理标志产品商城、龙宝溯源商城、社区 001、天天果园、电子菜箱、多利农庄、青年菜君、15 分绿色生活、鲜码头、爱鲜峰、新疆的维吉达尼、淘常州、甫田网、淘常州、芒果网、鲜达网等。

（4）生鲜电商增速明显，但电商化程度不高。

2015 年我国生鲜电商市场发展迅速，增长率达 80％以上，但生鲜电商零售额占农产品零售总额的比例仅 3.4％，电商化程度不高，未来仍有较大空间。艾瑞预计，2017 年中国生鲜电商市场交易规模将突破 1000 亿元，渗透率达 7％。

（5）农产品网络零售模式灵活多样。

农产品网络零售模式创新多样，包括 B2C（农产品网站对消费者）、C2B 或 C2F（私人定制）、C2C（农户对消费者）、B2S（分享式或体验式，俗称众筹）、O2O（本地商务或线上线下融合）。其中，B2S 是 2015 年最具创新意义的模式，是农产品电商进入品牌阶段的标志。

（6）农产品网络销售区域化趋势。

农产品受自然制约和影响，具有一定的季节性和地域性。很多农产品尤其是生鲜农产品本身具有时效性，保质期短，产品的民生性、价格敏感度高；而消费需求的即时性、碎片化和场景化，以及储运成本高，农产品网络销售区域化特征明显。

3. 农产品电子商务的困惑与原因分析

近 20 年来我国农产品电商得到了飞速发展，但仍存在诸多问题：农产品电商应用主体不清，农产品生产者增收难；运营成本高，平台盈利困难；网络交易额持续攀升，但农产品电商化程度低；认识不足，农产品电商应用视野受限。

（1）农产品电商应用主体不清，生产者增收难。

新型农业经营主体是现代农业发展的主力军，是农业产业的带动者。新型职业农民是构成新型农业经营主体的基本细胞单元，具有高的文化素质、高的农业生产技能、具备一定经营管理能力，应该成为农产品电商应用的主体。

第一，新型职业农民是以农业收入作为主要生活来源，提高农业收入是新型职业农民应用电子商务的原生动力。

第二，新型职业农民一般居住在农村或集镇，对农业尤其农产品有深度的了解，是各方利益均衡者，有利于形成长期稳定的协同关系。

第三，新型职业农民有一定的文化素养，容易接受新生事物，是互联网技能最好传承者。

第四，新型职业农民以农业为终生职业，是农产品直接生产者或者经营者，开展农产品电子商务应用有利于缩短农产品渠道环节，提高效益。

目前农产品电商应用，很大程度上并没有打破传统农产品销售供应情况，农产品生产者依然是被动等着农产品收购者，不能直接面向市场，定价权在网商或平台商手中，虽然农产品网络交易额不断攀升，附加值高的农产品网络销售价格也不断攀升，但农产品生产者和消费者并没有从中获益，生产者增收困难。

（2）同质化竞争，运营成本高，平台盈利困难。

2016 年商务部有关数据显示，目前我国共有涉农网站 3 万多家，其中电子商务网站 3000 多家。这 3000 多家电子商务平台仅有 1％的盈利，另外 7％巨亏，88％略亏，4％持平。虽然农产品电商保持高速增长，但平台盈利困难。其主要原因有以下几点。

第一，农产品电商依托的环境复杂，产品本身也受限因素多，产品时效强，损耗大，配送成本高，使得农产品电商盈利难。

第二，千网一面，电商网络建设无特色，同质化严重，竞争无序，平台运营成本高。

第三，政策误区，2014 年以前的电子商务发展政策中，平台支持力度大，平台创建激情高涨，加剧了平台的无序竞争和运营成本。

（3）农产品电商交易额持续增长，但农产品电商化程度不高。

根据 2015 年发布的《阿里农产品电商白皮书》数据显示，2015 年阿里平台上完成农产品电商交易额 695.5 亿元，比 2014 年增长 43.9％阿里零售平台上的卖家数量由 2014 年的 76.21 万个增长到 90 万个，增长 18％，农产品电商交易额呈持续增长态势。

从 2015 年阿里农产品电商类目分布看，零售坚果占 30.48％，水产肉类占 19.4％,茶叶冲饮占 18.6％,传统滋补占 15.83％,粮油米面占 8.56％;从单品分析显示,农产品电商主要集中在干货与附加值高的生鲜和粮油类,整体电商化程度不高。

造成上述结果的原因,一方面与农产品低标准化、季节性、区域性、民生性与低附加值相关,另一方面与农产品电商的外部环境有关,主要表现在以下几个方面。

第一,农产品储运差异大且储运成本高。粮油产品比重大,快递成本高,一般不合适传统网购电商模式,而生鲜产品时效强,保质期短,需要冷链运输,跨区域农产品冷链物流体系不完善。

第二,农产品电商运营者存在天生的缺陷。目前农产品电商的运营者大部分来自非农业人,少部分来自农业人,两者都存在各自的缺陷,或者农业基因先天不足,或者互联网基因先天不足,两者在短时间内很难拓展。

第三,农村电商服务体系不完善,没有建立起适应农产品电商发展的质量分级、采后处理、包装配送等体系和部门。

（4）认识不足,电商应用视野受限。

农产品电子商务应用中存在严重的认知问题,应用视野受限。主要表现在以下几个方面。

第一,对电子商务的理解依然停留在传统网购模式,即用户网上下单,产品通过快递配送给用户,忽视本地商务的电商化应用,忽视 O2O 新模式的应用,使得很多农产品电商化受限。

第二,农产品电商的应用只注重产品的买卖环节,忽视了产品配送环节的连接处理。很多农产品经营者通过渠道把产品销售出去,享受他们产品的顾客只是渠道的顾客,却不能变成自己的顾客,简单地说在产品包装上没有提供连接顾客的通道（如二维码,它可以将顾客引导到产品平台）,没有提供连接的激励机制,也就没有提供让顾客沉淀的平台（淘宝店、微店、微网站等）。

第三,过于关注淘宝渠道,忽视最基本渠道选择。一方面农产品的特殊性,不是所有产品都适宜走淘宝平台,另一方面除了淘宝还可以上其他平台,例如京东、苏宁,还有本地媒体渠道如电视购物,还有休闲农庄、乡村旅游点等都是不可忽视的渠道。

4.4 生鲜电子商务

中国生鲜产品总体产量连年增收,为生鲜电商的发展奠定了良好的货源基础。随着人均居民消费支出不断提高,居民生活质量不断提升,对食品品质、安全、便捷性方面提出了更高的需求,为生鲜电商的发展孕育了空间。两方面共同增强了生鲜电商行业从业者的热情,为生鲜电商的发展注入动力。

4.4.1 生鲜产品及其特点

电子商务的快速发展也加速了向生鲜等垂直领域的渗透,虽然生鲜电商增速迅猛,但生鲜产品的电商化过程十分艰难,这与生鲜产品的特点极其相关,因此了解生鲜产品及其特点对生鲜电商的应用非常重要。

1. 生鲜产品的界定

生鲜产品是指未经烹调、制作等深加工过程,只做必要保鲜和简单整理上架而出售的初级产品,以及面包、熟食等现场加工品类商品的统称。

生鲜产品是重要的农产品,具有农产品所有的特性。

2. 生鲜产品的特点

(1) 生鲜产品时效性强,损耗大。

一般来说,生鲜类产品含水量较高,易腐烂,保存时间较短,有一定的时效性,容易产生损耗。

(2) 受自然条件影响大。

对于生鲜产品,即便同一品种,土壤条件、气候环境、采摘时间的差异,将影响作物生鲜产品的品质,如酸甜度、含水量,进而影响储运状态、产品批次的质量。

（3）生鲜产品标准化程度低，标准化难度大。

生鲜产品是农业生产的初级产物，不同作物或动物，不同的自然条件或是不同的饲养条件，产品品质不一样，即便同一产品，生长期不同其标准不一样，因此生鲜产品不只是标准化程度低，产品复杂性导致标准化难度也很大。

（4）不同产品储运要求差异大，储运成本高。

生鲜产品储运差异大，例如果蔬类含水量不一样，耐储时间不一样，热带作物与其他类作物对温度的敏感性也有差异，果蔬与肉类保鲜储藏的要求也不一样等。由于作物品种的差异、对温度敏感度的差异、运输距离的差异、储存时间长短的差异，要求不同的方法与储运条件，其储运成本高。

（5）生鲜产品大部分是民生产品，价格敏感。

生鲜产品大部分是民生产品，附加值不高，需求量大、复购率高、价格敏感。例如，常见的百姓餐桌上的蔬菜、鲜活蛋禽类，尤其蔬菜类需求量大，复购率高，大部分附加值低，百姓价格敏感度高，而且受即时性需求影响，适宜本地化供应。

（6）生鲜产品区域供给能力十分有限。

一方面我国农产品本身就具有规模小且分散的特征，而生鲜产品的保鲜期短，规模生产风险大，区域供给能力比非生鲜类农产品更小；另一方面，生鲜产品并非工业品，其生产周期长，加上用户需求的多样性与即时性，不可能快速响应市场的动态需求。

4.4.2　生鲜电商

2015年我国生鲜电商市场交易规模达497.1亿元，比上年增长80.8%，占农产品零售总额的3.4%，渗透率不高，未来仍有较大的发展空间。艾瑞预计2017年，中国生鲜电商市场交易规模将突破1000亿元。

1. 生鲜电商概述

随着国家惠农电商政策的频出,电子商务发展基础环境的改善,O2O模式的创新应用,电商巨头与社会资本的强势推动,生鲜电商虽在高速增长,但也面临种种待破解的问题。

1）生鲜电商的概念

生鲜电商是指利用网络(互联网)针对生鲜产品开展的商务活动的总称。通过互联网平台将生鲜产品与消费者连接,采用自建物流或第三方物流等方式配送给消费者的交易。

2）生鲜电商快速发展的环境基础

（1）网络购物和O2O的快速发展,为生鲜电商发展提供了行业基础。

2015年我国电子商务市场交易规模16.4万亿元,增长22.7%,其中网络购物增长36.2%,是推动电子商务市场发展的重要力量,而本地生活O2O占比虽小,但增速强劲成为电商发展的另一推动力,为我国生鲜电商的发展奠定了行业基础。

（2）供需两旺共同促进生鲜电商的快速发展。

中国生鲜产品总体产量连年增加,为生鲜电商的发展奠定了良好的货源基础;另一方面,随着人均居民消费支出不断提高,居民生活质量不断提升,对食品品质、安全、便捷性方面提出了更高的需求,为生鲜电商的发展孕育了空间,也激发了生鲜电商从业者的创业热情。

（3）政策支持农产品触网,鼓励资本和创新。

第一,国家不断出台相关政策,提高农村宽带普及率,支持社会类资本参与,支持模式创新,改善农村电商的发展环境;第二,食品安全相关法律不断完善,水产、蛋、肉等生鲜类安全标准逐步建立,对经营者严厉监管和问责,规范了市场;第三,"一带一路"政策和自贸区的建立促进了跨境生鲜业务;第四,冷链物流行业标准不断完善,冷链基础设施建设不断加强,加快了生鲜冷链的发展。总之,无论是产品还是物流、跨境等方面为生鲜电商的发展提供了良好的环境基础。

（4）技术升级为生鲜电商发展奠定基础。

农业种植技术如病虫防治技术和远程视频云端管理技术的升级,提高了农产品的产量和质量,为生鲜电商发展提供了优质货源基础;信息技术进一步发展,如大数据精准市场分析,指导生鲜电商提供适销对路的产品;冷链技术快速提升,改善了生鲜电商的流通状况。农业、信息与物流技术为生鲜电商发展降低了经营风险,奠定了产品与流通基础。

（5）需求端与供给端共同促进行业的升级。

近年食品安全事件频发,公众对食品安全存在信任危机,这种危机也促使消费者的食品安全意识越来越高,对食品的产地、来源等安全信息关注度增加,而消费者生活质量不断提升,健康、安全、便捷的需求和观念的变化为生鲜电商的发展提供了成长空间。

另一方面,一批对三农事业有热情、有理想,且拥有一定文化素养和互联网意识的新农人,为传统农业转型注入了新元素和能量,成为引领新农民、发展新农村、托起新农业的一支新的生力军。与此同时,国家加大了新型职业农民的培训,从业者素质也在不断提高。消费者需求和观念升级以及新农人不断涌现,生鲜电商也将不断发展和升级。

2. 生鲜电商发展现状

（1）生鲜电商具有区域性特征。

生鲜产品保质期短,损耗大,储运要求差异大,储运成本高,决定了生鲜不能长时间和长距离运输,同时也决定了生鲜电商的区域性。目前大部分生鲜电商都会依托区域内基地实行重点区域发展策略。

（2）生鲜电商经营者深入产业链的程度越来越高。

生鲜产品品质和供应链管理是生鲜电商必须关注的两个问题。一方面生鲜产品标准化程度低,源头的产品质量难以保证,加之我国农业生产的分散性,区域供给能力弱,单一货源模式能力有限;另一方向消费者对需求的同质性,要求在同类产品中进行专业性的筛选。要获得品质高的产品,必须不断向上游产业链顶端延伸,并采用混合模式进行产品采购,以降低成本,把控品质。

（3）生鲜电商模式层出不穷,效果不佳。

生鲜电商模式虽然分类维度多,但根据需求发起方来分类,大体有三种模式,B2C 模式（垂直模式）、C2B(F)模式（私人订制）、F2C 模式（产地直销)。不论哪种模式,既可以选择第三方平台进行销售,也可以自营独立平台方式进行,还可以使用完全的网购模式或者 O2O 方式。其中,B2C 与 F2C 的主要区别在于 F 是生鲜产品直接生产者,而 B 一般可以理解为生鲜产品的销售企业。

网购模式与 O2O 模式。生鲜电商的网络购物模式是指用户在线上下单,商家仓库发货,通过自建或第三方物流将产品送达,与工业品电商模式类似,规模集聚效应明显,适合非本地生鲜产品;而 O2O 方式,则是客户线上下单,服务商通过多种终端(快递包裹、自提柜、自提便利店或自建销售网点)将商品交接到客户手中,并与消费者开展线下互动。O2O 注重本地商务,相对网购模式更能快速响应消费者的即时、碎片化和场景化的需求,可以获得更好的用户体验,基本能保证生鲜产品的新鲜度。

第三方平台与自营独立平台。第三方平台主要提供线上平台,商家入驻模式,平台方收入稳定,风险低,但商家入驻成本较低,经营风险较大,受平台制约大,如淘宝、京东、苏宁等这些综合类平台;自营独立平台是生鲜电商自行采购货物在自建的平台包括 PC 端的网站或移动端的 App 和微商城上销售的模式,如天天果园、本来生活、沱沱工社及其他的自营 App 和微信商城。自营平台模式自担风险高,资金周转压力大,推广成本高,但经营把控能力强,扩张慢。一般垂直类生鲜电商多是从自营模式起步,以保证产品的质量和用户的体验。

虽然生鲜电商模式多,发展迅速,但盈利能力不强,扩张慢。据有关数据统计,全国 4000 家生鲜电商,盈利的只有 1%,88% 亏损。虽然 2014 年无数的生鲜电商平台在获得投资之后,疯狂扩张,但 2015 年下半年开始,生鲜电商在资本市场遇冷。2016 年上半年,亚马逊旗下美味七七倒闭,天天果园布局 O2O 全线败退。生鲜电商面临行业洗牌。

(4)生鲜电商两高特性决定生鲜产品互联网化程度不高。

生鲜电商具有产品高端和用户群高端的特性。生鲜产品的低标准化程度与网络消费者同质性需求的矛盾,生鲜产品储运要求的差异性及

农村信息化管理

高运输成本和高损耗造成了生鲜电商主要集中在高端生鲜产品,生鲜电商产品的高端化,也决定了其消费人群的高端化。

目前最畅销的网购品类集中在附加值高的水果、乳品和肉类,而传统生鲜市场占比高的蔬菜类网络购买率低,互联网侵蚀程度低。附加值高的生鲜产品拥有较高的利润空间和相对标准化,减轻了生鲜电商与物流和运营成本的冲突。目前生鲜电商的用户以中产阶级家庭中的女性为主,包含一大部分需要在家做饭的女性,他们具有追求健康生活、习惯线上消费,这些八五后群体逐渐成为生鲜电商市场的主要用户。

（5）生鲜电商发展潜力大,定制与预售是未来方向。

我国生鲜电商目前占农产品零售总额的比率非常小,未来发展空间大。在未来生鲜电商的发展过程中,用户通过网络向生鲜产品的提供者定制个性化产品,或者生鲜产品的提供者和生产者通过网络开展生鲜产品的预售将成为生鲜电商发展方向。

3. 生鲜电商面临的问题

生鲜产品的民生性与复购的高频性铸造了亿万的市场空间,但生鲜产品的复杂性与时效性、高损耗与高配送成本,让生鲜电商的发展举步艰难。

（1）生鲜产品特殊性制约生鲜电商的快速拓展。

生鲜产品保质期短,损耗高,储运条件复杂与消费者需求的即时性、新鲜、低价的矛盾,决定了生鲜电商用户的高端性、生鲜产品的高端性及生鲜区域供应能力的低能性。

生鲜产品时效性强,且储运要求复杂,要保证到达消费者手中新鲜与即时,意味着要有特殊且高效的运输方式,必然提高生鲜电商的成本,也决定生鲜电商的目标客户只能是高端客户,只有附加值高的产品才可能有足够的利润空间来缓减高成本的压力,而高附加值的产品一方面是稀有生鲜产品,另一方面是普通生鲜产品中的优质产品,这两者都限制了区域供给能力,从而也制约了生鲜电商的快速扩张。

（2）生鲜电商用户高频购买习惯尚未形成。

虽然生鲜被认为是黏性高、重复购买率高的品类,很多综合型电商平台布局生鲜也是希望通过生鲜的这些特点来提高用户对自身平台的黏性。但从相关调查数据来看,已形成高频购买习惯的用户并不多:一周买一次(或更多)的用户占 12.4%,半月买一次的用户占 11.1%。目前,偶尔购买的用户占大多数,高达 65.8%。

生鲜产品大部分是民生产品,消费者的价格敏感度高,而生鲜电商目前注重高端产品,也是影响高频购买的原因之一。另一方面,相关调研表明,影响消费者体验生鲜电商的因素中,半数用户最忌讳的是买到与网上描述不一致的生鲜菜品,41.4%的用户则介意其收到的生鲜菜品不新鲜,这两个最大的因素恰恰是生鲜产品保质期短、损耗高的特征所致,生鲜产品本身特性也是影响生鲜电商购买频率的原因。

电商用户生鲜高频购买习惯难以形成,必然影响生鲜电商的发展。

(3)进军生鲜电商人员专业化不强,生鲜产品"基因"匮乏。

生鲜"触电"最早始于 2006 年,麦德龙、沃尔玛、家乐福、易初莲花等传统零售商是早期触网者。2012 年,主要生鲜电商平台的中粮我买网、1 号店以及本来生活网,到现在的顺风优选、天天果园等,不论是生鲜电商的先行军还是生鲜电商的后入者都不是生鲜行业的"专家",生鲜产品"基因"匮乏。

生鲜电商行业不同于工业化产品电商,生鲜产品的品类复杂且差别大、非标准化、保存时间短、配送难度大、对比度高等特点,从早期的零售商到现在平台商,因电商人员对生鲜行业不了解使他们的发展难上加难。

案例——从《宁网商城》到《瓜坑商城》的启示

互联网给这个时代的年轻人带来了机会,也带来了梦想。瓜坑网的团队就有这样一群年轻人,他们的梦想在农村,希望有一天能用互联网给农村插上一双腾飞的翅膀。

1. 梦的开始,宁网商城上线

2014 年 3 月,宁网商城在多方努力下正式上线。宁网商城是由宁乡新农人自建的宁乡门户网站,旨在把地处偏远且没有工业污染的安全农产品,通过互联网方式推荐到城市,搭建一个直供、互信、专业的农村

农村信息化管理

土特产销售平台。

经过短短半年时间,宁网商城就拥有农户直供产品50多种,参与合作的农特产品专营企业10多家,其中包括宁乡沩山湘茗茶叶有限公司、湖南卫红米业有限公司、长沙湘都食品有限公司、宁乡香润食品有限公司等著名本土特色农业龙头企业,来势很好。

2. 跌倒,宁网商城关闭

2014 年 8 月,宁网商城接到顾客投诉:由宁乡一户养蜂专业户直供的原生态蜂蜜涉嫌造假。

商城积极处理,经专业技术鉴定,证明其掺杂了部分蔗糖及其他原料,造假属实。虽然此事件未造成食品安全方面的大事故,但很快波及其他产品的可信度,进而动摇了宁网商城在消费者心目中的诚信,也与当时筹建宁网时的初衷大相径庭。商城从加盟商以及消费者的利益考虑,于 2014 年 12 月 18 日作出了停运宁网的决定。

3. 反思,痛定后的醒悟

1)"事件"后的反思

农产品具有复杂性,供应链长,品控环节多。宁网商城对上线农产品原产地、生产流程、人员技术等方面未进行深入了解。

(1)农特产品,尤其是个体农户手中的农特产品,缺乏严格的质量把关程序,品控不到位。

(2)缺乏农特产品包装加工销售,乃至运输、库存等专业技术支撑。

(3)品牌意识薄弱,没能从根本上尤其是针对个体农户进行统一的系统的规范与评估。

(4)团队结构不合理,严重缺乏农学类专业人士。

2)痛定后的醒悟

反省使他们顿悟,要想做好一个农特产品的专业销售网站,首先必须自己加深对该行业的了解,深入实践让自己成为行业中人。其次,一个专业销售网站没有大量资金进行推广就必须有一定的客户资源。

2015 年初,在前期宁网运作积累下的人脉与客户资源中,四位对农特产品市场前景看好,并且拥有多年农特产品生产销售经验的志同道合者,组成了合作班底,成立了以养殖鸡、牛为主的三农农业发展有限公司,和以养殖龙虾为主的沩康农业发展有限公司,进行生产实践,积累相关经验。

4. 崛起,梦的延续

2015年,他们参加了由长沙市农委举办的"青年农场主"培训,期间接受了电子商务培训。通过与众多青年农场主沟通交流与探讨,一致认为农产品的销售以O2O模式最为合适。

2015年11月,公司合伙人一致同意并决定再次启动网上商城项目,但在商城启动上线前,自营产品线上销售已供不应求。但是因为有了宁网的前车之鉴,他们并没有急于扩展产品规模,而是从自身"硬"实力基础开始打造。为了规范运作,有效把好质量关,他们目前做好了以下几件事:

(1)严把质量关,专业能力强的股东洪圣作为上线产品的质量把关员,专门负责对有意向上线客户进行筛选与疏导。

(2)生产全程品控,组建团队深入乡野田间、农舍地头,现场探访,精选产品,同时为农户出谋划策、规范生产提供帮助。

(3)优选供应商,明确农户、商家与商城的合作章程,建立严格的产品审核机制。

(4)通过权威质检增加可信度,加强与质量监督及农业相关主管单位的合作。

(5)采用分销模式,确立O2O框架下的三级分销模式。

瓜坑商城确定以"宁乡—长沙"为中心销售区域,以小区、社区和个人为主要终端销售对象,在当前最流行的产品三级分销模式的推动下,销售前景看好。瓜坑商标已注册成功,并提供给无商标个体商户使用,统一规范。未来,他们将逐步推出各种套餐定制(月定制、季度定制、礼包定制等)以及产品预销机制,与多家知名物流企业加强合作,保障产品运输的规范和客户满意度。

瓜坑商城上线以来发展前景好,充满着机遇,也充满着希望。

4.5 农村产品电子商务营销工具体系

网络营销的最终目的是实现商品或服务的交易,也是电子商务的初衷。网络营销效果的实现必须借助互联网工具和服务。因此,了解网络营销的工具体系,是电子商务应用成功的基础。

每一种互联网工具或服务都有一定的网络营销作用,具有信息发布、传递和交互等基本功能,都有广泛的互联网用户基础,并在一定时期内具有明确的功能及用户价值和可遵循的规律。人们可利用这些功能和规律实现网络信息的传递。

根据网络营销工具和服务的性质,将网络营销工具分为四大类:企业网络营销信息源、网络信息传递工具、顾客沟通交互工具及网络营销管理分析工具。

4.5.1 网络营销信息源创建及发布管理工具

网络营销信息源是指希望通过互联网向信息接受者传递的各种信息,主要以图片、文字、音频或视频的形式存在。

企业官方网站、官方博客、官方 App、关联网站等是网络营销信息源的内部载体;第三方提供的互联网服务,如博客、微博、微信公众平台等是企业信息源的外部载体。

信息源载体既是网络营销信息源创建工具也是发布管理工具。

这里主要对内部信息源工具的网络营销价值进行阐述。

1. 企业官方网站

这是最重要的网络营销工具之一,是综合性的网络营销工具,是最可信的企业信息源。企业官方网站具有网络品牌、信息发布、产品展示、顾客服务、顾客关系、资源合作、网上调研、网上销售等基本功能,企业官方网站在网络营销体系中占有重要地位。

2. 企业官方博客

主要有两种形式：一是企业依托官方网站所建立的博客频道或自主运营的独立博客网站；另一种是依托第三方博客网站平台建立的企业博客。

企业官方博客拓展了网络营销信息源的来源及信息传递渠道，是企业必备的社会化网络营销工具，增加了企业搜索引擎曝光机会，增加了企业网络可见度，增进了业内及顾客之间的沟通，提高网络信息传递的交互性。

3. 企业官方 App

随着移动互联网的发展，企业一般都有自己的官方 App，虽然兴起时间不长，但它发挥着很重要的营销作用。

官方 App 适应了移动互联网用户行为，扩展了移动端的信息发布与传统渠道，对企业品牌创立及产品销售有巨大的作用。

4. 关联网站

这是以网络推广为目的而特别规划设计的、区别于企业官方网站的一种独立网站形式，有品牌关联、产品关联、服务关联、营销关联等类型。

关联网站丰富了企业网络营销信息源的形式，拓展了网络信息传播渠道，增加了企业信息的网络可见度。

4.5.2 网络信息传递工具及服务

网络信息传递工具及服务包括网络信息浏览的基本工具——浏览器；部分信息发布与传播一体化的平台；第三方互联网服务。

1. 网络信息浏览的基本工具——浏览器

浏览器是用户获取网页信息必备的工具，存在着一定的网络营销价值，其主要是网络信息可见度及用户浏览行为的记录工具，是网站用户体验的检测工具，是企业获取用户的入口；也是用户转化的重要环节。

2. 部分信息发布与传播一体化的平台

（1）B2B、B2C 电子商务平台。这些电子商务平台是企业的网络信息发布与传播的外部平台,可以增加发布信息的渠道和企业信息的可见度,保证平台内部的可见度,提高中小企业的网络可信度,增加企业产品销售机会。

（2）开放式在线百科。企业或者经营组织通过在线百科展示相关信息,通过百科词条的知识分享达到推广的目的,并在词条正文、参考文献或扩展阅读中添加网址链接。

（3）第三方博客平台、微博平台。虽然无论是第三方博客还是微博平台都属于企业或组织信息源的外部载体,但与官方博客一样能增加网络信息的可见度、增加网络信息的发布渠道、加强与用户的互动。

（4）微信。微信是社交类手机 App 客户端软件的一种,是移动互联网应用的主要入口之一,具有较好的互动性。

3. 第三方互联网服务

包括搜索引擎、网络新闻、门户网站的展示类网络广告资源、网络分类广告、网站联盟平台等,这里主要介绍搜索引擎的营销作用。

搜索引擎是互联网服务中最广泛的应用手段,是网站获取用户的最主要渠道。其主要是网站的推广工具、网络品牌的传播和产品促销工具,同时也是网站优化的检测工具及竞争对手的壁垒。

4.5.3 在线顾客沟通及交互工具

在线顾客沟通及交互工具包括电子邮件、邮件列表、手机短信、手机彩信、在线客服工具、博客、微博和即时通信工具等。

1. 电子邮件

电子邮件是互联网最基本的通信工具,用于商务沟通、品牌传播、在线客服、产品和网站推广、邮件广告、市场调研等方面。

2. 即时通信工具

即时通信工具如 QQ、IM 或在线客服等，在网络营销中可随时通过实时交流与服务，增进客户关系、服务客户，同时可以进行产品推广。

4.5.4 网络营销管理分析工具

网络营销管理分析工具包括网站诊断、网站访问统计分析、搜索引擎收录分析、网络广告单击训练场及转化率分析工具等。这些工具可以是第三方提供的服务，也可以是企业自行开发的管理工具。

网站访问统计分析工具是网络营销管理分析工具中最具价值的管理工具。主要作用有评估网站运营效果、商务平台比较与选择、用户行为研究、营销效果评判和策略的调整。

网站访问统计分析工具的指标体系的理解，对网上商店的运营数据分析与运营策略调整有非常大的指导意义。

4.6 农村产品电子商务应用策略

农村产品包括最主要的农业产出物——农产品，也包括其他产业的产出物——农村生产的各种手工艺品、制品及农村服务业如乡村旅游和乡村休闲度假产品。这里主要介绍农产品电子商务的基本思路。

4.6.1 农产品的电子商务策略

1. 农产品电子商务的本质是商务

电子商务的本质是商务，商务的核心是盈利，所以成本与效益是电子商务的基础。电子商务发展过程中，社会资本的进入加剧了市场的竞争，尤其近几年在 O2O 模式下，在资本补贴下盲目扩张，盲目"圈地"，盲目获取用户，违背了电子商务的本质，轰然倒下不计其数。

农产品电子商务应用中要坚守成本效益，坚守电子商务的本质，坚

农村信息化管理

守商务之道,稳打稳扎,切忌所谓的"用户"思维和"圈地"行为,盲目地"补贴"扩张。

2. 农产品电子商务以本地商务为主

这里的本地商务实际是指本地电子商务。

本地电子商务是指在本地区范围内开展的电子商务,交易双方都在本地范围之内,利用网络(互联网)在本地开展商务活动。

(1)大多数农产品是一个本地化程度相对高的产品。

在互联网蚕食传统零售的背景下,是否所有的传统行业或者所有产品都难以幸免。互联网行业知名人士 Marc Andreessen 在研究中发现,当一个行业或产品对本地的依赖性越高时,被互联网侵蚀的程度越低,并用本地系数 0-1 来表示行业或产品的本地化程度,数值越大,本地化程度越高,越不容易被互联网侵蚀。其从三个维度建模来评估:第一,购买后体验:购买后对产品或服务亲身体验的看重程度;第二,购买前尝试:购买前需要对产品或服务进行试穿、触摸、观察的看重程度;第三,可替代程度:线上是否存在产品或服务的可信赖提供者。

以图书为例,其为高标准化的产品,尽管依然有部分消费者对亲手翻阅书籍情有独钟,但书籍本身可体验的指数不高;对于购买图书,消费者也没必要非得事先去尝试、去检验书籍包装等;对于线下书店,线上的网站如亚马逊等都是绝好的替代者。三者评估下来,书籍本地系数为 0.2,而餐饮则为 0.87,服装为 0.6。

换句话说,本地系数越高的行业和服务,其被传统电商(这里指的是线上下单,然后快递到户)取代的可能性就越小。对于餐饮,传统的网络购物显然不能解决问题,线下用餐的环节不可或缺,所以它的本地系数高达 0.87;其他家政维修、美容休闲等行业,本地消费也是绝对的大头,本地电子商务在可预见的未来将占主体。

其实除上述三个维度外,在研究中还发现,对时效性强的行业或产品,或者对储运成本极其高的产品,其本地系数也高,本地化程度高。例如,维修行业,通常情况下都有时效要求,所以它本地系数高。还有一些产品也有时效性要求,例如生鲜产品,其保质时间短、储运成本高,即时需求旺盛,在条件或技术受限的情况下,被传统电商化程度不高。

大多数农产品,例如生鲜、粮油,既有时效性的影响,也有储运成本的影响,还有购买前或购买后的体验影响,也就是说本地系数相对较高,被传统电商化的程度不高。

(2)本地是农产品电商的主要阵地。

多数农产品不只是本地化程度高,它的民生性,复购的高频性,价格的敏感性,也决定了产品的本地化,而储运技术的限制,在相当长的时间内交易依然是本地为主。

因此农产品电商以本地电子商务为主,本地是农产品电商的主要阵地。充分利用传统渠道快捷和运输成本低的优势,用电子商务优化传统渠道的某些环节,采用线上线下融合进行,即流行的 O2O 模式,不但可以满足时效性,满足消费者的即时需求,还能节约储运成本。

3. 不同产品选择不同的渠道

农产品品种繁多,品种间差异大,不同的产品必须选用不同的渠道来进行。

(1)类似工业化的产品大批量、耐储运的产品,或者适宜常年供货、附加值高的农产品,例如红枣、茶叶、高端水果、乳品、肉类,可以采用网络购物模式,通过淘宝、天猫、京东等主流 B2C、C2C 平台拓展销售市场,缓解农产品生产的区域性,满足农产品需求的普遍性。

(2)对于产品相对高端、用户群相对高端的有一定量的农产品或特色产品,除可以选择天猫、淘宝第三方全国性的平台外,也可以选择用户质量相对高的 B2C 平台销售,如苏宁、媒体购物频道(快乐购)、用户质量高社交平台(天涯等),或是当地乡村休闲场所。

(3)有特色、高端且量不太大的农产品可以拥有高质量的用户群的前提下,可以选择微商城、微信公众平台等社交媒体。

(4)大宗的农产品批发可以选择口碑好、流量大、服务和信用体系完善的 B2B 平台,如阿里的 1688、中国惠农网等。

(5)对于附加值相对低、储运成本高、时效强的农产品,可以选择传统渠道。

4. 消费者与农产品必须分层分级

农产品的消费者具有差异性,不同层次的消费者其消费能力与需求是不一样的,消费者必须分层。高层的消费者,价格敏感度不高,对产品品质要求较高,对高端产品有较强的购买力;低层的消费者,产品价格敏感度高,产品品质要求相对较低,青睐低端产品;而中层消费者对高端产品只是体验购买,是中端产品的主要消费者。

针对消费者消费层次,农产品的提供也要区别对待。因此,农产品品质要进行分级。向高层用户提供品质高定价也较高的产品,通过网络购物方式提供;中层用户则提供品质中等、价格适中的产品,对附加值高的产品可以通过网络购物方式提供,也可通过 O2O 方式提供;低层消费者提供品质一般、性价比高的产品,对于储运成本较低的产品也可以通过网络购物方式提供,对于储运成本高且时效强的产品,通过传统渠道向用户提供。

除从消费能力和需求来划分消费者外,还可以根据消费者的偏好为划分。农产品由于种植、气候等原因,口感会不一致,可以根据消费者的口感偏好对产品分类,区别提供。

5. 开展可视化电子商务

随着居民生活质量的不断提升,对食品品质、安全提出更高的要求,对绿色食品、有机食品等高端农产品的需求也不断增大,在食品安全事故频发的今天,人们对食品(包括农产品)生产者的信任受到前所未有的冲击。

可视化电子商务是具有真正的可追溯性,这种可追溯不只是来源的可追溯,还具有生产过程可追溯,甚至超越了可追溯的概念。通常意义上产品的可追溯更多是事后的可追溯,而可视化电商则是事前的可控。

可视化电子商务延伸了消费者的视觉,"亲眼所见"是信任的最高境界,破解了农产品电商的"可信度"困局。

开展农产品可视电子商务常见的方式,在放养动物的场所或在种植与作业场所安装网络摄像头,将农产品的种养及生产过程呈现在消费者面前,增加消费的信任。

6. 做好用户的连接与沉淀

用户数量是衡量农产品电子商务应用是否成功的指标之一,在开展农产品电子商务时要注意用户的沉淀与积累。农产品通过不同的渠道或不同途径提供给用户,一定有一个通道让消费产品的用户跟商户连接起来,这个过程就是用户的沉淀,在目前二维码将是商户和用户最好的连接器。

销售前产品的准备一定要充分,建立好农产品质量分级、采后处理、包装配送标准。尤其包装上一定要有商城的二维码,同时还要有激励用户扫码的措施,这样用二维码实现连接、实现再次购买,更重要的是完成用户的沉淀。

7. 提高区域农产品供应能力

目前,我国农产品的生产依然是分散状态,产品的品质会因种养技术或管理的差异难以均衡,这样将降低区域农产品的供给能力,影响产品的批量供给,因此生产者的抱团整合非常重要。农产品生产者可以整合资源,建立农产品电子商务服务中心,形成产品品牌的共享、技术的共享、服务的共享,提高区域农产品供给能力。

其他农村产品中的手工艺品、制品,电子商务思路与农产品基本一致。

4.6.2 休闲度假和乡村旅游资源的电商策略

在农村休闲度假与乡村旅游资源是第三产业、具有不可移动性,同时也是其他农村产品消费场所和销售渠道,因此本身的推广与营销是电子商务成功的关键。

1. 建立官方网站与官方 App

官方网站严谨、全面、权威,代表企业或组织的官方信息。官方网站是综合性的营销工具,既是官方信息载体,具有网络品牌宣传、信息发布、产品展示、顾客服务、资源合作等多个作用;官方 App 是适应移动互联网的用户行为,是企业或组织在移动端的信息载体也是移动营销的基础,与官方网站相比更注重业务提供。

以官方网站和官方 App 为基础,开展网络营销相关服务。

2. 以官方站或 App 为核心开展系统的网络营销

用户休闲与旅游信息的获取主要有两个渠道,一是搜索引擎搜或搜周边;二是朋友分享。围绕用户信息获取的途径,除进行基础的内容营销外,主要通过搜索引擎营销、网络广告、社会化营销。

(1)搜索引擎营销:主要包括分类目录及搜索引擎的登录、搜索引擎优化、地图标注。

(2)网络广告:主要包括搜索引擎关键词广告、展示广告及社会化媒体广告。

(3)社会化营销:微博、微信、QQ 空间等平台。

建议在 PC 端官网的网络营销中使用网站访问统计分析工具,如百度统计工具,针对统计平台返回的分析报表制定和调整营销策略。

3. 休闲场所与旅游场所内的营销

乡村休闲与旅游本身是一个营销平台,既是当地绿水青山、田园风光、乡土文化、特色农村产品消费场所,也是当地特色农村产品的输出窗口。做好休闲场所与旅游场所内的营销,平衡好各方利益关系,带动当地农村产品的输出。

4.7 农村产品电子商务物流配送

物流配送是农村产品电子商务成功的关键因素,尤其是农产品品类复杂、时效性不一,储运要求差异大,合理设计和选择农村产品的物流配送对农村产品电子商务的应用非常重要。

4.7.1 物流配送的模式

物流配送是按用户的需求,以合理的物流方式,将产品在规定的时间内交付给用户的过程。

物流配送模式是指物流配送活动中所采用的基本服务模式,是企业或经营组织对配送所采取的基本的战略和方法。

根据物流配送的主体不同,可以划分为自营物流和外包物流。

1. 自营配送模式

自营物流配送是指企业或经营组织借助自身的物质条件自行组织的物流配送活动。

经营组织对自营物流配送可以自主控制,提供更好的顾客体验;自营物流配送可提高经营组织的品牌价值,提升组织形象;自营物流配送可避免商业机密的泄露。

但一般企业自营物流配送将导致运营成本增加,如果物流配送专业化程度不高也会造成业务分散,规模效应不明显。

2. 物流配送外包

物流配送外包也称为第三方物流配送,是以签订合同的方式在一定期限内将部分或全部物流配送业务委托给专业的物流配送企业来完成。

物流配送外包是物流配送专业化的重要形式,也是物流社会化与合理化的有效途径。

物流配送外包可以使经营组织获得较低的物流配送运作成本,提高物流配送专业化水平,不但可以让经营组织专注自己的核心业务,同时可以减少经营风险。

但物流配送也会带来不利的因素。一是信息共享带来信息安全问题;二是难以监督和控制物流配送过程;三是可能会降低用户满意度。

4.7.2 电子商务物流配送模式的选择

企业在开展电子商务时的配送方式选择取决于几个因素:配送对企业的重要性、企业的配送能力、市场规模与地理范围、保证的服务以及配送成本。

电子商务物流配送模式的选择可以参考矩阵图决策法。矩阵图决策法是通过两个不同的因素组合,利用矩阵图来选择配送模式的一种决策方法。其基本思路是:选择决策因素,然后通过其组合形成不同区域或象限再进行决策，如图 4-5 所示。

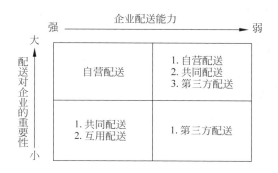

图 4-5　矩阵图决策法

当企业的配送能力较强，配送对企业的重要性较大时，可采用自营配送模式。

当企业的配送能力较弱，但配送对企业的重要性较大时，为弥补自身的不足，企业可以从以下模式中进行选择。

（1）加大投入，完善配送系统，提高配送能力，采取自营配送方式。

（2）投入一部分资金，强化配送能力，采取共同配送模式。

（3）将配送业务完全委托专业性的配送企业来进行，采取第三方配送模式。

当企业有较强的配送能力，而配送在企业战略中不占主导地位时，企业可以向外拓展配送业务，以提高资金和设备的利用能力，采取共同配送模式，也可以采取互用配送模式。若企业具有较大部分优势时也可以向社会化方向发展。

当企业不存在较大的配送需求，而且企业的配送能力也较弱时，宜采取第三方配送模式。

4.7.3　农村产品电子商务物流配送方案

农村产品电子商务主要模式有 B2B、B2C 和 C2C 三种，各种模式下物流配送模式选择时必须综合考虑以下主要因素：物流配送的总成本、农产品储运要求、经营者自身的规模与实力以及对物流配送控制力的要求以及第三方物流配送能否满足需求。只有选择合适的物流配送模式，才能提高物流配送的效率，提高顾客的满意度。

1. B2B 电子商务物流配送方案

B2B 交易是发生在企业之间，具有交易规模大、货物运输量大的特点，在物流配送中容易实现规模经济。

但参与企业的规模与实力有差异，所面对的物流问题也不一样，不可能存在统一的物流模式。一般来说大型农村产品经营企业且自身有一定物流配送能力的，通常采用自营模式，而大部分中小农村产品经营企业则更多的是采用第三方物流为主的模式。

在实际操作中第三方物流还有以下两种解决方案。

(1) 虚拟物流联盟，国内网络覆盖广、信息化程度高、经营理念和服务水平高的专业物流企业不多，企业难在众多的物流代理商中选出一家各方都符合要求的合作方来实现物流配送，虚拟物流联盟形式为企业组建物流配送体系提供了新方向。

企业在不同的地域内选择合适的物流代理公司，通过网络技术将全国各地仓库、配送中心连接起来，使之成为虚拟联盟，通过各物流代理企业的物流、商流、信息之间的共享以及一系列的决策支持技术来进行统一调度和管理，使物流服务半径和货物集散空间变大，从而实现有效配送。

(2) 第四方物流，简单说就是具有组织协调第三方物流企业及咨询公司共同为电子商务企业提供物流解决方案的组织，通过第四方物流可以获得个性化的物流配送服务，真正做到高效、低成本。

2. B2C 电子商务物流配送方案

B2C 电子商务是农村产品电子商务的基本模式，其物流配送面向最终消费者，因而在时间、空间、顾客需求、产品特色等方面都有其自身的特点，物流配送方案也多种多样。

(1) 自营配送模式。

采用这种模式的主要是规模大、实力强的农产品经营企业或电子商务公司如当当、京东、快乐购等，主要经营耐储运且产量大的农产品、农村制品、手工艺品等；另一种是经营特殊储运要求的且附加值高的鲜活农产品企业,在一定区域范围内选择自营模式。

（2）第三方物流配送模式。

采用这种模式的主要是用户分散、配送范围大的农产品经营企业,包括耐储运且产量大的农产品,如茶叶、红枣、莲子等,也包括有一定储运要求但不需要专业设备配送的生鲜产品,如水果、奶制品等。

（3）自营和外包相结合的配送模式。

采用此模式的企业自身有一定的物流配送资源,但不能满足业务发展的需求或是用户的需求,主要是那些具有一定配送能力的农产品经营企业,在能力范围内或是订单密集度高的区域采用自营配送,在可配送的区域外或是订单分散的地方交由第三方物流公司。另外,一些水果等生鲜农产品经营者,采用自营方式将农产品交给各城市落地配公司,再由落地配公司配送到用户。

（4）门店配送模式。

采用此模式有两种情况,一是实体零售非常发达,门店或经销商承担用户端的配送,或用户就近自提;另一种采用业务互补的合作方式,企业在用户相对集中的地方建立配送点或自提点,将农产品尤其生鲜农产品配送到用户。这种配送方式在O2O应用中最为普遍。

3. C2C电子商务物流配送方案

C2C电子商务模式相对来说有其特殊性,其农村产品的经营者是个人。物流模式的选择与经营的产品品种密切相关。

（1）自营方式。

对经营生鲜农产品或者消费周期相对较长的特色产品,如有机米、鲜奶、家庭周末食材配送,一般采用自营方式,通过集中发展用户、集中配送的方式,以提高配送效率,降低配送成本。

（2）第三方配送。

这是C2C普遍选择的方式,不管是农村制品、工艺品或是农产品,采用第三配送成为当前的首选。

（3）门店配送。

农产品尤其生鲜农产品,为了满足其时效性,一般采用小区域渗透、提高订单数量方式降低配送成本,同时在用户集中区与门店合作,提高服务质量。

4.8 农村产品电子商务实用技能

农村产品电子商务应用中,常常会遇到一些问题:目前平台众多,如何选择适宜平台?做了百度推广,如何评价和调整推广策略?怎样建设网上销售渠道?农庄如何标注在地图上?怎么建立自己的微营销系统?这里介绍几项最基本的技能来帮助开展农村产品电子商务。

4.8.1 销售平台的选择

目前涉农网站超过 3 万家,其中农产品电子商务网站近 4000 家,选择恰当的销售平台是关键,否则时间和精力花了不少而效果不好。一般主要从以下几个方面来考察。

1. 看平台影响力

一般影响力大的电商平台都有品牌效应,目前耳熟能详的综合类涉农平台主要有阿里系列、京东系列,垂直类平台有惠农网、天天果园、本来生活等。这些之外的平台则可以通过网络手段来评估其影响力。

(1)用百度等搜索引擎评估。

在百度中直接搜索平台名称,查看搜索结果信息量,查看百度百科,查看新闻报道量;针对平台行业性质,用百度搜索引擎查看相关行业网站或平台的排名或推荐。通过这两种方法基本可以判断其影响力大小。

(2)了解同行认可度。

直接进入平台,搜索同类产品,查产品的数量及地域情况,如果产品数量多且来自不同的地域,说明同行认可度高,也说明效果不错。

2. 查平台"人气"

一个电商平台如同一个市场,如果一个实体市场参与交易的人流不多,市场肯定不景气。网络平台的"人气"评估,一方面可以用专业的工

农村信息化管理

176

具,即网站统计工具,后面专题讲述;另一方面可以直接利用平台内部搜索工具,多维度查询会员数。例如,在阿里的 1688 上,可以利用 1688 内部的搜索工具,按平台提供的查询维度多维度查询,观察每个维度下的产品数量、商家数量。

3. 查平台的活跃度

电商平台的活跃度体现在信息更新速度、产品丰富度、商家成交量。主要以进入平台方式进行,可以连续观察多日。

(1) 查看某类产品以往更新情况。

(2) 查看某类产品的产地、品种丰富度。

(3) 查看某类产品的价格变化。

(4) 查看商家成交量及其变化。

4. 评估服务体系

任何一个优秀的平台,都会有完善的服务体系。

(1) 提供给新手的帮助,包括图文、视频、网络(或人工)客服、交流社区等方式多种多样。

(2) 交易、管理、评估的工具是否丰富。例如,在线客服工具的可用性、便捷性;产品管理工具的使用与便捷;交易分析工具的有效性;前期一对一的帮扶等。

(3) 金融服务是否健全,例如担保、订单质押小额贷款等。

5. 评估信用体系

一个产品交易平台没有合理健全的信用体系,很难形成良好的交易环境、良好的用户体验,平台也没有持续经营的基础。信用体系的评估主要是两个维度,合理性与健全性。

4.8.2 网站访问统计信息

网站访问统计信息不仅可以帮助人们了解电商平台的"人气",还是营销效果分析与营销策略调整的依据。网站访问统计分析的基础是获取网站流量的基本数据,网站访问统计指标大致可以分网站流量指标、用户行为指标及用户浏览网站的方式。

1．网站访问统计指标

1）网站流量指标

网站流量指标是网站运行效果的评价指标,包括独立访问者数量、重复访问者数量、页面浏览数、每个访问者的页面浏览数、某些具体文件或页面的统计指标,例如页面显示次数、文件下载次数等。其中,最重要的指标有独立访问者数量与页面浏览数。

（1）独立访问者数量(unique visitors),也称为独立用户数量或者独立 IP 数量。（尽管独立用户和独立 IP 之间并不完全一致）,是网站流量统计分析中另一个重要的数据,并且与网页浏览数分析之间有密切关系。独立访问者数量描述了网站访问者的总体状况,指在一定统计周期内访问网站的用户数量(如每天、每月)。每一个固定的访问者只代表一个唯一的用户,无论访问这个网站多少次。独立访问者越多,说明网站推广越有效。

独立访问者数比较真实地描述了网站访问者的实际数量,可以用于不同类型网站的排名比较分析,是电子商务应用者在平台选择中"人气"考察的一个重要指标。

（2）页面浏览数(page views),是网页评测术语,指在一定统计周期内所有访问者浏览的网页数量。页面浏览数也就是通常所说的网站流量,或者网站访问量,常作为网站流量统计的主要指标。如果一个访问者浏览同一网页三次,网页浏览数是三次。另外,每个访问者页面浏览数(page views per user)则是指一定时间内全部页面浏览数与所有访问者相除的结果,是一个均数,反应访问者对网站内容或者产品信息感兴趣程度。

2）用户行为指标

用户行为指标反应用户是如何来到网站的、在网站上停留了多长时间、访问了哪些页面,主要指标包括受访页面、访问时间(停留时间)、跳出率、用户来源网站、用户所使用的搜索引擎及其主要关键词、在不同时段用户访问量情况。其中,在电子商务应用中用户来源网站、访问时间、跳出率、不同时段用户访问量较为受关注。

(1)用户来源网站,反映了用户是如何来到网站的。一般用户来到一个网站有两种方式,一是在浏览器地址栏中直接输入网址或单击收藏夹中的链接,另一种是通过其他网站引导而来。了解用户来源情况,可以在来源地加大营销力度。

(2)访问时间,用户来到网站到离开之前所经历的时间,也叫停留时间。反应用户黏度指标,反应网站内容或产品对用户的吸引力的大小。

(3)跳出率,跳出率是指在只访问了入口页面(如网站首页)就离开的访问量与所产生总访问量的百分比。通常用于评估网站的用户体验,可以用于指导网站以及页面的改善。跳出率越高就说明该网站对访问者的吸引力越低。

在网店经营中,跳出率高通常表示网店对于进入网店的访问者不具有针对性,推广路径不准确,访客质量不高。

不同时段用户访问量,反应用户访问规律,可以作为搜索引擎广告投放时间的依据,也可以作为店铺经营不同时间段采取不同促销手段的依据。

在电子商务平台网店经营中,网店的独立访问者数量、页面浏览数、访问时间(停留时间)、跳出率倍受关注,除此之外转化率也是衡量网店经营情况的一个重要指标。

转化率是指所有到达店铺并产生购买行为的人数和所有到达店铺的人数的比率。转化率反应网店产品受欢迎的程度。

2. 如何获得网站(店)流量分析资料

获取网站访问统计资料通常有两种方法:一种是在自己的网站服务器端安装统计分析软件;另一种是采用第三方提供的网站流量统计分析服务,只要把第三方统计服务平台提供的统计代码添加到网站的每个网页,统计平台将把返回的信息统计分析后以报表形式呈现出来。

第一种方法获得的信息准确,费用较低,但在向第三方提供数据时缺乏说服力；第二种方法易受第三方服务商统计系统的制约，且有泄露网站信息的风险，或者要为这种服务付费。通常中小型网站都是采用第三方统计平台提供的服务。

常见的第三方网站访问统计工具，有百度统计、51yes网站流量统计系统、Google Analytics网站流量分析工具、CNZZ网站流量统计分析工具，此外网站排名查询工具Alexa也可以提供网站流量统计分析，但更多地用于多个网站的比较，例如电子商务平台选择时，可以用Alexa对多个网站进行评估。

目前第三方网站访问统计工具都是免费的，通常做了搜索引擎竞价的企业或产品经营者，可以使用对应平台的统计工具，看懂统计分析报表，更好地进行产品营销推广。

一般大型的电子商务平台都会为网上店主提供网店流量相关的统计数据，例如淘宝的数据中心就提供网店所有的分析数据，帮助店铺的经营者更好地经营网店，提高店铺的转化率，提高店铺的销量。

4.8.3 地图标注

随着地理信息技术不断发展和普及应用，互联网电子地图已经成为很多企业重视的一种营销工具，地图标注成为一种新型营销模式。

地图标注是将商家或企业的线下相关信息（包括地址、电话、简介）标注到互联网电子地图、手机电子地图或导航地图中，这样用户在当地的电子地图上就可以看到商家的店铺信息或企业的地址信息，同时店铺联系信息中也将显示该地图标记信息。

百度地图标注是百度推出的专门服务于本地商户的一种新型营销模式，不仅可以让你在百度地图标注认领你的店铺，实时更新营销动态，及时发布最新优惠信息，还能够参与百度搜索并实时监控营销效果，让客户全方位了解你并找到你，提升品牌知名度。下面来介绍百度地图标注具体操作。

1. 标注前的准备工作

百度地图标注需要认证与审核，所以要提交相关的材料，包括经营者的营业执照信息及照片、相关资质、门脸照片或名片照片。

2. 标注操作流程

（1）登录百度的网站，打开百度地图，如图4-6所示。

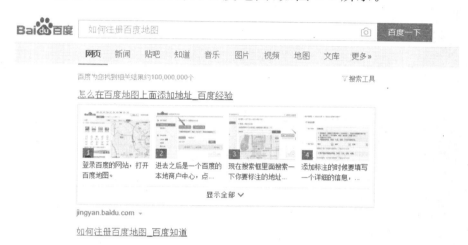

图4-6　百度地图界面

（2）单击右上角登录百度账号，登录之后单击上面的"商户免费标注"，如图4-7所示。

图4-7　百度地图界面

（3）进去之后是一个百度的地图标注中心，单击左边的"标注认领地点"，如图4-8所示。

（4）再单击"标注认领地点"下的"添加新地点"，如图4-9所示。

（5）按系统要求完成地点名称，并打开地图标注精准位置，如图4-10所示。

（6）填写好地址、电话、所在行业、提交人姓名、手机号、门脸照片或名片照片、资质注册号及资质照片等材料，等待百度审核。

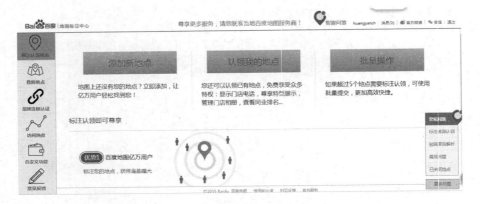

图 4-8　百度地图界面

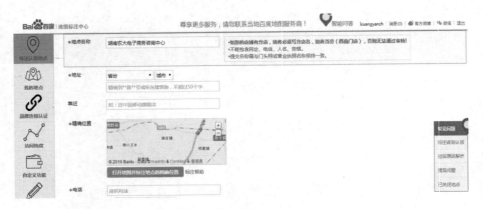

图 4-9　百度地图界面

图 4-10　百度地图界面

4.8.4 网上销售渠道的建设

随着电子商务快速发展,网上销售已经成为产品或服务一个不可忽视的渠道,建设好网上销售渠道,已成为当前企业电子商务应用的基本内容,也是农村产品电子商务应用的基本内容。

1. 网上销售渠道的主要方式

一般来说,网上销售渠道的建设有三种主要方式:作为在线销售网站的供应商,第三方电子商务平台开设网上商店、企业自己运营的独立网上销售平台(或者企业网站的网上商城频道)。这三种方式从运营、资金投入和管理方面以及对企业资源的投入各不相同,为企业开展网上销售提供了不同层次的选择。

(1)作为电子商务网站的供应商。目前除了自营销售网站外,团购、网上外卖等O2O方式非常普及,为企业或产品经营者提供了进入网上销售的便利条件,不必自己运营网店,作为农村产品的供应商可直接进入电子商务流程。这种方式,虽然不需要过多的电子商务技术,只要集中精力做好农村产品的供应,但与传统销售有差别,在产品处理上一定要做好连接与用户的沉淀工作。

(2)第三方电商平台开展的在线销售。淘宝、天猫、京东等大型网上商城为企业或经营组织依托电商平台开设网上商店提供了极大便利,农村产品经营者可以通过第三方平台开展网上销售。

这种方式充分利用平台的流量优势,扩大自身品牌的影响;借助平台提供的工具迅速开设和管理商店,降低建设成本;借助平台提供的支付体系、配送体系及完善的购物流程,提高用户体验。不足之处是容易受平台规则及模式化的网店系统的制约。

(3)独立网上商城系统。根据新竞争力网络营销管理顾问关于企业开设网上商城模式的调查表明,被调查的已开展电子商务企业中80.4%拥有独立网上商城,72.5%的企业在第三方平台开设有网店,52.9%的企业既有独立网上商城又在第三方平台开店。农村产品,尤其农产品主要以自营垂直型独立网上商城为主。

此种方式对农产品经营企业要求较高,需要投入较多的开发和运营资源,还要求有网站开发与维护技术人员。但有自主性、针对性和适应性强的优势。

农村产品企业或经营者采用哪种方式,取决于企业实力与资源。

2. 网上销售渠道的建设

除了作为电子商务网站供货商的模式不需要对网上销售渠道建设与运营外,无论是第三方平台模式还是独立商城模式,都有一个建设的过程。

(1)网上商店的建设。首先要组织相应的运营团队;其次进行商店的注册、装修、产品上架;最后是网商店的建设,网店的日常管理。这是一个比较复杂的过程,需要专业的团队运作。

(2)独立网上商城系统的建设。独立网上商城系统可以是独立域名的网站,也可以是企业官方网站的一个频道。

独立网上商城建设的首要问题是系统选型问题。中小企业建议采用专业网店服务商提供的网店系统,价格低廉,且能快速建设;综合性网上商城系统,由于企业商务流程及内部信息化流程整合要求较高,通常采用自行开发。

实际应用中,目前企业要选择合适的 B2C 网上商城系统不太容易,往往要反复比较,并且还要进行大量优化才能适合企业的需求。

在农村产品电子商务活动中,没有特别雄厚的资金与技术实力,不建议选择独立网上商城的开发。一般情况下,作为电子商务网站的供应商,利用第三方平台开设网店,或者利用微信公众号连接微店、微商城等方式是目前农村产品电子商务的理智选择。

4.8.5 微信营销系统的建立

移动互联网的发展,已完成了网民从 PC 端向移动端的大迁移,移动互联网成为新的商业战场。微信因其庞大的用户群,使得其成为移动端网络营销的重要工具。微信是社交类手机 App 客户端软件的一种，是移动互联网应用的主要入口之一。企业或经营组织通过建立自己微信营销系统将品牌推广给上亿的微信用户，可以减少宣传成本，提高品牌知名度，打造更具影响力的品牌形象。

微信营销的实现主要依托微信公众号，微信公众号营销也就成为微信营销的主要方式。

1. 微信公众号申请

1）微信公众号的类型

微信公众号有三种类型：服务号、订阅号和企业号。

（1）服务号：能给企业和组织提供更强大的业务服务与用户管理能力，帮助企业快速实现全新的公众号服务平台。账号有认证与非认证之分，主要偏向于服务交互，具有信息推送功能，每天推送的信息仅 4 条，适用人群有媒体、企业、政府或其他组织。

（2）订阅号：为媒体和个人提供一种新信息传播方式，构建与读者之间更好的沟通与管理模式。账号有认证与非认证之分，主要偏向于为用户传达资讯，具有信息推送功能，但每天推送的信息仅 1 条。

（3）企业号：为企业或组织提供移动应用入口，帮助企业建立与员工、上下游供应链及企业应用间的连接。企业号的应用场景完全不同于前面两者，不具备信息传播功能，一般是网络营销工具。所以微信营销系统建立是基于订阅号与服务号。

2）公众账号申请材料准备

服务号是针对企业或组织，所需要准备的材料有：第一，企业、政府或媒体相关信息与资料，如企业名称、营业执照注册号、营业执照扫描件、对公账户；政府组织名称、组织机构代码、组织机构代码证扫描件；媒体组织名称、组织机构代码、组织机构代码证扫描件。第二，运营者资料：运营者身份证、运营者身份证号码、运营者手机号。第三，符合要求的微信公众号名称。

3）微信公众号的申请注册

通过电脑登录微信公众平台官网 http://mp.weixin.qq.com/，单击右上角的"立即注册"。

特别说明的是，如果想用公众平台简单发发消息，做宣传推广服务，建议可选择订阅号；如果想用公众平台进行商品销售，建议可选择服务号，后续可认证再申请微信支付商户。

2. 微信公众号的设置

完成微信公众号的注册，可以登录微信公众平台配置公众号的信息，包括公众号设置、自动回复的设置、微信公众账号的发布。

这里重点介绍微信公众号菜单的设置流程。

（1）打开公众平台网址，输入已注册服务号的账号密码，登录微信服务号；找到"功能"菜单下的"自定义菜单"栏，单击"启用"自定义菜单栏，如图 4-11 所示。

图 4-11　微信公众平台（1）

（2）找到"菜单管理"项，单击"菜单管理"项右侧的"＋"号图标，即可添加自定义菜单一级项，如图 4-12 所示。

（3）一级项"油夫人"添加完成后，可根据自己的需求决定是否添加一级项下的子项目；如需添加一级项下的子项目，单击一级项"油夫人"右侧的"＋"号图标，单击即可添加子项目，如图 4-13 所示。

（4）为"子菜单"添加"设置动作"，单击"一级项"（榨油机）下的"子菜单"（淘宝商城）字体，"设置动作"框弹出"请选择订阅者单击菜单后，公众号做出的相应动作"，可自行设置"发送文字信息"或"跳转到网页"，设置完成后，单击"保存"按钮即可完成"设置动作"。通过此操作可以将

图 4-12　微信公众平台(2)

图 4-13　微信公众平台(3)

公众号连接到商城、微店、微网站等,如图 4-14 所示。

(5)完成"自定义菜单"设置后,编辑中的菜单需要进行发布才能更新到用户手机上;单击"发布"按钮。

3. 微信公众号的营销策略

微信营销的策略主要有两个方面,一是内容策略,二是用户策略。

187

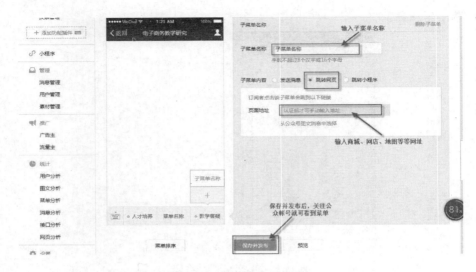

图 4-14　微信公众平台(4)

1) 微信营销的内容策略

微信内容策略是最重要的组成部分,直接关系到用户是否关注、是否阅读文章内容以及是否后续转发和互动行为。一般影响力好的微信公众号,都有其共同点,有吸引力的头条标题及配图,清晰的标题及内容排版、明确的推广意识,及相关的菜单设计。

微信内容主要包括封面设计、文章标题、正文内容、个人信息、辅助推广信息(如二维码)。

微信公众号内容营销必须遵循的原则有以下几个方面。

(1) 用户价值至上。为用户提供价值是一切内容营销的基础,因为每个阅读者是真实的微信用户,或是你的微信好友,或是好友的好友,一切以用户为出发点,对于微信营销非常重要。

(2) 内容简单。微信用户阅读时间的碎片化,阅读信息不宜长篇大论,精简且观点鲜明。

(3) 内容可信。微信营销是基于网络可信度的营销方式,内容的可信性成为微信公众号的营销基础,无论标题如何耸人听闻,但内容必须可信。

2）微信营销的用户策略

微信公众号营销的用户策略主要包括如何获得更多用户关注（吸粉策略）、如何为用户开展服务（互动沟通策略）以及如何让关注者转化为顾客（用户转化策略）。

（1）微信吸粉策略。以用户为核心，投其所好。了解用户关注、信任微信公众号的原因，了解用户价值取向和获取公众号的渠道，有针对性地提供所关注的内容，并在用户获取公众号的渠道进行有效推广。

（2）微信互动沟通策略。包括被关注时的自动友好的回复、消息的自动回复、关键词的自动回复、一对一的消息回复、微信客服功能，甚至还可以根据微信自定义菜单设置相应的沟通方式。

除了微信公众号的营销外，微信营销还包括更多的方式，例如通过微信连接微网站、微分销、微商城、微店（这在前面菜单设置中有讲述），以及 LBS 营销、微信社群营销、微信分享营销等。

4. 微信公众号运营工具与资源

微信公众号发布后，进入日常的推广运营管理。运营管理包括用户管理、消息管理、素材管理、信息公众号运营数据分析。这里主要介绍微信公众号运营工具与资源。

1）微信编辑器

微信营销中有两种常见的信息传递方式，一是图文并茂的文章，二是可视化程度高的微信 H5，这两种推广方式分别需要不同的制作工具。

图文排版编辑器：图文排版编辑器种类很多，重点推荐 3 款：i 排版 http://www.ipaiban.com/，秀米 http://xiumi.us/96 微信编辑器 http://bj.96weixin.com/。

微场景（H5 编辑器）：易企秀 http://www.eqxiu.com/main；易企微 http://www.e7wei.com/；兔展 http://www.rabbitpre.com/；麦片 BlueMP http://www.bluemp.cn；初页 http://www.ichuye.cn/；MAKA http://maka.im/。

2）图片素材资源与图片处理资源

图片素材资源：微信公众号运营过程中少不了图片等素材，这里提供一些图片素材资源。千图网 http://www.58pic.com/；优美图 http://www.topit.me/；花瓣 http://huaban.com/；图片 114 http://www.tupian114.com/。

图片处理网站,包括 strikingly 建站工具 https://www.strikingly.com；canva 海报设计 https://www.canva.com；tagul 在线文字云制作 https://tagul.com。

3）各大媒体平台

微信公众平台 https://mp.weixin.qq.com；企鹅媒体平台 http://om.qq.com/userAuth/index；头条号 http://mp.toutiao.com/；搜狐公众平台：http://mp.sohu.com。

4）二维码生成器

草料二维码 http://cli.im；二维工坊 http://www.2weima.com。

本 章 小 结

本章从商务的逻辑出发,阐述电子商务的本质是商务；根据交易过程的互联网化程度将电子商务划分网购模式和 O2O 模式。从网络信息传播理论出发系统介绍了农村产品网络信息传递的技巧及网络营销的工具体系；阐述了农村产品电子商务的应用策略,提出农产品可视化电子商务、农产品分层分级、不同农产品选择不同销售渠道；农村产品电子商务物流配送模式的选择依据；重点介绍了网站访问统计分析在网站评估和网店运营中的应用；描述了百度地图标注、建立微营销系统的具体操作流程。从产业和区域的视角,理清了农村电子商务、农业电子商务、农资电子商务、农产品电子商务及农村产品电子商务的关系,构建了农村电子商务的体系；明确了农业电子商务的应用主体是新型职业农民,阐述农业电子商务、农资电子商务、农产品电子商务和生鲜电子商务的主要模式；分析了农资产品、农产品尤其生鲜产品的特点,剖析了农产品尤其生鲜电子商务存在的主要问题。

思 考 题

1. 商务活动包括哪些？

2. 阐述商务的基本逻辑。

3. 思考农产品电子商务应用哪些环节可以可视化。

4. 阐述网络信息传播原理对农产品网络信息传递中技巧。

5. 描述网络营销的工具体系。

6. 网站访问统计分析指标对网店经营有意义。

7. 简述可视化电子商务可以应用在农产品的哪些环节。

8. 简述百度地图标注的营销意义。

9. 在实际操作如何选择微信公众账号的类型？

第5章 农村远程医疗

学习目标

通过本章的学习,要求同学们能够做到以下几点。

(1) 掌握:农村远程医疗主要应用。

(2) 熟悉:农村远程医疗终端建设与管理。

(3) 了解:农村远程医疗的基本内容、主要特点与基本用途。

知识结构

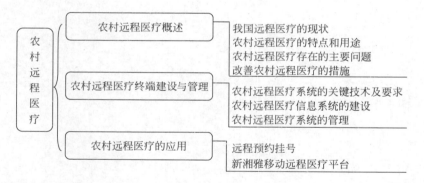

我国幅员辽阔,广大偏远农村缺医少药现象很严重,要实现患者享有平等的医疗难度较大,而远程医疗能够增加基层医务人员获得医学教育及农村患者获得医疗服务的可能性,解决农民看病难、看病贵的问题。

5.1 农村远程医疗概述

农村远程医疗是一个庞大的系统工程,首要在于建立一个完善的农村远程医疗系统,该系统通过通信和计算机技术给人们提供医学服务。

这一系统包括远程诊断、信息服务、远程教育等多种功能,它是以计算机和网络通信为基础,针对医学资料(包括数据、文本、图片和声像资料)的多媒体技术,进行远距离视频、音频信息传输、存储、查询及显示。简单地说,远程医疗就是指通过通信、计算机网络和多媒体等技术在相隔较远的求医者和医生之间进行双向信息传送,完成求医者的信息搜集、诊断以及医疗方案的实施等过程。

5.1.1 我国远程医疗的现状

我国一向重视远程医疗的发展。从 20 世纪 80 年代末开始远程医疗的探索。1997 年卫生部卫星专网正式开通,它包括中国医学科学院北京协和医院、中国医学科学院阜外心血管病医院等全国 20 多个省市的数十家医院,网络开通以来,已经为数百例各地疑难急重症患者进行了远程、异地、实时、动态电视直播会诊。同年 9 月,中国医学基金会成立了国际医学中国互联网委员会,该组织准备经过 10 年时间逐步在我国开展医学信息及远程医疗工作。2009 年,中共中央、国务院出台的《关于深化医疗卫生体制的改革意见》中明确提出要"积极发展面向农村和边远地区的远程医疗"。2010 年,国家开始积极推进远程医疗相关项目,先后发布《卫生部办公厅关于印发 2010 年远程会诊系统建设项目技术方案的通知》和《卫生部办公厅关于加快实施 2010 年县医院能力建设和远程会诊系统建设项目的通知》等多个文件。2012 年,国务院印发《卫生事业发展"十二五"规划》,要求"发展面向农村及边远地区的远程医疗系统,提高基层尤其是边远地区的医疗卫生服务水平和公平性"。同年出台的《"十二五"国家战略性新兴产业发展规划》将远程医疗纳入"信息惠民工程",开展中医远程医疗需求分析和调查研究。2013 年国务院《关于促进健康服务业发展的若干意见》中进一步细化了远程医疗的内容,提出建设"远程影像诊断、远程会诊、远程监护指导、远程手术指导、远程教育等"。2014 年,国家卫计委颁布的《远程医疗信息系统建设技术指南》对远程医疗的建设构想从概念细化到落实。2015 年 2 月出台的聚焦"三农"的中央一号文件也罕见地对农村远程医疗提出了新要求，即推进各级定点医疗机构与省内新型农村合作医疗信息系统。2010年以来，中央财政投入8428万元，支持22个中西部省份和新疆生产建设兵团建立了基层远程医疗系统，并安排12所原卫生部部属（管）医院与12个西部省份建立高端远程会诊系统，共纳入12所原部属（管）医院、98所三级医院、3所二级医院和726所县级医院，有力推动了远程医疗的发展。根据我国卫计委2013年的统计，全国开展远程医疗服务的医疗机构共计2057所。医院端是我国远程医疗行业的主导力量。另外，随着远程医疗服务的广泛应用，国家层面在远程医疗的管理规范、实施程序、责任认定、监督管理等方面作出了明确的规定，以促进其健康发展。从2014年公布的《技术指南》上看，我国将依托各层级医疗机构，计划建立从国家级到省市级直至基层医疗机构的远程医疗信息系统。然而，最需要远程医疗服务的农村基层医院在这方面的工作大大落后于城市医院，因此加快农村远程医疗系统的建设势在必行、刻不容缓。

5.1.2 农村远程医疗的特点和用途

1. 可以提高农村卫生保健水平

由于很多农村卫生服务机构设施条件差，人员素质低。农民不愿到农村医疗机构看病。远程医疗系统在医学专家和病人之间建立起全新的联系。使病人在当地医院即可接受异地专家的会诊及其指导下的治疗与护理。通过这种高新技术的会诊还使农村基层医院在咨询与专家的解答中学到了新技术、新知识。提高了医院的业务技术水平。农村远程医疗系统的建立不仅增强了农民对当地医院的信任度，而且提高了农村医院的医疗服务水平。中央一再强调要在我国建立卫生服务和医疗保健体系，着力改善农村医疗卫生状况，提高城乡居民的医疗保健水平。农村远程医疗系统的建立可为尽快实现这一目标发挥重要的作用。

2. 可以改善医疗资源的配置

我国幅员辽阔，人口众多，经济发展参差不齐，医疗水平发展也不平衡,三级医院基本集中在大中城市,高精尖的医疗设备也以分布在大城市居多。而广大的农村地区,医务人员所占的比例非常低,技术水平相对较弱,医疗条件比较落后,对大病急病无能为力,危重、疑难病人往往要被送到上级医院进行会诊治疗,农村病人的纷纷涌入,加重了市级医院的负担,造成市级医院床位紧张,结果是医疗资源分布不均和浪费。同时,路途的颠簸也给病人本已脆弱的病体造成了伤害,而许多没有条件到大医院就诊的病人则耽误了诊疗,给病人和家属造成了身心上的痛苦。据统计,全国 80% 的医疗机构在城市,而占全国人口 80% 的农村却只有 20% 的医疗资源。建立农村远程医疗系统对解决农村基层医院的高级医技人才匮乏和卫生资源配置失衡的两大难题开创了有效途径。同时与上级大医院组成一种松散型的医疗联合体,也为农村基层医院的生存和发展提供了契机。

3. 可以降低农民的医疗费用

远程医疗发展的一个重要目标是降低医疗费用。到异地就诊交通费、家属陪同费、住院医疗费等给病人增加了经济上的负担。远程医疗系统可以使病人不出远门即可得到专家的医疗服务,一方面病人无须旅途奔波,另一方面病情可以得到及时的诊治。节约了医生和病人大量的时间和金钱,从而大大降低了医疗费用,真正减轻了农民的负担。

5.1.3　农村远程医疗存在的主要问题

1. 医患双方的认识程度不高

远程医疗虽然有诸多的优点,但农村医务人员及患者尚对这项服务的认识程度不高。由于缺乏一定的宣传指导和培训,很多基层医务人员并没有深刻认识到远程医疗的意义所在。部分医生不愿接受这项新服务,不愿意向中心医院的专家请教,对远程医疗技术的基本知识理解的不够透彻,而对通过远程医疗平台如何操作、如何诊断、如何与上级医院沟通更是不知,并且基层医院有许多不规范的流程,有的甚至缺乏患者的病历。而广大农村患者受传统观念的束缚,信赖于医患面对面的就医模式,加上远程医疗的宣传少,患者本身并不清楚远程医疗能够给他们带来多大的好处,这导致农村患者在申请远程医疗服务时有较大的顾虑甚至抵制这种新的服务模式。

2. 远程医疗人才缺乏

随着远程医疗的广泛应用,远程医疗的规模越来越大,这就需要在系统运行过程中组织一定的人力共同完成,而多数医院的医务人员缺乏计算机、网络通信的经验,多数信息技术人员又缺乏医疗方面的经验,即远程医疗网络的建设往往缺乏既懂医疗又可以操作和维护远程医疗系统的人才,基层医院更是如此。这导致了各类人员间信息交流不准确、不及时,有时还会产生误解。

3. 沟通不顺畅

与实际面对面的沟通方式不同,远程医疗通过视频模拟面对面交流来达到一定的沟通效果。虽然远程医疗的运用可解决部分问题,但与传统的患者就医模式相比,存在沟通问题。主要体现在,远程医疗需要异地会诊双方医生针对患者病历资料进行讨论,进而完成专家对基层医生的指导及最终的诊断过程,而异地医生在会诊前往往缺乏有效的沟通,在患者病历资料采集过程中,基层医生通常会忽略一些他们认为并不关键的内容,如对患者病史的询问、对诊断有辅助作用的一些检查,这导致双方会诊医生间出现沟通困难,达不到预期效果。

4. 医疗设备软硬件匮乏

先进的远程医疗往往需要网络通信技术、音视频压缩技术、计算机软件技术、医学影像处理技术等众多先进技术的支撑。我国很多偏远农村由于没有合适的通信、计算机网络等技术,无法顺利开展远程医疗,开展过程中最大的瓶颈是带宽,即使采用专线接入方式,其最高的传输速率也达不到要求质量的一半。当患者一方的图像、声音通过非同步、不连续、不清晰的方式传给异地会诊专家时,无疑会影响专家的诊断,进而影响远程会诊的质量,大大挫伤了医患双方的工作积极性。在实际的远程医疗实施过程中,基层医院往往由于缺乏先进的基础医疗设备,在远程会诊开展前,很难提供准确的检查结果,而在整理和传输会诊资料过程中,所应用设备的显示器标准的差异、分辨率受限以及远程通信传输质量不高等原因会导致医疗影像的不清晰,进而影响影像的完整性与准确性,这会直接影响专家对影像的诊断。此外,远程医疗系统通信不兼容达不到资源共享的目标。

5.1.4　改善农村远程医疗的措施

1. 组织培训,加强远程医疗服务宣传力度

加强远程医疗服务宣传力度,提高偏远地区居民知晓率远程医疗会诊病例主要是一些病情简单或病情稳定以及复诊的病人,远程医疗服务会诊病例寥寥无几,患者对远程急救服务了解甚少。因此,我国各级医院应加强远程医疗服务的宣传力度,如可以由专家通过远程视频直接与基层医院连接进行宣传、到基层亲自面授培训等方式,使广大基层医务人员、农村患者主动接受这一新的医疗模式,让医务人员得到指导,让入院患者能更好地理解远程医疗的意义和价值,提高患者的主动接受度,享受这一服务带来的成果。

此外,我国部分农村偏远地区医务人员服务水平较低,只能处理一些常见病,急救知识缺乏。虽然远程医疗设备已经安装完成,然而因为会操作设备的人员不多,因此使用率并不高,很多设备仅仅是一个摆设而已。因此,既要重视提高农村偏远地区医务人员的急救水平,也要大力加强农村偏远地区医务人员网络应用能力的培训。

2. 加强网络通信建设

保证远程急救质量现阶段,我国部分农村偏远地区网络还没有普及,网络环境也较差,尤其是深山地区,几乎没有网络信号。网络通畅是远程急救体系建设的重要前提,没有网络的支持,远程急救体系建设只能是纸上谈兵。农村偏远地区的远程急救体系建设方面,应该在考虑农村偏远地区实际应用,适应其需要的基础上,采用最先进的技术,配备最先进的设备,以保证画面,声音的清晰,保证患者的就医质量。

3. 加强区域间医疗机构的协同与合作

对于农村偏远地区患者来说,死亡威胁较大的是突发疾病。由于我国农村地域辽阔,人们居住较为分散,急诊病人大都送往县医院救治,县医院覆盖的急诊救治半径过大,急救运输过程中路途的颠簸对患者造成二次伤害,根本不能满足急诊救治的要求。因此,我国农村偏远地区的远程医疗体系建设过程中,应注意做好区域规划,注重发挥"虚拟网络"的技术支持作用,"虚""实"结合,"线上线下"两条腿走路,使区域内上下级医院之间网上"联姻"。加强不同区域医疗机构的协作以及上下级医院的合作。这样不仅降低了危急重症患者的死亡率,远程急救服务也减少了患者及医务人员来大城市就医的往返交通费用等。

4. 引入社会资本共建远程医疗系统

目前,发达国家的远程医疗鼓励社会资本的进入,由当地政府主导、卫生医疗机构承接、社会各方参与,实现百姓受益、多方共赢。例如,美国"e急救医疗服务"最初就是由赫尔姆斯利基金会创办的,并得到了许多私人基金会的大力支持。目前,我国远程急体系建设主要以政府投入,而远程急救体系建设不一次性投资项目,单靠政府投资难以持续发展。社会资的力量不容小觑,引入社会资本参与农村偏远地区远程急建设,能够缓解政府压力,促进农村偏远地区远程急救体系的建立和发展。除此之外,我国远程急救体系建设还应该注意建立健全相关法律法规,明确远程急救医疗纠纷或事故的责任认定;建立合理的远程急救医疗补偿制度,调动医疗机构和医务人的积极性;完善医务人员资格认定等相关规定,确保医务人员资质,保证远程急救质量。

5. 加强教育,培养信息化人才

为了推进远程医疗在农村的逐步应用,在实施前应着手解决远程医疗的人才需求。一个有效的途径是从基层医院本身的医务人员入手,可以通过选用年轻的医生,他们对新生事物的兴趣浓厚、接受快,并愿意尝试,对这些人员进行有针对性的培训,提高他们对远程医疗的认识及对实施过程的掌握。远程医疗的目的就是要解决因地区、种族、贫富差异带来的医疗资源不平等的问题,其实施对广大偏远农村具有重大的意义。为了推进农村远程医疗的发展,要创造条件,落实基层医院基本设备、设施的建立,培养基层远程医疗方面的专门人才、促进技术的成熟,最终实现真正的医疗平等。

5.2 农村远程医疗终端建设与管理

5.2.1 农村远程医疗系统的关键技术及要求

目前农村数字医疗仪器的发展呈现出了向着便携化、多功能化、网络化、远程化发展的特点。国际上虽然有成熟的产品,但是价格昂贵,不具备在国内,特别是农村地区推广使用的价值和可能。而国内的相关产品功能相对单一,又缺乏统一的质控体系,使用也不规范,难以保证农村地区的诊断治疗水平。因此,研发可靠、廉价的便携式、多功能、数字化医疗检测设备,制定农村数字医疗仪器的质量标准检测体系势在必行。

影响农村医疗卫生服务水平另一个重大问题是农村三级医疗卫生服务网络不健全,与城市医疗中心联系不紧密,没有充分发挥各级医疗卫生机构应有的功能。三级医疗卫生服务机构医疗仪器配备不合理,数字医疗和卫生信息化程度低下,不能及时将医疗信息传输到大医院或新农合数据中心。因此,如何集成研究农村三级医疗卫生机构各种数字医疗仪器应用的关键技术,解决数字医疗仪器与信息系统的接口和数据交换标准等问题,对实现各级医疗机构之间的信息传输有着极其重大的意义。

解决农村数字医疗仪器采集、传输和存储关键技术涉及两个层面:一是硬件方面,包括适用于农村的数字化医疗设备研发和模拟接口与数字化接口之间的转换;二是软件方面,包括软件平台的架构和远程医疗技术的研发。根据农村居民健康档案的管理需求,将数字医疗仪器检测结果传输到医院或者新农合数据中心,进入村民健康档案中进行动态管理。

1. 便携式全科健康数据采集终端研制

全科健康检查数据通常包含内科检查、外科检查、辅助检查(血压、血氧、视力、色盲、心电图、尿常规、血糖等)。内外科检查的手段一般是通过叩诊、问诊的方式,辅助检查则需要借助专业的医疗器械来完成数据获取。考虑到基层健康数据采集可能需要入户检查的需要,研制适宜基层使用的具备上述常规检查功能的便携式全科健康数据采集终端是非常必要的。其中,如何将不同类的常规辅助检查功能集成到一起形成一个便携小巧、易学易用的新型医疗设备,如何利用低功耗多通道采集芯片来降低整体设备的成本以便于基层推广应用是这个终端研制的核心难点所在。

2. 基于微流控芯片技术研制一种全自动、低成本、准确、快速、简便的新型检验分析诊断系统

微流控芯片是诊断医学的前沿技术。由于其集成性、快速、低成本等显著特点,由芯片技术发展的疾病诊断便利终端设备是实现即时检验的关键技术。通过本项目的实施将微流控生物芯片诊断技术的最新研究成果应用于检验医学,综合目前世界领先水平的微电极库尔特细胞检测技术、微流体流量控制技术以及独有的细胞处理技术、微通道生物环境细胞动态检测系统、精密注塑、芯片封装技术等一系列高新科技,提供一种既能兼容现有临床检验分析设备和参数,又在时间上、成本上、便携性上显著优于目前常规检验技术的分析诊断产品。产品主要包括常规生化检测项、细胞检测等项目,可应用于临床检查、疾病早期诊断以及远程医疗系统。用户只要插入含有样本的诊断芯片,采用人机对话的方式,系统就能快捷地输出检测结果和诊断报告。这对于防止基层滥用抗生素,改变传统的血细胞计数设备体积大、成本高、操作复杂的缺点,普及基层检验设备有巨大的意义。

3. 基础医疗数据智能终端研制

基础医疗数据同样也包含服务数据和辅助检查数据。该终端主要

集中在辅助检查方面,从基层常见病的辅助诊断手段来看,需要提供心电图、血常规、尿常规、B超、X光等常规类的检查。而目前对于乡镇卫生院来说,基本都具备X光设备和B超设备。所以,该终端的研制重点是融合心电图工作站系统、血常规检查于一体,进一步保留其他辅助检查设备的接口(包括上述的便携式全科健康数据采集终端)。在此基础上,考虑到基础医疗过程中诊断的重要性,实现辅助检查数据的智能分析和辅助决策支持也是该终端研制的一个重要内容。

农村偏远地区远程医疗系统的设计与实现需要解决以下几个技术。

(1)远程医疗服务。

由于农村偏远地区医疗资源匮乏,医务人员技术水平较低,缺少大型的医疗检查设备,难以实现疑难杂症的检查诊断能力。同时,现有的远程医疗服务资源集中在城市中的三级甲等医院之间,难以覆盖到农村偏远地区。系统突破了全人全程健康服务信息库的动态整合与维护技术的技术难点,解决了基于医疗工作流技术与基于IHE架构技术的医疗系统集成。在国内首批建立了农村偏远地区远程医疗信息平台,创新性地提出并实现了农村偏远地区远程急救、远程查房、远程检验、远程预约挂号、远程培训、远程管理六项医疗服务。

(2)远程医疗技术。

由于远程专家工作站上难以直观、准确显示病人电子病历,同时远程医疗组织、医疗机构链流程的可操作性差。系统填补了远程医疗技术在多功能电子病历规范制定、模板设计以及医疗机构链研究的空白,实现了城乡优质医疗资源有效管理和共享,保障了会诊病人资料完整性、实时性和可交换性。

(3)远程医疗临床路径技术。

由于临床路径技术实施过程中,存在与病人、医务人员、医院系统等相关因素的某些变异,而现有临床路径技术难以实现对变异的处理以及系统反馈。系统突破了主要疾病的筛选和知识系统的技术瓶颈,建立了基于远程医疗临床路径技术的主要疾病筛选和知识系统,大大缩短了患者的平均住院日,降低了医疗费用。

（4）远程监控与诊断。

由于传统远程医疗监控系统主要利用地面网络,存在监控区域范围小、可伸缩性差、传输手段单一等问题,很多远离干线的用户可能被放弃,无法满足远程医疗用户对远程医疗援助的需求。系统攻克了远程医疗网络监控与诊断等技术难点,创新性地提出并实现了地面网络与卫星网络相结合的远程医疗网络诊断方法,提高了诊断的效率及实时性。

（5）农村数字医疗仪器应用关键技术。

目前农村数字医疗仪器功能相对单一,又缺乏统一的质控体系,使用也不规范,难以保证农村地区的诊断治疗水平。主要表现在仪器设备质量不可靠、数字化程度低,使用不规范、环境适应性差、价格高、操作不规范、技术人员水平低下。迫切需要研究农村三级医疗卫生机构各种数字医疗仪器应用的关键技术,开发出适合农村的经济、实用、性能可靠的医疗仪器,并且培养农村医疗仪器使用和维护人才。

此外,医院远程信息网络可以提供医疗业务安全保障,从而充分保证网络中数据的安全。3G 网络安全问题主要有两个方面:首先,系统和网络本身设计存在着缺陷,容易造成数据丢失;其次,非法入侵和破坏的客观存在。

（6）3G 网络侧认证。

认证是用户在使用网络系统中的资源时对用户身份的确认。这一过程,通过与用户的交互获得身份信息(像用户名和口令、生物特征信息等),然后提交给认证服务器;认证服务器对身份信息与存储在数据库里的用户信息进行核对处理,然后根据处理结果确认用户身份是否正确。授权是网络系统授权用户以特定的权限使用其资源,这一过程指定了被认证的用户在接入网络后能够使用的业务和拥有的权限,例如授予IP 地址,准许访问时间等。这样既在一定程度上有效地保障了合法用户的权益,又能有效地保障网络系统安全可靠地运行。

（7）3G 网络认证和用户网络之间的 VPN 链接。

3G 网络和用户网络之间可以采用专线连接,也可以使用 Internet连接。使用 Internet 连接必须考虑安全性,因此可以使用 VPN 将二者利用 Internet 连接起来。VPN 技术非常复杂，涉及通信技术、密码技术和现代认证技术。主要包含两种技术，隧道技术与安全技术。VPN 是在不安全的 Internet 上传输的，传输内容可能涉及企业的机密数据，因此安全性非常重要。VPN 中的安全技术通常由加密、认证及密钥交换与管理组成，主要有认证技术，加密技术，秘钥管理与交换技术。

（8）用户网络侧的安全防火墙（FW）。

防火墙技术是目前用来实现网络安全措施的一种主要手段，主要是用来拒绝非法用户的访问，阻止非法用户存取敏感数据，同时允许合法用户顺利访问网络资源。

5.2.2　农村远程医疗信息系统的建设

1. 农村偏远地区远程医疗信息服务

（1）农村偏远地区远程医疗的体系建设。

远程医疗领导小组，下设专家指导组、组织宣传组及资金统筹管理组，组织、指导和推进远程医疗应用工作。该组织体系由四级构成。一级：市级三级医院；二级：县（区）级医院；三级：乡镇（街道）卫生院（所）；四级：村（社区）级卫生所。

（2）远程急救。

利用物联网技术实现远程流动急救应急抢救系统不仅能使偏远地区农村急危重症患者得到及时的救治，还可以对缺乏技术力量的各区市县级医院在遇到急重危难患者需要支持时给予最快的援助，通过数字系统将医院急救指挥中心专家与将现场的医护人员联系起来，及时传输和处理现场的各类检查图像和文字信息，使医院指挥中心的专家能够随时了解到急救病人的最新动态，做到边抢救边指挥。遇有特殊的疑难问题，可以随时在急救车上通过互联网申请北京、上海等国内知名专家进行远程会诊，使病人在急救车上得到最佳的抢救治疗后，迅速送到医院进行进一步治疗。

该流动急救应急车装置多用于覆盖偏远地区的医疗救助。此车分技术动力区、手术室和重症监护室三部分,手术室设有远程医疗救助系统,可以与中山医院急救指挥中心信息同步,有助于车上医师接收医院指挥。手术和重症监护室内装有麻醉机、心电监护仪、手术床、西型臂、小型数字超声、基于物联网模式的生命体征采集及条码管理、心肺复苏、外伤处理、静脉输液以及多种药品和敷料等。同时车上还备发电机、医疗气体压缩机、净水储水槽、氧气瓶与麻醉气体等设备,并且可于20分钟内快速组装。车内实现了以"物联网技术和3G网络技术"为核心基于电子病历、病人生命体征采集和监护、手术麻醉、重症监控系统、心电网络系统、PACS系统等的医院信息化平台,方便与医院指挥中心联系沟通,提高流动急救车的效率,让病患和伤者能够及时得到最专业的医疗救治。同时,由于救护车的"小医院化",急救车上的医护人员在车内就能为病患和伤者做手术、监护等急救服务。

(3)远程查房。

农村医疗资源匮乏,医务人员技术水平较低,无法定期查房和对疑难病例、死亡病例进行讨论。针对这种情况,医院通过网络,参与重点病人的医疗查房,疑难病例、死亡病例讨论,实施互动,专家点评指导。

(4)远程检验。

偏远农村没有大型的检查设备,其常规的检验设备简陋,影响了检验能力。针对这种情况,通过班车将标本送至医院,运用数字化手段,农民可以通过远程医疗信息服务平台查询检验结果,极大地方便了农村居民,检验功能得到大幅度提高。

(5)远程预约挂号。

许多农民想找专家看病,就得到城市去,不仅费钱费力,而且到了大城市一头雾水,要找准专家更是难上加难。对此情况采取了农民足不出户在网上看病、预约挂号、住院的形式。

(6)远程培训。

农村医务人员继续教育目前不能够有效地实施,使医疗水平和技术能力相对滞后。医院对其定期进行远程医学继续教育培训,高难度尖端手术通过网络实时转播,让当地医务人员收看手术全程。通过远程继续教育培训使各个乡镇卫生院整体的医疗水平得到提高。

2. 农村远程医疗数据库子系统设计

（1）数据库的数据模型。

农村偏远地区远程医疗数据库为 Oracle。Oracle 是一款性能优越的关系数据库管理系统，具有强大的数据库创建、开发、设计和管理功能，数据的存储是以数据表的实行实现的，系统根据各模块的数据需求，设计了相关数据结构。通过构建农村偏远地区信息系统远程挂号，将医院的信息实现区域共享，解决了之前患者的挂号难，看病难的问题。农村远程医疗数据间的关系错综复杂，其数据的组织直接影响到远程医疗设计系统的效率。即农村远程医疗数据的数据模型是实现远程医疗数据库的核心。在这个数据管理模型中，通过对对象模式中的实例类中的数据进行访问。用户只需接触可视化的对话框或图形化的访问数据的界面，不必了解数据库的访问形式。这样就将存储在系统中的数据安全地封装了起来，有利于数据的维护和管理。

（2）表结构设计。

HIS 信息表在系统中属于医疗信息管理模块，医疗信息管理模块中规定了病人的类型、病人的地域归属、病人的诊断类别。医院在管理体系上是按照科系管理模式，医院对下属临床各科室进行管理，科室对医生和护士进行管理，医生对病人等进行相应管理。HIS 信息表包含病人类型、出生地、工作单位、门诊中西医诊断、入院科室等相关信息，其表结构如表 5-1 所示。

表 5-1　HIS 信息表

字 段 名 称	字段英文名	字 段 类 型	键	能 否 为 空
病人号	PID	NUMBER(10)	P	No
病人类型	TYPE	CHAR(1)	F	Yes
出生地	BIRTHAREA	VARCHAR2(40)		
出生日期	BIRTH	CHAR(1)		
出院科室	OP DEPT	VARCHAR2(20)		
出院情况	OP CASE	CHAR(1)		
出院日期	OP DATE	CHAR(10)		
出院时间	OP TIME	CHAR(23)		

字 段 名 称	字段英文名	字 段 类 型	键	能 否 为 空
工作单位电话	C TEL	VARCHAR2(20)		
工作单位及地址	CORP	VARCHAR2(40)		
挂号流水号	CL REGNO	VARCHAR2(20)		
关系	RELATION	CHAR(4)		
国籍	COUNTRY	CHAR(4)		
婚姻状况	MARRY	CHAR(1)		
联系人	CONTACT	VARCHAR2(20)		
联系人电话	CONT TEL	VARCHAR2(20)		
联系人地址	CONT ADDR	VARCHAR2(40)		
门诊西医诊断	CL EDIAG	VARCHAR2(20)		
门诊中医诊断	CL CDIAG	VARCHAR2(20)		
年龄	AGE	CHAR(10)		
入院科室	IP DEPT	VARCHAR2(20)		
入院情况	IP CASE	CHAR(1)		
入院日期	IP DATE	CHAR(10)		
入院时间	IP TIME	CHAR(23)		
住院次数	IN CNT	NUMBER(2)		
住院号	IP NO	VARCHAR2(20)		

针对 HIS 的执行,需要配合相应的挂号信息来指导其操作方法和操作标准,通过 HIS 信息表和挂号信息表之间的关联来实现。挂号信息表的表结构如表 5-2 所示。

表 5-2　挂号信息表

字 段 名 称	字段英文名	字 段 类 型	键	能 否 为 空
病人号	PID	NUMBER(10)	F	Yes
当日序号	DAY NO	NUMBER(5)		
挂号方式	METHOD	CHAR(1)		
挂号流水号	REG NO	VARCHAR2(20)	P	No
号别代码	REG CODE	CHAR(4)		
就诊标识	DIAG FLAG	CHAR(1)		
科室代码	DEPT CODE	VARCHAR2(20)		
日期	REG DATE	CHAR(10)		
时间	REG TIME	CHAR(23)		

由于挂号预约表因当时挂号的时间、条件和情况不同,其挂号的结果也会有所不同,如表 5-3 所示。

表 5-3 预约挂号信息表

字 段 名 称	字段英文名	字 段 类 型	键	能否为空
班次	SHIFT CODE	CHAR(4)	F	Yes
备注	NOTE	VARCHAR2(40)		
病人号	PID	NUMBER(10)		
号别	REG CODE	CHAR(4)		
看病日期	CL DATE	CHAR(10)	F	Yes
科室	DEPT CODE	VARCHAR2(20)		
时间	BOOK TIME	CHAR(23)	F	Yes
医生	DR CODE	VARCHAR2(20)		
预约方式	METHOD	CHAR(1)	F	Yes
预约号	BOOK NO	NUMBER(10)	P	No
预约人	BOOK OPER	VARCHAR2(20)	F	Yes
状态	STATUS	CHAR(1)	F	Yes

预约挂号经网上确认后,进入就诊流程。在就诊过程中产生各类过程数据记录,这些数据由大量的过程数据表来保存。挂号信息结合其所有过程数据表,就成为一份针对专门病人的挂号预约。

5.2.3 远程医疗系统的管理

1. 质量管理

远程医疗的服务质量是远程医疗能否持续发展、深入到农村、推广到更偏远地区的最重要因素之一。影响服务质量的因素主要有以下几点。

(1) 各级政府以及机构的领导重视,这是保证远程医疗服务质量良好的关键。基层医院领导重视尤其是各级业务部门的领导对远程医疗系统有充分的认识是非常重要的。这需要他们安排得力的管理人员与计算机技术人员密切配合,起到相互沟通、专业互补、发挥各自优势的作用。

(2) 硬件基础设施的建设,这是保证远程医疗服务质量良好的物质基础。搞好系统的基础建设是必不可少的,应加强组织计划,要有计划地投资。作为一个良好的远程医疗服务中心,必须具有良好的软、硬件条件,采用比较先进的硬件设备和远程医疗系统软件。

（3）计算机应用软件的管理,这是保证远程医疗服务质量良好的重要条件。成立远程医疗服务中心,必须依据网络架构、工作任务、性质、上级机关要求和有关规定科学编制工作人员,确定合理的专业结构、人员构成比例和任务区分,健全组织机构,从组织上保证服务质量。同时,制定、完善网络各项规章制度,规范运作。

2. 人员组织管理

远程医疗服务中心至少需要四个方面的人才,即具有跨专业的复合型管理人员、著名专家教授、计算机技术人员以及计算机应用人员。著名专家教授的高水平医疗服务是远程医疗服务的核心,医院首先要遴选远程医疗服务专家。其次,要选拔和使用高级管理人员,他们是既熟悉医疗业务工作,了解计算机和通信技术,又精通管理知识的复合型管理人才,这是提高系统服务效益、效率的重要因素。最后,挑选业务技术骨干。计算机技术本身是高科技,需要有一批能够深入掌握计算机技术、熟悉系统、了解医院情况的技术人员,对远程医疗系统进行技术保障,特别是选好主管远程医疗系统的技术负责人,这对远程医疗系统应用的成败关系甚大。同时,还要有高水平的计算机使用人员。

3. 纠纷防范

远程医疗服务是著名专家教授给远地医师提供诊疗、检查等医疗工作上的咨询、指导和帮助,最终仍然是由经治医院的医师来明确诊断,并参考异地专家的建议采取有关的诊疗措施,从目前的医疗制度、职责、常规和法律法规来看,会诊意见与《医疗护理技术操作常规》规定的会诊方式应该具有同等效力,仅具有参考意义,经治医师仍然具有法律意义上的责任。但是,一旦发生医疗纠纷,会诊专家和会诊医院难免会牵连进去。因此,在目前远程医疗刚刚兴起、法律法规不完善之时,我们要防患于未然,在思想上要有充分准备,在服务中要规范管理,防范在先,预防医疗差错、事故的发生,努力避免引用高科技情况下发生的医疗纠纷。一是要加强对会诊医师、远程医疗工作人员的法律法规教育,制订、完善相应网络的各项规章制度,积极地从制度、法律的角度减少各种纠纷的发生,例如对伤病员的诊治应坚持经治医师负责制。二是要严格管理,严格按照医疗职责、制度、常规办事,做好病例的随访工作。在远程医疗服务过程中我们也要遵循保护性医疗制度,尤其是对患者的病历、影像文件等已经计算机化的有关病史资料更要严格控制,对病历的调阅、借用、使用要严格按照规定办理审批手续。三是要提高保密意识,加强远程医疗系统和服务的安全保密工作,加强申请方登记资料的保管和保密管理,对重要患者、特殊病种进行远程医疗服务时要按照规定办理审批手续,采取相应的安全保密措施。同时,还要加强经济核算和财务管理,避免发生医疗上、经济上和其他有关方面的纠纷。

4. 资料管理

远程医疗系统的资料主要包括会诊医师资料、患者病史资料、登录信息资料、会诊意见或咨询结论材料以及远程医疗服务情况登记资料等图文音影资料。这些资料的收集、整理、登记、复制保存以及保密工作显得尤其重要,急需加强资料的保管、监控和管理,建立远程医疗服务情况的统计数据库如病例数据库等,并与医院病案管理相结合,争取尽早纳入到正规的档案管理工作中。远程医疗在国际上是一种迅速发展的新型医疗保健服务模式,目前还未形成一套完整的质量控制和法律论证体系。因此,远程医疗系统在实际应用中还会遇到新情况、新问题,随着形势的发展,有必要下大力气研究解决新问题,探索新的和更好的管理模式和方法,适应远程医疗工作的需要,进一步完善各项规章制度,使远程医疗服务工作法制化,确保医疗安全,促进医疗卫生事业的发展。

5.3　农村远程医疗的应用

5.3.1　远程预约挂号

1. 浏览主页

登录中南大学湘雅三医院主页(www. xy3yy. com),如图 5-1 所示。

图 5-1　中南大学湘雅三医院网站主页界面

2. 打开预约挂号界面

该挂号系统采用实名制认证,初次挂号的病友,可以通过界面下方"免费注册"链接进入注册界面如图 5-2 和图 5-3 所示,为避免重复挂号和节约医疗资源,需填写病友真实身份证号码和姓名。

图 5-2　中南大学湘雅三医院挂号网站登录界面

3. 免费注册

为了验证注册挂号患者的真实性,需要通过手机验证,填完上述信息后,即可完成注册,输入身份证号码和密码即可登录预约挂号系统,如图 5-4 所示。

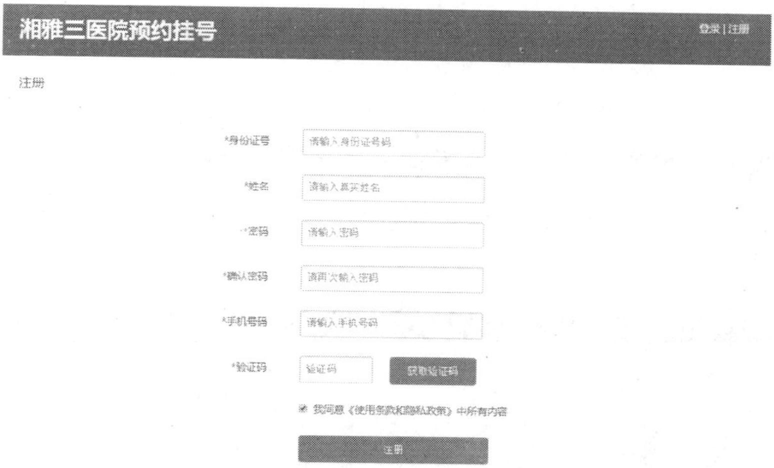

图 5-3　中南大学湘雅三医院预约挂号注册界面

图 5-4　中南大学湘雅三医院预约挂号系统

211

4. 登录预约挂号系统

系统中列出了中南大学湘雅三医院门诊部所囊括的所有就诊科室,患者可以根据自己的就诊需求单击需要就诊的科室,例如单击外科中的"骨科门诊",即可打开骨科门诊中所有在册医师的信息界面,如图 5-5 所示。

图 5-5　中南大学湘雅三医院骨科门诊医师列表

5. 选择就诊医师

医师列表右侧都显示有每位医师可预约的时间,患者可根据自己的时间和医师的知名度选择何时医师预约挂号,例如选择詹瑞森主任医师进行挂号,单击后可显示詹瑞森主任医师的挂号就诊时间,如图 5-6 所示。

图 5-6 中南大学湘雅三医院骨科詹瑞森主任医师界面

例如,选择 9 月 13 日的挂号,显示可供选择的就诊时段和剩余号源,如图 5-7 所示。

就诊时间	剩余号源	操作
08:00~08:30	2	选择
08:31~09:00	3	选择
09:01~09:30	3	选择
09:31~10:00	3	选择
10:01~10:30	3	选择
10:31~11:00	3	选择
11:01~11:30	2	选择

图 5-7 中南大学湘雅三医院骨科詹瑞森主任医师 9 月 13 日就诊时段

6. 付款缴费

患者可根据自己的时间和詹瑞森主任医师剩余号源情况选择合适的时段预约,单击后进入立即挂号界面,如图 5-8 所示,挂号界面上显示了预约詹瑞森主任医师就诊的挂号金额、就诊时间、门诊类型及患者信息等。若没有在湘雅三医院就诊过的患者,可选择"无"诊疗卡号,若曾在该院就诊过的患者,可输入诊疗卡号,这样可直接从诊疗卡上扣款付费。

图 5-8　中南大学湘雅三医院骨科詹瑞森主任医师 10 月 9 日就诊时段

单击"立即挂号"按钮,系统即显示"号源已锁定,请在 30 分钟之内进行支付,完成挂号付费",可选择银行进行网上支付,这样便完成了远程预约挂号。

5.3.2　新湘雅移动远程医疗平台

为了整合整个医疗资源,带动农村医疗快速发展,湘雅三医院立足于服务创新,通过对医疗卫生业务的深入调研,打造基于"互联网＋移动终端＋云计算技术＋专业医疗影像处理技术"的业内首家手机移动端服务的远程医疗合作平台(俗称"医生版微信")。本平台由中南大学湘雅三医院和南京医乐佳医疗科技公司联合研发,即以专业医疗影像处理技术为核心,优化基层医院医生远程会诊申请步骤,医疗数据直接传输,简化会诊前期准备工作,创新性地开发了医生端实时影像交互功能的多平台微信化会诊,在电脑、手机端都能进行远程会诊操作。该平台并不止于远程会诊,双向转诊及预约与之相辅相成。通过专家建议,如需转至上级医院,则可通过该平台的转诊功能打通患者转诊的绿色通道,构建一种基层首诊、双向转诊、急慢分治、上下联动的分级诊疗模式,推进分级诊疗,缓解国内医疗资源分配不均等问题。

所有在册医师通过注册新湘雅移动远程医疗平台后,便可以进行远程会诊,如图 5-9 所示。在该系统中既可以向上级医院请求诊疗求助,上传诊疗疑难病例至云端,也可以在进行远程指导医疗诊断。

图 5-9　新湘雅移动远程医疗平台手机 App 界面

当遇到疑难病例时,可通过将患者 CT、X 光或磁共振影像等相关医疗材料上传至系统,如图 5-10 所示,即时请求上级医院协助诊断,上级医院的系统中实施即时诊断,提供诊断意见。

该系统中的影像可实现与当地医院云同步,时效性强,无须打印影片,不但节约了时间成本和影像制作成本,而且无须患者亲自到上级医院会诊,减轻了重症患者的负担。同时,上级医院可组织专家针对云端影片进行会诊,实时给出诊断建议。

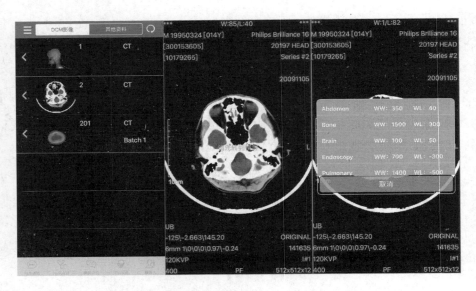

图 5-10　新湘雅移动远程医疗平台远程会诊案例

本 章 小 结

　　本章首先介绍了我国农村医疗的现状、远程医疗的特点和用途、目前远程医疗存在的主要问题及应对措施。之后介绍了我国农村远程医疗终端建设与管理要求，即对关键技术的要求、对系统建设的要求和系统管理的要求。最后以中南大学湘雅三医院为例，介绍了远程预约挂号系统和针对医生设立的移动远程医疗平台系统。

思 考 题

1. 我国农村远程医疗的特点和主要用途有哪些？
2. 我国农村远程医疗最主要的问题有哪些？
3. 针对我国农村远程医疗的问题，可以采取哪些措施？
4. 农村远程医疗的关键技术是什么？
5. 如何对远程医疗系统进行有效管理？

第6章 农村远程教育与培训

学习目标

通过本章的学习,要求同学们能够做到以下几点。

(1)掌握:村民实用技术远程教育培训。

(2)熟悉:农村党员干部现代远程教育、村民文化远程教育培训。

(3)了解:农村远程教育与培训的基本内容、终端系统建设。

知识结构

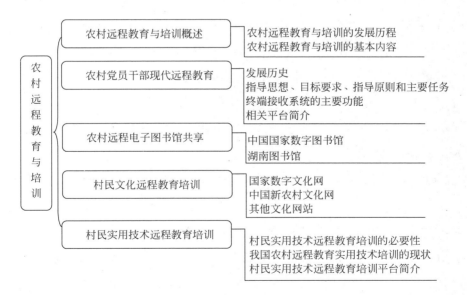

20世纪80年代初,随着农业农村经济改革的实施和乡镇企业的蓬勃发展,农村社会发生了翻天覆地的变化,广大农村基层干部和农民学习科学文化知识、掌握现代生产技术、提高自我发展能力的热情空前高

涨,使本来就十分短缺的农民教育资源更显得捉襟见肘。为了解决这一难题,中国农村远程教育与培训应运而生,它将优质的教育资源制作成教学节目,利用多种形式送教育下乡,弥补了农民教育资源的不足;办学体系从中央一直延伸到乡村,教学形式活泼、直观,直接服务于农业生产;农民可以就地就近参加学习,解决了学习与生产、生活的矛盾;利用远程教育覆盖面广、容量大、不受时空限制、传播快捷的优势,大范围开展农民科技培训,大面积推广农业先进实用技术,大规模培养农村实用人才。实践证明,农村远程教育与培训是符合国情民意、行之有效的农民教育培训形式,深受广大农村干部群众的欢迎。

6.1 农村远程教育与培训概述

6.1.1 农村远程教育与培训的发展历程

1980 年中央农业广播电视学校成立,它通过广播、电视、互联网、卫星网等传输手段,综合采用文字教材、音像教材(录音磁带、VCD、光盘、MP3)、计算机课件、网络课程、报纸杂志等媒体,结合面授辅导和实践教学开展教育培训。经过三十多年的建设,农业广播电视学校已经形成集教育培训、推广服务、科学普及和信息传播等多种功能为一体,覆盖广大农村的完整办学体系,成为我国农业职业教育、农民科技培训和农村实用人才培养的重要基地。

2004 年为贯彻党的十六大精神,落实《国务院关于进一步加强农村教育工作的决定》,教育部决定依托全国广播电视大学系统实施"一村一名大学生计划"。通过现代远程开放教育的形式,集成全国相关高校的教学资源,与"农村中小学现代远程教育计划""农村党员干部现代远程教育试点"以及"中央电大西部地区百所县级电大援助计划"相结合,将高等职业教育延伸到县及乡镇,为农村培养留得住、用得上的技术和管理人才。该项目自中央广播电视大学(现为国家开放大学)组织实施以来,迄今已经十二年,取得了面向农村、面向农民、面向基层远程高等职业教育的巨大突破和成绩,积累了一系列针对农村优秀青年和基层干部学历教育的宝贵经验和模式。现已成为通过远程教育培养农村基层干部、新型职业农民的主要手段。

1. 成立中央农业广播电视学校,形成全国农广校体系

农业管理干部、农业技术人员长期得不到补充,知识老化、人员老化,农村职业技术教育异常落后,广大农业管理干部、技术人员和农民的科学文化素质不高,农业科技知识匮乏,成为制约农业生产发展和农民收入增加的最大障碍。党的十一届三中全会后,于1980年12月12日,国家农委、中国科协、教育部、共青团中央、全国妇联、中央广播事业局、中央人民广播电台、农业部、农垦部、中国农学会联合举办了由农业部主管的以广播和辅导教材为主要远程教育手段的中央农业广播学校,通过中央人民广播电台向全国播出具有中等专业水平的农业技术基础课程。中央农广校成立后,大大缓解了农民教育培训资源不足的矛盾,得到了各级党委政府的高度重视和支持,全国各地纷纷成立农广校,迅速形成了独具特色的覆盖全国的农广校办学体系。

(1) 多部门联合办学的领导体制。

中央农广校的最高组织机构是中央农广校领导小组。目前,领导小组由中组部、国家发改委、财政部、教育部、人社部、国家卫计委、广电总局、国家林业局、国务院扶贫办、团中央、全国妇联等21个部门共同组成,由农业部部长任领导小组组长。领导小组负责决定学校的办学方向和建设发展中的重大问题。各省、市、县级农广校遵循中央农广校的领导体制,也成立相应的领导机构,农广校已成为各行各业面向"三农"的公共服务平台。

(2) 中央、省、地、县、乡完整的办学体系。

中央农广校成立之后,各省、自治区、直辖市和所属地、县直至乡镇,陆续组建成立了各级农广校和基层教学班。截止到2009年,以中央农广校为龙头的全国农广校系统,共拥有1所中央校、39所省级校(含农垦、林业、森林工业)、346所地(市)级分校、2124所县级分校、12 000多个乡镇教学班,专兼职教师近10万人。

（3）有统有分、统分结合的教学管理机制。

中央农广校负责设置具有普遍性、基础性、通用性的全国统开专业，通过国家级的广播电台和电视台向全国播放教学节目。省级农广校根据本省情况，选开中央农广校的统开专业，并根据本省农业农村经济特点，设置地方性专业。地区分校负责学员的学籍管理、辅导教师培训、试卷阅评，并结合本地区实际组织实施农业实用技术培训项目。县级农广校负责在乡镇或村组建教学班，组织学员自学、收听、收看和集中辅导、实验实习、考试考核，落实教学环节。

（4）短期培训、中高等职业教育、合作高等教育相结合的多种办学层次。

中央农广校建校之初，主要开展单一的农业基础知识培训，随着农业农村经济发展，为了适应农民不同层次的教育培训需求，办学逐渐涵盖了中等职业教育、中专后继续教育（大专层次）、合作高等教育，组织开展了农村实用技术培训、绿色证书培训、青年农民科技培训、新型农民科技培训、农村劳动力转移培训、职业技能鉴定等多种形式的农民培训。

2.“一村一名大学生计划”

“一村一名大学生计划”就是利用现代远程教育技术，通过中央广播电视大学及全国广播电视大学系统，并集成全国农业高校和相关高校优质教育资源及实用技术课件，通过采用广播、电视、卫星、互联网等现代远程教育技术手段，利用全国已建成或正在建设的中小学信息技术教育站（点）、农村党员干部教育站（点），将高等教育输送到县和中心乡镇的学习点，在农村以中央广播电视大学的高职教育为主，培养高等职业技术教育层次的农村实用科技人才和管理人才。

针对农村成人学习的特点，教育部为实施“一村一名大学生计划”制定专门的政策。计划单列，注册入学，不转户口，就地上学，自主学习，累计学分，修满规定的学分可颁发国家承认的学历文凭。“一村一名大学生计划”招收对象主要面向具有高中（含职高、中专）毕业或具有同等学历的农村青年，鼓励复员退伍军人、农业科技示范户、村干部以及乡镇企业或龙头企业带头人、科技致富能手参加学习，根据农业生产特点和解决农民学生工学矛盾,农村大学生的培养主要采用电视教学、网络教学、集中面授、个别辅导、学习小组等相结合的方式开展教学,并改革现行考试办法和建立系列证书管理制度,实现学历教育与非学历教育的沟通与衔接。

1) 国家出台的政策支持

"三农"(即农业、农村、农民)问题在社会主义现代化建设的进程中一直都是重中之重,中共中央在 1982 年至 1986 年连续五年发布以"三农"为主题的中央一号文件,对农村改革和农业发展作出具体部署。

2003 年 9 月 17 日,《国务院关于进一步加强农村教育工作的决定》(国发〔2003〕19 号)颁布,提出"坚持为'三农'服务的方向,大力发展职业教育和成人教育,深化农村教育改革"。

2004 年初,中央又发布了改革开放以来的第六个关于"三农"的中央一号文件——《中共中央国务院关于促进农民增加收入若干政策的意见》,昭示着我国农村经济和农村社会发展又处于一个新的阶段。为了响应时代提出的新要求,把我国农村丰富的人力资源转化为雄厚的人才资源,以适应和加速农业经济和农村社会的新发展,教育部在 2004 年 2 月 10 日公布的《2003—2007 年教育振兴行动计划》中第一部分就是要"重点推进农村教育发展与改革",其中提出要"开展农村成人教育,促进'农科教'结合",要"推进'一村一名大学生计划',为农业科技推广、农村教育培训作出贡献"。可以说"一村一名大学生计划"是教育部围绕农村改革发展,稳定大局,服务"三农",探索利用现代远程教育手段将高等教育资源送到乡村的人才培养模式的一个重要载体。

教育部"一村一名大学生计划"启动一年后,2005 年 6 月 28 日教育部办公厅印发了《关于推进中央广播电视大学实施"一村一名大学生计划"的通知》(教高厅〔2005〕3 号文件),文件要求充分认识实施"一村一名大学生计划"的重要意义,各地教育行政部门要采取切实措施支持"一村一名大学生计划"的实施,为计划的实施提供必要的政策和经费支持。广播电视大学要把为农业、农村、农民服务作为电大发展的重要战略,认真做好"一村一名大学生计划"的组织实施工作。文件的印发,为电大争取政府支持,开展试点提供了政策支持。

2006 年,中央一号文件《关于推进社会主义新农村建设的若干意见》提出按照生产发展、生活宽裕、乡风文明、村容整洁、管理民主的要求,协调推进农村经济建设、政治建设、文化建设、社会建设和党的建设。要大规模开展农村劳动力技能培训。提高农民整体素质,培养造就有文化、懂技术、会经营的新型农民,是建设社会主义新农村的迫切需要。

2007 年 1 月 29 日,中央一号文件《中共中央国务院关于积极发展现代农业扎实推进社会主义新农村建设的若干意见》下发,文件提出,发展现代农业是社会主义新农村建设的首要任务,要求用培养新型农民发展农业。中央关于推进社会主义新农村建设的伟大事业为电大在实施"一村一名大学生计划"获得发展创造了大环境,提供了历史机遇。

2007 年 3 月 7 日教育部印发了《教育部关于推进高等农林教育服务社会主义新农村建设的若干意见》(教高〔2007〕6 号文件),要求全国各级教育行政部门和有关高等学校进一步深化教育改革,全面推进高等农林教育服务社会主义新农村建设,进一步推动"一村一名大学生计划"。

2008 年中央一号文件《中共中央国务院关于切实加强农业基础建设进一步促进农业发展农民增收的若干意见》,这个文件提出了 2008 年和今后一个时期农业和农村工作的总体要求。要求大力培养农村实用人才,组织实施新农村实用人才培训工程。

2008 年 10 月 12 日,党的十七届三中全会闭幕,会后发布了《中共中央关于推进农村改革发展若干重大问题的决定》。文件提出要大力办好农村教育事业。发展农村教育,促进教育公平,提高农民科学文化素质,培育有文化、懂技术、会经营的新型农民。要求加强远程教育,及时把优质教育资源送到农村。

2010 年中央一号文件《中共中央国务院关于加大统筹城乡发展力度进一步夯实农业农村发展基础的若干意见》,这个文件提出要积极开展农业生产技术和农民务工技能培训,整合培训资源,规范培训工作,增强农民科学种田和就业创业能力。

2012 年中央一号文件《关于加快推进农业科技创新持续增强农产品供给保障能力的若干意见》指出,加强教育科技培训,全面造就新型农业农村人才队伍。大力培训农村实用人才。以提高科技素质、职业技能、经营能力为核心,大规模开展农村实用人才培训。大力培育新型职业农民,对未升学的农村高初中毕业生免费提供农业技能培训。

2013 年中央一号文件《中共中央、国务院关于加快发展现代农业进一步增强农村发展活力的若干意见》提出鼓励和支持承包土地向专业大户、家庭农场、农民合作社流转。其中,"家庭农场"的概念是首次在中央一号文件中出现。

教育部"一村一名大学生计划"实施后的一系列中央文件的颁布,对试点工作开展的大环境以及相关扶助政策的出台起到了不可忽视的推动作用。

2) 机构设置与运行机制

国家开放大学设立教育部"一村一名大学生计划"办公室,全面负责该项目的研究、组织与协调工作。按照专业或课程类别,教学工作分别由国家开放大学农林医药教学部、文法教学部、经济管理教学部、理工教学部、教育教学部、外语教学部以及共建共享课程或专业单位北京开放大学、湖南电大、浙江电大和福建电大负责。

各试点省级电大(分部)针对"一村一名大学生计划"试点项目,管理运行方式各有不同,主要有以下三种方式。

(1) 负责"一村一名大学生计划"试点项目的专门机构,全面负责本省试点项目的实施和推进,负责教学管理与教学指导及协调工作,同时积极争取政策支持。例如,湖南电大的"一村一名大学生计划"办公室、浙江电大的"农民大学生培养项目"办公室、湖北电大"一村一名大学生计划"协调办公室和云南开放大学(原云南广播电视大学)"一村一名大学生计划"项目办公室。但是,随着办学逐步常规化,2011 年浙江电大成立了农学院,并赋予相关职能和政策,2012 年湖南电大成立了农医教学部,仍然负责其教学和协调工作。

(2) "一村一名大学生计划"试点项目工作纳入本省开放教育教学

管理中,管理运行方式等同于开放教育。具体根据办学和教学管理权限不同,可分为以下几种情况。

- 由教务处或开放学院等开放教育管理部门牵头负责,主要承担试点项目的管理职能。江西电大、安徽电大、广东电大、青海电大、武汉电大、河北电大等。

- 由农学院、农村教育学院或农教学院等教学部门牵头负责,主要承担试点项目的教学职能。教务处、招生办、教学督导等部门负责试点项目的教学管理、招生及其他相关工作,各部门各司其职,共同管理。例如,山西电大、内蒙古电大、青岛电大、天津电大等。

- 由招生与系统建设办牵头负责,主要承担试点项目的招生工作。例如,山东电大、哈尔滨电大、安徽电大等。

(3)开放教育以外的部门如继续教育学院、燎原学校、奥鹏管理中心等牵头负责,承担本省试点项目的管理职能,同时依托开放教育相关部门实施教学管理。例如,福建电大、贵州电大、西安电大、江苏开大、南京电大等。

3)专业开设和课程设置

在专业划分上,实行以职业岗位群为主兼顾学科分类的原则,体现了高等职业教育的特色。在专业设置上,截至 2016 年春季,"一村一名大学生计划"陆续开设有农村发展需要的五大科类共 17 个专业。包括农业技术类 7 个专业,设施农业技术、园艺技术、作物生产技术、茶叶生产加工技术、中草药栽培技术、烟草栽培技术、观光农业;林业技术类 2 个专业,林业技术、园林技术;畜牧兽医类 2 个专业,畜牧兽医、畜牧;农林管理类 5 个专业,农村行政管理、农业经济管理、乡镇企业管理、农村信息管理、家庭农场经营管理;轻纺食品类 1 个专业,食品加工技术。

在课程设置上,按照课程开放的理念,搭建由农业技术类、林业技术类、畜牧兽医类和农林管理类及其与农业有关的食品类为主要体系的课程平台作为构建专业的基础,注重学历教育与非学历教育、实用技术教育结合，并实行学分制管理。截至 2016 年秋季，国家开放大学"一村一名大学生计划"已开设有 123 门课程。

4）试点教学点和招生情况

"一村一名大学生计划"自 2004 年秋季正式启动实施以来，截至 2016 年春季，在十二年的实施中，参与试点的省级电大（分部）和教学点范围不断扩大，招生数量不断增长。教学点规模由最初的 68 个快速增长，截至 2016 年春季，已有 42 所省级电大（分部）和所属的试点教学点 1379 个参加了试点。参加试点的省级电大（分部）有北京、天津、河北、山西、内蒙古、辽宁、沈阳、大连、吉林、长春、黑龙江、哈尔滨、江苏、南京、浙江、宁波、安徽、福建、厦门、江西、山东、青岛、河南、湖北、武汉、湖南、广东、广州、广西、海南、四川、成都、重庆、贵州、云南、陕西、西安、甘肃、青海、宁夏、新疆、兵团电大。从 2004 年秋季至 2016 年秋季，"一村一名大学生计划"共进行了 24 次招生。截上到 2016 年秋季，累计招生547 731 人，如图 6-1 所示。

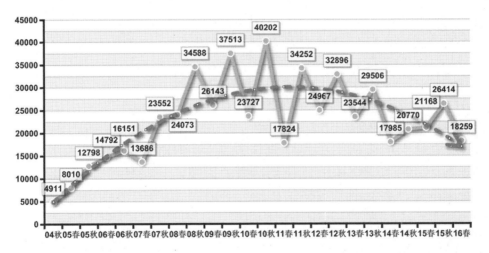

图 6-1 "一村一名大学生计划"各学期累计招生人数（2004 年秋至 2016 年春）

3. 现代远程教育的概念和特点

现代远程教育是以计算机、多媒体、现代通信等信息技术为主要手段，将信息技术和现代教育思想有机结合的一种新型教育方式，是构筑知识经济时代人们终身学习体系的主要手段。现代远程教育也是指通过音频、视频（直播或录像）以及包括实时和非实时在内的计算机技术把课程传送的教育。现代远程教育是随着现代信息技术的发展而产生的一种新型教育方式。计算机技术、多媒体技术、通信技术的发展，特别是因特网（Internet）的迅猛发展，使远程教育的手段有了质的飞跃，成为高新技术条件下的远程教育。现代远程教育是以现代远程教育手段为主，兼容面授、函授和自学等传统教学形式，多种媒体优化组合的教育方式。现代远程教育具有如下特点。

1）开放性

以互联网络和多媒体技术为主要媒介的现代远程教育，突破了学习空间与时间的局限，赋予了现代远程教育开放性的特点。现代远程教育不受地域的限制，提供的是师生异地同步教学，教学内容、教学方式和教育对象都是开放的，学习者不受职业、地区的限制；现代远程教育不受学习时间的限制，任何人任何时间都可以接收需要的教育信息，获得自己需要的教育内容，实现实时和非实时的学习。现代远程教育的开放性特征，还带来了远程教育大众普及性的特点，教育机构能够根据受教育者的需要和特点开发灵活多样的课程，提供及时优质的培训服务，为终身学习提供了支持，有利于学习型社会的形成，具有传统教育不可比拟的优势。

2）技术先进性

远程教育的实现依靠先进的技术支撑。现代远程教育的技术支撑是以计算机技术、软件技术、现代网络通信技术为基础的，数字化与网络化是现代远程教育的主要技术特征。

3）自主灵活性

现代远程教育的特点之一是以学生自学为主、教师助学为辅。它能满足受教育者个性化学习的要求，给受教育者以更大的自主权。它改变了传统的教学方式，受教育者可以根据自己选择的方式去学习，使被动地接受变成主动的学习，把传统的以"教"为主的教学方式，改变为以"学"为主，体现了自主教学的特点：一方面受教育者可以自主选择学习内容，同时它也可以针对不同的学习对象，按最有效的个性化原则来组织学习,根据教育对象的不同需要和特点,及时调整教学内容,做到因材施教;另一方面,受教育者可以灵活自主地安排时间进行学习,不受传统教学方式时间固定的限制。

4)资源共享性

现代远程教育利用各种网络给学习者提供了各种丰富的信息,实现了各种教育资源的优化和共享,打破了资源的地域和属性特征,可以集成利用人才、技术、课程、设备等优势资源,以满足学习者自主选择信息的需要,使更多的人同时获得更高水平的教育,提高了教育资源使用效率,降低了学习成本。

4. 应用现代传播媒体技术

远程教育以教学媒体的应用为特征,其技术发展主要经历了 3 个阶段:第 1 阶段(1981—1987),在纸质印刷媒体的基础上,以广播媒体为主要教育技术手段开展远程教育;第 2 阶段(1987—2000),在广播媒体的基础上,发展电视媒体作为教育技术手段开展远程教育;第 3 阶段(2000 年至今),以计算机技术和网络技术为主要技术手段开展远程教育。

1)印刷教材

在广大农村,农民的信息渠道相对狭窄,印刷媒体价廉易得、使用方便、易于携带。在我国农村远程教育实践中,印刷媒体应用相当普及,并作为一种教学手段,存在于各个远程教育发展阶段。中央农广校的印刷教材包括文字教材、教学辅导材料、报纸、杂志等。文字教材,注重知识的阐述和讲解,理论与实践的结合。教学辅导材料则注重引导学习者理论联系实际,提高解决实际问题的能力。

2)广播媒体

1981 年 7 月 13 日,中央农广校的录音课程在中央人民广播电台开播。1999 年 4 月,中央农广校在中央人民广播电台推出了农业科技推广新栏目——《致富早班车》,介绍农民急需的农业新技术、新品种和新成果,同时也对农产品市场供求及发展前景进行分析预测,深受农民喜爱。2002 年,中央农广校开展了"大喇叭进村入户工程"试点项目,把

《致富早班车》栏目的教学内容通过录音带发送到不能接收无线广播信号的村,供农民学员直接收听。

3）电视媒体

1987 年,中央农广校开始在中央电视台第二套节目播出。1995 年 11 月,中央电视台第七套节目农业频道开通后,中央农广校先后开辟了《绿证园地》栏目和《农广天地》栏目,播出农广校课程和各种农业实用技术节目,满足不同层次的学习者对科技知识的需求。1999 年起,中央农广校开始利用数字压缩技术制作各类农村实用技术和专业课程的 VCD 光盘。

4）网络媒体

2000 年 5 月 29 日,中国农村远程教育网正式运行,启动了全国农广校体系运用现代网络媒体开展办学的工作。截止到 2009 年,全国有 33 个省级农广校开通了统一域名的互联网站,共同搭建了中国农村远程教育平台,依托这个平台,发布农民教育培训信息,协调农广校系统工作,实现农民远程教育的信息电子化传播,并在网上开辟了在线学习区。另外,中央农广校还建成了以教育培训功能为主的卫星网络系统,在全国建有 360 个卫星终端接收站。远端学习者可利用多媒体培训教室、网络教室和个人计算机进行学习,并通过不同方式进行交互学习。同时,培训内容制作成流媒体课件传输给远端站,供学习者进行自主学习和协作学习。

6.1.2　农村远程教育与培训的基本内容

1. 农村党员干部现代远程教育

开展农村党员干部现代远程教育,是落实"让干部经常受教育,使农民长期得实惠"的一个重要载体,是用先进文化武装农村党员干部、促进先进生产力发展的一件大事,是加强党的建设新的伟大工程的一项创新工程,是建设学习型政党和学习型社会的一项基础工程,也是教育培训农村党员干部、造福亿万农民群众的一项富民工程、素质工程。

2. 农村远程电子图书馆共享

数字图书馆是用数字技术处理和存储各种图文并茂文献的图书馆，实质上是一种多媒体制作的分布式信息系统。它把各种不同载体、不同地理位置的信息资源用数字技术存储，以便于跨越区域、面向对象的网络查询和传播。它涉及信息资源加工、存储、检索、传输和利用的全过程。通俗地说，数字图书馆就是虚拟的、没有围墙的图书馆，是基于网络环境下共建共享的可扩展的知识网络系统，是超大规模的、分布式的、便于使用的、没有时空限制的、可以实现跨库无缝链接与智能检索的知识中心。

3. 村民文化远程教育培训

文化部、财政部、中央文明办共建共享工程基层站点"数字图书馆—促进知识的有效应用"共享工程，采用现代信息技术，对全国现有各门类的文化信息资源进行数字化处理和加工整合，并通过覆盖全国的文化信息资源网络传送到城市社区、农村乡镇、边防哨所等广大基层单位，实现优秀文化信息资源在全国范围内的共建共享。既结合了乡村远程教育，又把农村资源配置进行了智力的调整与平衡。例如，解决了农村文化娱乐的困乏，丰富了农民外出务工的信息，支持了本土村民经济发展的技术，引领了乡土文化艺术潮流，传播了经典而优秀的中华文化艺术等。

4. 村民实用技术远程教育培训

农村远程教育在农业应用技术培训中具有多种积极作用，它降低农民学习的门槛，克服时空限制，注重农业应用技术更新，在农技培训的形式上更加灵活自由，符合农民的学习习惯和特点，极大丰富农村教育资源，提高农民学习的积极性，提升农民的农业技术水平，为培养新型职业农民奠定基础，不断增强我国农业发展能力。

6.2 农村党员干部现代远程教育

农村党员干部现代远程教育，是现代远程教育手段在农村党员干部教育培训上的应用，是科技发展和党的建设在新形势下相结合的一种新型教育模式。

6.2.1　现代远程教育的发展历史

十七大报告第 12 大部分改革创新精神，全面推进党的建设新的伟大工程中的第五个问题，全面巩固和发展先进性教育活动成果，着力加强基层党的建设时提出，在全国农村普遍开展党员干部现代远程教育。

如何实现时任总书记胡锦涛提出的让干部经常受教育，使农民长期得实惠的要求，成为中央领导同志关注的一个重要议题。因此，有关专家向中央领导建议在农村开展党员干部现代远程教育。开展农村党员干部现代远程教育，是着力解决"三农"问题的重大决策。"三农"问题是党和政府当前全部工作的重中之重，关系到全面建设小康社会目标的实现，关系到党的执政基础的巩固。解决"三农"问题关键是人，是要造就一支高素质的农村党员干部队伍。同时，还要提高农民的素质。通过现代远程教育这一载体，分层次、有计划、持久地对农村党员干部和农民群众进行教育、培训，必将大幅度提高农村党员干部和农民群众的整体素质，造就一支以农村党员干部为骨干的农村人才队伍，从而促使"三农"问题从根本上得到解决。

1. 先期试点阶段

2003 年年初，有关专家致信时任中央政治局常委曾庆红，建议借助现代远程教育手段，对农村基层党员干部进行经常性的教育和培训，这一情况引起了中央的高度重视。

2003 年 4 月，曾庆红同志和中央有关部门的一些同志就此事赴贵州、湖南、山东三省展开深入调研。

2003 年 6 月，全国农村党员干部现代远程教育试点工作领导协调小组成立。

2003 年 7 月，中组部下发了《农村党员干部现代远程教育试点工作方案》，明确了试点工作在山东、湖南和贵州三省进行。从 2003 年 6 月开始,到 2004 年 12 月结束。

2003 年 10 月,时任总书记胡锦涛在党的十六届三中全会上再次强调,要抓好农村党员干部现代远程教育试点工作。

至 2004 年底,先期试点工作顺利结束。

2. 扩大试点阶段

从 2005 年初至 2006 年底,试点省区扩大到山西、辽宁、吉林、黑龙江、江苏、浙江、河南、四川省和新疆维吾尔自治区 9 省区。

3. 全面推开阶段

2007 年初,在总结试点经验的基础上决定在全国农村普遍开展这项工作。党的十七大把"在全国农村普遍开展党员干部现代远程教育"写入大会报告。

2007 年 7 月 4 日,中共中央办公厅印发《关于在全国农村开展党员干部现代远程教育工作的意见》,自此全国农村普遍开展党员干部现代远程教育工作。

6.2.2 指导思想、目标要求、指导原则和主要任务

1. 指导思想

以邓小平理论和"三个代表"重要思想为指导,深入贯彻落实科学发展观,以建设社会主义新农村为主题,以提高农村基层干部能力和保持农村党员队伍的先进性为重点,围绕中心,服务大局,建立健全农村党员干部现代远程教育网络体系,大规模培训农村党员干部和农民群众,大幅度提高农村党员干部和农民群众的素质,为建设社会主义新农村提供思想政治保证、精神动力和人才支持。

2. 目标要求

(1)农村党员作用充分发挥。

广大农村党员学习实践"三个代表"重要思想和深入贯彻落实科学发展观的坚定性进一步增强,保持共产党员先进性的自觉性进一步增

强,带头致富、带领群众共同致富的本领进一步增强,在建设社会主义新农村中充分发挥先锋模范作用。

（2）农村干部能力不断增强。

广大农村基层干部执行政策的能力、加快发展的能力、服务群众的能力、依法办事的能力、科学管理的能力和解决自身问题的能力进一步提高,在建设社会主义新农村中充分发挥骨干带头作用。

（3）农民整体素质不断提高。

培养造就一大批掌握先进适用农业科技知识和技能、具有创业致富本领的实用人才和新型农民,使越来越多的农民成为有知识的文化人、讲道德的文明人、懂技术的内行人、会经营的明白人,在建设社会主义新农村中充分发挥主体作用。

（4）农村基层组织得到加强。

推动大多数农村基层党组织实现领导班子好、党员干部队伍好、工作机制好、小康建设业绩好、农民群众反映好的目标,在建设社会主义新农村中充分发挥领导核心和战斗堡垒作用。以村党组织为核心的村级组织配套建设进一步加强,党在农村的执政基础进一步巩固。

3. 指导原则

（1）整合资源,共建共享。

充分整合利用各系统各部门现有的基础设施、教学资源、管理队伍、师资力量、站点场所、技术和资金等资源,特别是要充分利用农村中小学现代远程教育的各种资源,共同建设,多方共享,避免重复建设。

（2）因地制宜,稳步推进。

坚持实事求是,从实际出发,区分不同情况,量力而行,逐步推进,把工作的力度、推进的速度与当地经济发展水平和财政承受能力统一起来,不增加农民负担。

（3）建管并重,学用结合。

把教学平台建设、终端站点建设、教学资源开发与教学组织管理结合起来,把教育培训与实际运用结合起来,确保农村党员干部现代远程教育网络发挥最大效益。

（4）以人为本，务求实效。

农村党员干部现代远程教育站点，既要组织农村党员干部学习，又要鼓励欢迎广大农民群众收看。

（5）积极探索，勇于创新。

积极探索农村党员干部现代远程教育的规律，改进方式，更新内容，不断推进农村党员干部现代远程教育的理论创新、实践创新、管理创新和制度创新。

4. 主要任务

（1）建设农村党员干部现代远程教育教学平台。

建立一个农村党员干部现代远程教育"天地网合一"的教学平台。天网主要依靠中国教育卫星宽带传输网（辅以中央党校卫星远程教育网），开通农村党员干部现代远程教育卫星数字专用频道；地网主要依托互联网和有线电视网，构建农村党员干部现代远程教育辅助教学网络。

（2）建设农村党员干部现代远程教育终端站点。

建设一批乡镇、村党员干部现代远程教育终端接收站点。

（3）开发农村党员干部现代远程教育多种媒体教学资源。

建设一个农村党员干部现代远程教育多种媒体教学资源开发与应用系统。

（4）建立农村党员干部现代远程教育骨干队伍。

建立一支农村党员干部现代远程教育教学、管理和技术服务队伍。

（5）建立科学规范的农村党员干部现代远程教育工作机制。

建立一个农村党员干部现代远程教育工作机制。建立农村党员干部现代远程教育教学模式、管理模式、激励约束机制和质量评估体系；建立农村党员干部现代远程教育信息管理系统。

6.2.3 终端接收系统的主要功能

农村党员干部现代远程教育接收系统通过 1.2 米抛物面天线直接

接收来自亚太 6 号卫星发射的教育节目信号,信号通过天线收集放大,数据专用高频头放大变频为中频信号,通过功分器分为两路,一路送入数字卫星接收机解调出音视频信号给电视机;另一路送入到计算机内的数据接收卡。

1. 端接收站点的组成

(1)节目基本传输途径:前端播出→亚太 6 号卫星→卫星地面接收天线→计算机→电视机。

(2)组成部分。

- 室外单元,(1.2 米 Ku 频段整体偏馈式)卫星天线→高频头→同轴电缆→功分器(分成 2 路)。
- 室内单元,卫星数字接收机→计算机→卫星数据接收卡→VGA分配器电视机。

2. 端接收站点的功能

(1)终端接收站点能收到的频道类型。

目前,终端接收站点能收到中央网台的 IP 电视频道、IP 流媒体、IP课件(党员干部培训)、IP 信息(党员干部信息)频道。中央网台还计划开通普通电视和语音广播频道。

(2)终端接收站点能实现的功能。

- 接收、播放中央网台的 IP 流媒体节目。
- 接收、播放、存储、回放中央网台的 IP 课件、IP 信息频道节目的IP 课件、卫星网站节目。
- 接收播放中央网台的普通电视节目和语音广播节目。
- 联机互联网。

(3)农村党员干部现代远程教育频道主要播出的节目类型。

目前,中央网台播出的节目主要有:政治理论、政策法规、市场经济知识、经营管理知识、市场信息、农村先进实用技术、农村卫生、计划生育、科普知识、文化体育、典型经验等。山东网台播出的节目主要有:政

农村信息化管理

234

治理论、党课辅导、党建经纬、党员风采、政策法规、实用技术、专家访谈、致富向导、就业技能、经营管理、农村卫生、计划生育、科普知识、环球农业、文化体育、乡村剧场等栏目。

6.2.4 相关平台简介

1. 全国农村党员干部现代远程教育网

网址为 http：//dj．zj．vnet．cn/hw/♯，界面如图 6-2 所示。

图 6-2 全国农村党员干部现代远程教育网

2. 全国党员干部现代远程教育网

网址为 http：//www．dygbjy．gov．cn：8008/index．html，界面如图 6-3 所示。

图 6-3 全国党员干部现代远程教育网界面

3. 全国党员干部现代远程教育网

手机客户端界面如图 6-4 所示。

图 6-4　手机客户端界面

4. 全国党员干部现代远程教育

社区版界面如图 6-5 所示。

图 6-5　社区版界面

5. 全国农村党员干部现代远程教育专用频道接收软件

全国农村党员干部现代远程教育专用频道接收软件如图 6-6 所示。

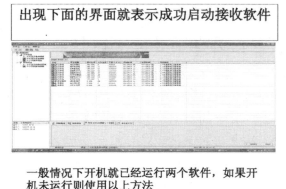

图 6-6　教育专用频道接收软件界面

6. 国家开放大学大学生村官学习网

国家开放大学大学生村官学习网界面如图 6-7 所示。

图 6-7　国家开放大学大学生村官学习网界面

6.3　农村远程电子图书馆共享

数字图书馆是传统图书馆在信息时代的发展,它不但具有传统图书馆的功能,向社会公众提供相应的服务,还融合了其他信息资源(如博物馆、档案馆等)的一些功能,提供综合的公共信息访问服务。可以说,数字图书馆将成为未来社会的公共信息中心和枢纽。信息化、网络化、数字化,这一连串的名词符号其根本点在于信息数字化;同样电子图书馆、虚拟图书馆、数字图书馆,不管用什么样的名词,数字化也是图书馆的发展方向。

6.3.1　中国国家数字图书馆

国家图书馆为注册读者提供了涵盖了图书、期刊、报纸、论文、古籍、工具书、音视频、数值事实、征集资源等多种类型的数字资源在线服务。在您注册后,便可通过国家图书馆门户网站获得丰富的数字资源服务。

国家图书馆联合国内多家公共图书馆推出"数字图书馆移动阅读平台"。该平台定位于移动阅读,集合 4 万余册电子图书资源、上千种电子期刊以及各地图书馆分站的优质特色数字资源,为用户免费提供随时随地随身的阅读体验。

1. 中国国家数字图书馆相关网址

互联网网址为 http://www.nlc.gov.cn/,首页界面如图 6-8 所示。

数字图书馆移动阅读平台网址为 http://m.ndlib.cn/,首页界面如图 6-9 所示。

2. 读者门户登录注册

由于版权需要,某些资源只对实名读者开放,读者进行实名认证后可以得到更多的数字资源访问权限。在本系统注册的用户,注册成功后,即可登录系统。

图 6-8 中国国家数字图书馆主页界面

图 6-9 数字图书馆移动阅读平台界面

系统为用户提供了在线实名认证的方式,并开放了两种实名认证的途径,一种是读者可以在首次注册时,填写个人信息后,选择继续进行实名认证;另一种是读者身份为非实名注册用户(包括原读者管理系统注册用户和首次注册未选择实名认证的用户），登录系统后，单击"我的数字图书馆"按钮，选择修改"个人资料"，单击"申请实名认证"按钮。

互联网读者门户登录注册界面如图 6-10 所示。

图 6-10　互联网读者门户登录注册界面

数字图书馆移动阅读平台用户登录注册界面如图 6-9 右侧图所示。

3. 馆藏目录检索

检索馆藏书目记录，查看单册的馆藏信息、流通信息等。可在主页检索栏中直接输入检索关键词，选择合适检索资源类型后，单击检索按钮即可，或单击馆藏目录检索进入联机公共目录查询系统进行检索，其检索界面和检索结果如图 6-11 和图 6-12 所示。

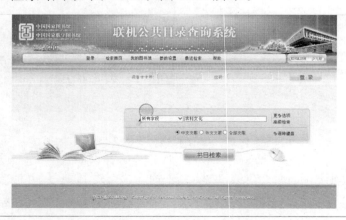

图 6-11　馆藏书目检索界面

图 6-12 馆藏书目检索结果界面

4. 中国国家数字图书馆主要服务内容

中国国家数字图书馆主要服务内容包括图书、期刊、报纸、论文、古籍、音乐、影视和缩微,如图 6-13 所示。单击相关内容按钮打开相应链接即可进行相关内容查找(需要安装 PDF 阅读器),示例如图 6-14、图 6-15 和图 6-16 所示。

图 6-13 中国国家数字图书馆主要服务内容图标

图 6-14 中国国家数字图书馆古籍资源库

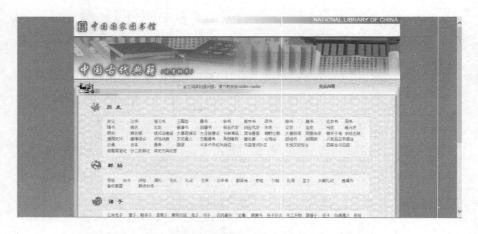

图 6-15　中国国家数字图书馆古籍资源库中国古代典籍

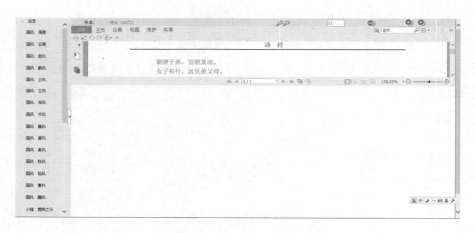

图 6-16　中国国家数字图书馆查看诗经内容界面

5．其他栏目

包括在线讲座、在线展览、文艺演出等。

（1）在线讲座。

国图讲座是国家图书馆面向社会,面向大众推出的双休日学术文化系列讲座。保存我国优秀古代文化典籍,培养中华文化传人,使文明薪火代代相传,发挥继续教育和社会教育的功能,是国家图书馆神圣而重要的使命。早在 20 世纪 50 年代,在文津街七号,一流学者的公益性学术讲座,启迪众多年轻学子,使他们走上学术研究道路。今天,在全球信息化时代,中华民族古老文明作为现代文明的源头越来越受到重视,也吸引了更多的人从中寻找现代文明发展的动力。以国图宏富的馆藏为基础,加之学术界的广泛支持,主讲人或为德高望重、岳峙渊清的学界前辈,或为风华正茂、学术精到的学术中坚,国内外著名专家学者莅馆开讲,深入浅出地讲授他们毕生研究的精华。作为中华民族优秀文化典籍的收藏单位,面向公众推出精选的国图讲座视频资源,期望让更多的优秀文化为大众所共享(注意,请用 Microsoft Windows Media Player 播放视频),界面如图 6-17 所示。

图 6-17 中国国家数字图书馆在线讲座界面

(2)在线展览。

可以查看提供的成果展、艺术展等在线展览内容,界面如图 6-18 所示。

图 6-18 中国国家数字图书馆在线展览界面

6.3.2　湖南图书馆

湖南图书馆网址为 http://www.library.hn.cn，界面如图 6-19 所示。手机版网址为 http://wap.library.hn.cn/。湖南图书馆是国家举办的省级综合性公共图书馆，现有藏书 340 余万册，其中中文普通图书 170 余万册，中文报刊近 40 万册，古旧文献 80 余万册，外文文献 36 万余册。馆藏中不少是稀世的善本、谱、牒、字画、手札等，尤其以丰富的地方文献著称。本馆设有综合借阅处、文学艺术图书借阅室、中文报纸期刊借阅室、外文借阅室、中文参考图书借阅室、地方文献阅览室、古籍阅览室、电子阅览室等服务窗口，还相继设立了独具特色的湖南人物资料中心、毛泽东著作版本室、徐特立藏书阅览室、家谱收藏中心、滋贺文库、音像借阅室、盲人图书馆、湖南图书馆少年儿童分馆等。提供数字化、网络化的电子资源服务。

图 6-19　湖南图书馆主页

6.4　村民文化远程教育培训

文化共享工程，由国家支持的文化知识技术普及的社会网络工程。其内容覆盖到人们生活的各个领域，包括共享工程少年版、共享工程农村版、共享工程社区版、共享工程企业版等。"推进文化共享工程"成为实施"十一五规划"、建设"百县千乡"宣传文化中心文化共享工程基层示范点的两个层面、一个共同目标。

利用现代高新技术手段,将中华民族几千年来积淀的各种类型的文化信息资源精华以及贴近大众生活的现代社会文化信息资源,进行数字化加工处理与整合;建成互联网上的中华文化信息中心和网络中心,并通过覆盖全国所有省、自治区、直辖市和大部分地(市)、县(市)以及部分乡镇、街道(社区)的文化信息资源网络传输系统,实现优秀文化信息在全国范围内的共建共享。

以最广大农村的基层文化室或文化站为纽带,把大量的储备网络资源,传递给农民、农业、农村。村民可以通过网络下载刻录,把其中所需要的资源进一步传播深化。

6.4.1　国家数字文化网

国家数字文化网主要设置文化资讯、资源平台、新增资源、专题活动、国家公共文化数字支撑平台、信息互动、公共文化服务体系示范区、公共电子阅览室、公共图书馆、公共文化馆、数字学习港和文化共享大讲堂等栏目,其界面如图 6-20 和图 6-21 所示。

图 6-20　国家数字文化网界面

| 网站首页 | 文化资讯 | 资源平台 | 新增资源 | 专题活动 | 国家公共文化数字支撑平台 | 信息互动 |
| 公共文化服务体系示范区 | 公共电子阅览室 | 公共图书馆 | 公共文化馆 | 数字学习港 | 文化共享大讲堂 |

图 6-21　国家数字文化网设置栏目

1. 资源平台

国家数字文化网资源平台主要设置经典剧场、文化共享大讲堂、放映大厅、文化专题、阳光少年、书香园地、进城务工、快乐生活、农业天地、民族语文、农贸行情和群文资源等栏目，如图 6-22 所示，可提供丰富多样的文化视频资源。

| 资源平台 | 经典剧场 | 文化共享大讲堂 | 放映大厅 | 文化专题 | 阳光少年 | 书香园地 |
| | 进城务工 | 快乐生活 | 农业天地 | 民族语文 | 农贸行情 | 群文资源 |

图 6-22　国家数字文化网资源平台栏目

2. 公共文化服务体系

国家数字文化网公共文化服务体系主要设置文化共享工程、公共电子阅览室、群星奖专区、公共文化示范区、公共图书馆、公共文化馆和公共文化法规等栏目，如图 6-23 所示，主要提供电子资料查阅。

| 公共文化服务体系 |
| 文化共享工程 | 公共电子阅览室 | 群星奖专区 | 公共文化示范区 | 公共图书馆 | 公共文化馆 | 公共文化法规 |

图 6-23　国家数字文化网公共文化服务体系栏目

3. 社区文化生活馆

国家数字文化网中设置的社区文化生活馆栏目（网址为 http://shequ.twsm.com.cn/index.do），主要提供与生活相关的各类视频和直播，设置栏目页、本地页和直播等栏目，如图 6-24 所示。

4. 中国文化网络电视

可在中国数字文化网中直接单击链接，或直接通过网址（http://www.culturetv.cn）登录，主要设置活动专区、广场舞活动、文化广角、少

农村信息化管理

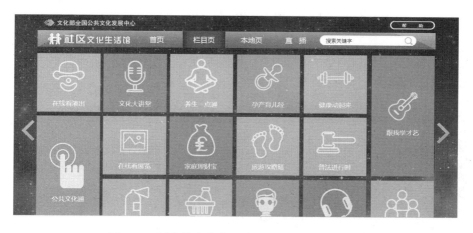

图 6-24　国家数字文化网社区文化生活馆栏目页

儿乐园、艺术视界、健康养生、百科天地、三农之家和共享讲堂等栏目，提供丰富的文化生活节目，如图 6-25 所示。

图 6-25　国家数字文化网中国文化网络电视界面

6.4.2　中国新农村文化网

中国新农村文化网是由中国新农村文化管理委员会简称农文委主办的包含新农村文化以及新农村建设相关文化内容的综合门户网站（http://www.chinanww.org/），主要设置机构简介、热点专题、新闻资讯、学术研究、先进典型、新农村文化、新农村党建、美丽乡村、新农

247

村文艺、新农村经济、民风民俗和政策法规等栏目,界面如图 6-26 所示。

图 6-26　中国新农村文化网首页

1. 新农村文化

主要设置新乡风、新家风、新乡贤、文化扶贫、文化礼堂、文化广场、乡村博物馆和图书馆等栏目,如图 6-27 所示。

图 6-27　中国新农村文化网新农村文化栏目

2. 新农村文艺

主要设置农民画展、农村歌手、乡土文学、地方小戏、农民摄影和农民体育等栏目,如图 6-28 所示。

图 6-28　中国新农村文化网新农村文艺栏目

6.4.3　其他文化网站

1. 文化资源展馆

文化资源展馆（网址为 http：//www. mcprc. gov. cn/ggfw/whzyzg/）是中华人民共和国文化部网站下设的一个公共服务栏目，主要提供宗教、考古、文物和艺术方面的信息，如图 6-29 所示。

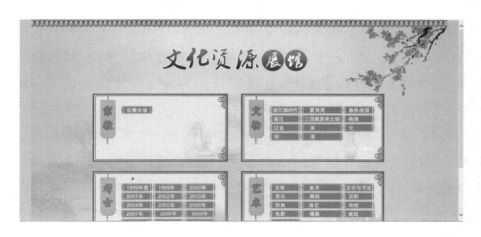

图 6-29　文化资源展馆首页

2. 湖南省群众艺术馆

湖南省群众艺术馆（网址为 http：//www. hnqyg. com，其界面如

图 6-30 所示)成立于 1956 年 7 月 1 日,直属省文化厅,是一个省级全额拨款的公益性文化事业单位。2016 年 03 月 23 日,湖南省群众艺术馆更名为湖南省文化馆,主要提供地方性的文化政策法规和文化艺术等服务。

图 6-30　湖南省群众艺术馆首页

6.5　村民实用技术远程教育培训

随着经济的快速发展和城乡一体化进程的不断加快,我国农村的社会结构正在发生前所未有的变革,农村迎来大规模的劳动力转移,未来中国的 18 亿亩耕地由谁来耕,怎样耕将成为亟待解决的大问题。2005年,我国包括农业部、教育部、财政部在内的 23 个部门共同联手,以历经 24 年发展,并初具规模的中央农业广播电视学校为依托,着力构建当时世界最大的农业远程教育公共服务平台。2014 年,农业部启动新型职业农民培育工程,要求充分运用远程教育手段,进行农业应用技术培训等,尽快建立农业应用技术培训远程教育体制和长效机制,因地制宜、因材施教,更好地服务农民,提升农民的农业生产技能。2015 年,农业部按照《2015 年农业部人才工作要点》和《2015 年农业人事劳动工作要点》,依托中央农业广播电视学校全国农业远程教育平台,开设网络大讲堂,大规模、大力度地开展农业技术人员培训,并且在培训形式和内容上

◎

农村信息化管理

紧跟时代发展,强调顺应新常态下的农业发展趋势,学习现代农业科技的新知识,为农业农村的改革发展提供强大的智力支持。为了更加充分地发挥农村远程教育在农业应用技术培训中的积极作用,要不遗余力地利用和挖掘农村远程教育平台的优势资源,真正服务"三农",提高农业技术的现代化水平。

6.5.1　村民实用技术远程教育培训的必要性

作为农业大国,我国拥有着丰富的农业资源和充足的农村劳动力,但是时代发展使农村的经济社会格局发生了变化,一部分农民进城成为农民工,导致农村劳动力的减少,迫使我国必须走农业现代化之路。另外,由于我国农村教育资源的长期短缺,导致农民的文化程度较低,严重制约农民科技文化水平的提高和农业技术的推广及农业科技成果的有效转化,也影响农民致富。农村远程教育打破时空限制,弥补农村教育资源不足的缺陷,方便快捷、覆盖面广、信息量大,可以充分满足农民的不同需求,使农民生产和学习两不误、两促进,直接为农业生产服务,适应我国的环境特征,满足农民的学习诉求。

农村远程教育在农业应用技术培训中具有多种积极作用,它降低农民学习的门槛,克服时空限制,注重农业应用技术更新,在农技培训的形式上更加灵活自由,符合农民的学习习惯和特点,极大丰富农村教育资源,提高农民学习的积极性,提升农民的农业技术水平,为培养新型职业农民奠定基础,不断增强我国农业发展能力。农村远程教育的积极性主要表现在三个方面:一是整合农业应用技术培训的教育资源。经过几十年的探索和发展,农村远程教育的形式和内容更加丰富,农技知识涵盖广、容量大,针对性和实用性都较强,农民可以根据自身需求,随心所欲地进行农技知识的获取,充分利用优质的教育资源。二是拓宽农业应用技术培训的教育途径。农村远程教育途径并非只有广播电视,而是正逐步形成一定的新型农民应用技术培训体系,开辟农业应用技术培训的网络阵地,并且依托远程教育强大的组织能力,技能培训的方式更加多样,农民既能够坐在课堂上,进行理论学习,又能在专业农技人员的带领下走上"田间地头",实地操练,真正实现理论结合实践,使远程也可以变成"零距离"。三是加快农业应用技术知识更新速度。任何事物都是变化发展的,农村远程教育是伴随着中国经济发展和技术革新的步伐发展起来的,在"全媒体"时代,信息的传播更加便捷,这就使农业应用技术知识更新速度更快,并且更加贴近时代和实际,更加符合农民的需求,这也为农业应用技术培训的更好开展和水平提升奠定坚实的基础。

6.5.2 我国农村远程教育运用于实用技术培训的现状

自 20 世纪 80 年代开始,我国的农村远程教育从单一的广播和电视,逐渐发展为综合运用广播、电视、互联网等多种手段,由中央校、省级校、地(市)级分校、县级分校、乡镇级教学班组成办学体系,在农村影响力不断扩大。目前,农村远程教育正进入智能化、互动化的新时期,中央农业广播电视学校在中央人民广播电视台设立了 2 个频率、3 个栏目,一年内播出约 500 小时,各省电台也设立多个农民培训栏目,全国共有 1 万个村级"大喇叭"也根据需求播放实用技术节目。

在电视远程教育中,中央电视台每年播放 500 多个小时农技节目,农村远程教育专用频道每年播出 365 小时农技培训节目。随着网络技术的广泛运用,我国建立中国农村远程教育网、中国农业信息网、中国农业人才网等在线网站,提供丰富的农业应用技术等教学资源,提供优质的在线学习、下载等服务,分享农业发展政策、农技培训动态等消息,并通过 600 个远端接收站点的卫星网络,利用网络课堂,让农民更加便捷地接受农业应用技术培训。另外,经过多年的发展,依托中央农业广播电视学校,农村远程教育学习资源库得到扩展。目前,每年文字教材超过 100 多种、音频视频等教材超过 500 个小时,开发的课件、课程 100 多套,适应当前知识更新速度快的特点,极大满足农技培训的教育资源上的需求,促进农业职业教育的发展,推动农业技术的推广,更好地服务现代农业。农业广播电视学校还以培养新型农民为目标开设中职及中专

农村信息化管理

252

后继续教育,现有专业 24 个,制订了科学合理的教学计划,进行先进的教学管理和教学辅导,积极进行合作高等教育,努力提升农民文化水平和技能水平。在发挥远程教育的优势,利用丰富的学习资源,各省(市、区)农业广播电视学校积极组织开办各类技能培训班,内容涉及面广、实用性强,采取农民容易接受的方式,开始网络课堂和田间课堂,将各种农技传授给农民,同时采取多种方式对培训效果进行检验,进行技能鉴定,推动培养新型职业农民。

诚然,农村远程教育应用于农业应用技术培训,还存在一些问题,如远程教育点需要扎根到每一个有需求的地方,教学点的电教建设、卫星接收设施建设都需要资金支持,而一旦资金不到位,远程教育的作用就无法发挥;远程教育在农技中的效果评估存在问题,容易导致其成为形象工程,造成人力、物力的浪费。在开展的过程中,某些地方脱离实际,在组织管理和实际运用等方面还未做到充分发挥其积极作用。

6.5.3 村民实用技术远程教育培训平台简介

1. 中国农村远程教育网

中国农村远程教育网(http://www.ngx.net.cn/),主要提供农广天地、农广之声、农广在线等栏目,如图 6-31 所示。

图 6-31 中国农村远程教育网界面

（1）农广天地。

本栏目是中央农业广播电视学校、农业部农民科技教育培训中心在 CCTV-7 开办的农民科技教育与培训栏目，旨在向广大农村传播农业科技知识，推广农业实用技术，提高农民朋友的科技素质和生产技能。

本栏目伴随 1996 年 CCTV-7 农业节目创立以来，播出了大量的具有科学性、系统性和实用性的节目，内容涉及种植、养殖、农产品加工、农业机械、农村能源、劳动力转移培训、生活服务等农民生产生活的各个方面，形成了朴实无华、通俗易懂、易学易用的风格特色，目前已逐步成为农民观众喜爱、能够看得懂、学得会、用得上的"实惠"栏目。

（2）农广之声。

中央农广校拥有中央人民广播电视台《致富早班车》《三农早报》《乡村大讲堂》三档固定栏目，每天播出节目近 1.5 小时，是农业部所属唯一的中央级广播媒体宣传窗口。栏目围绕农业农村经济工作重点和农民生产生活需求，宣传"三农"政策信息，传播农业科技知识、传授农业实用技术、倡导文明生活方式，广泛开展广播宣传教育服务。解读农业政策法规，分析农业市场信息，讲授生产经营理念，推广现代农业科技，普及农业实用技术。宣传讲解政策法律，普及现代农业科技知识，培养农民职业技能，传授生态文明建设理念，倡导文明健康生活方式，如图 6-32 所示。

（3）农广在线。

以中央农广校丰富的媒体资源为基础，集农业科技信息资讯发布、远程教育培训、媒体资源传播、技术咨询及推广普及等综合服务为一体，开设了农技视频、农事广播、农业技术、农家书屋、远程教育、网上课堂、在线培训、卫星讲堂、专家咨询及网上直播等十个频道、三十多个栏目，实现了农业视频、音频节目点播，图文形式农业技术资源、多媒体形式培训资源网上发布，以及基于互联网的远程培训、在线学习和咨询答疑等，围绕农科教大联合、产学研大协作，搭建教育培训、科研和技术推广机构、农业企业、广大农户交流互动的公共服务平台，打造教育培训、科学普及、技术推广和信息传播的公共服务平台，如图 6-33～图 6-39 所示。

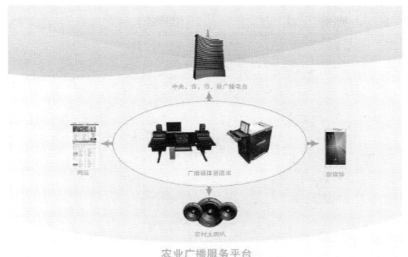

农业广播服务平台简介

中央农广校拥有中央人民广播电台《致富早班车》、《三农早报》和《乡村大讲堂》三档固定栏目,是农业部所属唯一的中央级广播媒体宣传窗口。通过中央人民广播电台栏目和地方农广校在当地电台开办的栏目,网站、微信、微博等新媒体和农村"大喇叭"广播站,形成了全国性农业广播服务平台,为政府部门和教育培训、科研、技术推广机构提供了一个信息宣传窗口,提供了开展教育培训、技术推广的渠道。中央农广校始终坚持为"三农"服务的宗旨,围绕农业农村经济工作重点和农民生产生活需求制作广播节目,利用农业广播服务平台积极开展为农广播服务,发挥广播媒体传播迅速、覆盖面广的优势,宣传政策、传播信息、传递知识、传授技术,努力为提高广大农民生产经营能力和综合素质作出积极贡献。

图 6-32 农业广播服务平台介绍

图 6-33 农广在线

图 6-34　农广在线网络课件

图 6-35　农广在线教育培训

图 6-36　农广在线农业视频

农村信息化管理

图 6-37　农广在线微信公众号

图 6-38　农广在线农广校学习平台

图 6-39　农广在线专题培训

2. 12316 农业综合信息服务平台

12316 农业综合信息服务平台（http://12316. agri. gov. cn/mh/index. html），主要提供农业科技、三农视频、双向视频诊断系统、12316咨询电话等栏目，如图 6-40 所示。

图 6-40　12316 农业综合信息服务平台界面

3. 湖南省农村农业信息化综合服务平台

湖南省农村农业信息化综合服务平台（http://www. hn12396. cn/2/index. shtml），主要提供网上课堂、农业百科、培训推广、12396 专家科技服务热线等栏目，如图 6-41 所示。

图 6-41　湖南省农村农业信息化综合服务平台界面

4. 国家开放大学大学生村官学习网和湖南农民大学生学习网

国家开放大学大学生村官学习网（http://www.cunguan-edu.cn/），在村官课堂中开设了农作物、园艺、植物保护、农产品储藏加工、农业工程与机械、畜牧兽医、水产养殖、林业技术、农产品经营、乡镇企业管理、农村行政管理、农村环境与卫生、农民创业、信息技术等子栏目，发布了农业技术类、管理类等多种实用技术课程，可以满足对村民实用技术远程教育培训的要求，如图 6-42 所示。

图 6-42　国家开放大学大学生村官学习网界面

湖南农民大学生学习网是湖南广播电视大学实施"农民大学生培养计划"的教学平台，该计划是教育部"一村一名大学生计划"的拓展。系国民教育系列、成人高等教育性质、远程教育类型的高等教育项目，如图 6-43 所示。湖南电大根据湖南省"农民大学生培养计划"实施要求，结合地方实际和学习者需求，汇聚国家开放大学和湖南电大优质课程，搭建"农民大学生培养计划"课程平台。按照课程性质、功能和目标对课程进行模块化管理，供学习者自主选择学习。课程学习资源主要有课程学习空间的微视频资源、文本辅导、课堂练习，课程学习包中的文字教材、教学光盘、形成性考核册、课程学习指南，以及对接智能手机、Pad 终端的移动学习资源等。"农民大学生培养计划"主要依托湖南农民大学生学习网开展教学，实行线上与线下相结合的混合教学模式。线上教学活动主要由湖南电大主持，市州电大及县（市区）电大工作站负责培训学员和组织学员参与。线下教学活动主要由市州电大及县（市区）电大工作站组织实施，省电大督导检查。学员主要基于电脑网络、智能手机或Pad 终端，利用湖南农民大学生学习网的文本资源、视频资源、移动学习资源和课程学习包中的文字教材、DVD 光盘进行自主学习，完成平时作业，参加小组讨论、面授辅导、实践活动等。对于缺乏电脑网络、智

图 6-43　湖南农民大学生学习网界面

农村信息化管理

能手机的学生,由湖南电大定制专门的学习 Pad,供学员租赁使用。租赁费用和网络流量费用由市州电大及县(市区)电大工作站、学员共同承担。

本 章 小 结

本章主要介绍了农村远程教育与培训相关内容,包括农村党员干部现代远程教育、农村远程电子图书馆共享、村民文化远程教育培训和村民实用技术远程教育培训等内容,重点讲述了全国党员干部现代教育网、中国国家图书馆、国家数字文化网和中国农村远程教育网的操作与应用。

思 考 题

1. 简述农村远程教育与培训的发展历程。
2. 什么是现代远程教育?
3. 农村党员干部现代远程教育的宗旨是什么?
4. 简述农村党员干部现代远程教育的主要任务。
5. 简述中国农村远程教育网的主要教育培训栏目。

第 7 章 农业物联网

学习目标

通过本章的学习,要求同学们能够做到以下几点。

(1)掌握:农业物联网的基本概念,四层体系结构模型和应用现状。

(2)熟悉:农业物联网实际应用与技术选型依据。

(3)了解:农业物联网的共性关键技术与发展趋势。

知识结构

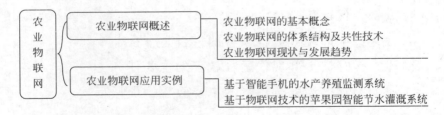

我国农业正从传统意义上的精耕细作向精准化、智能化的现代农业生产方式演进。物联网技术在农业生产中的引入与应用,对于建立集约型农业生产经营管理方式,提高动植物疫情疫病防控能力,确保农产品质量、农业生产安全等方面具有重要意义,是现代农业依托新型信息化应用上迈出的重要一步。本章选取了水产养殖与苹果种植两个典型农业生产场景,详细阐述了农业物联网技术在水产养殖环境监测和节水智能灌溉方面的应用实例。

7.1 农业物联网概述

7.1.1 农业物联网的基本概念

1. 物联网

物联网(Internet of Things,IoT)概念最早出现,可以追溯到1999年,美国麻省理工学院Auto-ID研究中心的创建者之一的Kevin Ashton教授,在他的一个报告中首次使用了Internet of Things一词。2005年,国际电信联盟(ITU)对物联网的定义和范围进行了重新定义,覆盖范围相对于Ashton教授提出的仅仅基于RFID技术的物联网,有了较大的延伸。

物联网被国际公认为是继计算机、互联网与移动通信网之后的世界信息产业第三次浪潮,是对射频识别、定位发现、传感器网络等多种现有技术交叉融合而成的一种新技术。它按照约定的协议进行组织和运行,使被感知对象能够进行信息交换和通信,以感知为基础,构建出一个人与人、人与物、物与物全面互联的网络。

2. 农业物联网

农业物联网作为"互联网+"农业的一个重要发展方向,是指在农业生产中,运用物联网系统的各种感知技术,如温度传感器、湿度传感器、pH值传感器、光传感器、CO_2传感器等设备,检测环境中的温度、相对湿度、pH值、光照强度、土壤养分、CO_2浓度等物理量参数,通过后台仪器仪表或软件系统实时显示,并作为自动控制的参变量参与到远程自动控制中,为精准农业的调控提供科学依据,从而达到改善品质、调节生长周期、提高经济效益的目的。农业物联网的应用是现代农业发展的需要,可实现对农业生产的全面感知、智能决策分析和预警,大幅提高农业产品的数量和质量,为农业生产提供精准化种植、可视化管理和智能化决策服务,是未来农业发展水平的一个重要标志。

7.1.2 农业物联网的体系结构及共性技术

1. 农业物联网的体系结构

依据业内公认的物联网三层体系结构模型，结合农业产业的具体需求和生产实践经验，构建出农业物联网体系结构模型。模型由上至下划分为应用层、数据层、网络层、感知层等四层，各层定义了相应的通信协议簇。上述层次模型与对应的协议簇一起构成了农业物联网的体系结构，如图 7-1 所示。

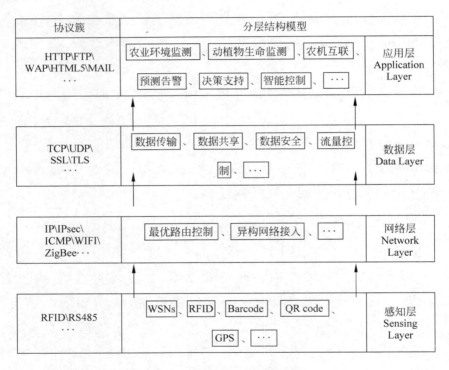

图 7-1 农业物联网的体系结构

最底层感知层是农业物联网的触角，主要由物联网的主要感知技术和终端构成，包括 RFID、条形码、遥感技术及各类传感器等，感知层获取的实时数据通过 3G、4G、GPRS、WIFI、ZigBee 等协议传送至网络层，网络层的硬件及软件中间件等构成接入网关，专门负责屏蔽底层异构感知网络的复杂性,并提供统一的抽象管理接口,为农业物联网上层业务应用提供高效简洁地通信支撑,为快速建立应用提供基础;网络层的协议簇包括 IP、ICMP 等网际协议,以及移动通信网络协议等,负责将感知层获取的数据向更高层传递;数据层位于网络层之上,相当于一个巨大的数据池,实现各类监测数据的集成共享,包括 TCP、UDP 等传输协议和安全协议簇;应用层位于体系最高层,使用 HTTP 等协议从数据层获取数据并构建相应的农业物联网应用系统。此外,层次模型中贯穿各层的物联网安全协议、隐私保护协议等,为物联网提供安全支撑。本章提出的四层农业物联网体系结构相对于经典的物联网三层模型,各层功能更加清晰独立,有利于各层服务器之间的网络负载均衡,增加的数据层主要针对当前农业物联网系统存在垂直化、封闭化导致不同系统之间农业数据资源无法共享,农业生产、经营、管理、服务历史数据无法得到充分利用,易形成信息孤岛等问题,通过面向服务的数据资源共享架构,为各农业物联网应用系统间数据交换与共享提供有效解决方案。

2. 农业物联网的共性技术

农业物联网的产业化和规模化应用的关键是解决感知层信息获取的无缝接入、网络内部和网络之间的广泛互操作问题。具体来说,涉及共性关键技术主要包括以下几个方面。

(1)感知技术。目前的农业生产、加工、流通信息采集技术尚不成熟,山区、大田生产以及各种自然灾害预警的关键传感器缺乏,成为数字农业快速获取信息的技术瓶颈。现有的很多传感器,如在果蔬和粮食的储藏中使用的温度传感器,用于环境监测的土壤水分传感器、湿度传感器、pH 值传感器、光传感器、生物传感器、CO_2 传感器等,在温室环境下可以获得较好的使用效果,但将其用于区域性生产和流通环节时,则面临不少的问题。例如,传感器接口标准、组网方式、数据传输及数据处理等环节目前尚缺乏统一的标准和规范,这给实现全方位实时监测功能带来了很多困难。

(2)数据采集与传输技术。在农作物生长环境监测方面,传统的方法是由工作人员定期到田间采集大田作物生长环境的土壤墒情、生长环境等信息，通过人工录入并带回实验室化验分析后对农作物生长环境进行评估。该方式完成全域性农作物生长环境的监测与评估周期长，缺乏实时性，无法对农作物生产环境状况及潜在灾害做出及时预警。

（3）数据管理与应用系统集成。农业物联网技术是实现人与人、人与物、物与物全面互联的网络。感知是关键，而感知的前提是利用各式各样的智能传感器获取物理世界的各种信息，再通过局部的无线网络、互联网、移动通信网等各种通信网路交互传递，数据被交付到应用系统后进行加工处理。从而实现对农业生产活动的调控。

基于传感器网络特有的低成本、高覆盖和可扩展性强的技术特征，农业物联网技术可以协助实现环境监测和气象灾害预警，进一步促进农业产量的提高和管理成本的降低，可以带来巨大的社会效益与经济效益。农业物联网技术将是实现农业集约、高产、优质、高效、生态、安全的重要支撑，同时也为农业生产方式转型、实现高端、高效的精准农业提供"智慧"支撑，既能改变粗放的农业经营管理方式，也能提高植物疫情疫病的防控能力，确保农产品的质量和安全。

7.1.3　农业物联网现状与发展趋势

相较于物联网产业发达的欧美等西方国家而言，我国农业发展正处于从传统农业向现代化大农业过渡的进程当中，由于受地理环境差异、地区发展不平衡和政策导向性作用等的影响，我国农业物联网的应用总体上还处在小规模低水平的应用发展阶段。例如，将大量的传感器节点构成监控网络，通过各种传感器采集信息，以帮助农民及时发现问题，并且准确地定住发生问题的位置，再配合一些自动化设备，实行定量精确的农业生产作业。目前，江苏、浙江、山东等省份建立了一些应用示范园，如湖州智能池塘保姆、吴江国家现代农业示范园区、常州市枫华智能牧业管理系统等，整体上我国的农业物联网技术的普及和应用还在不断地开发和迅速发展中。

　　未来物联网在农业上的应用会朝着微小型、可靠性、节能型、环境适应性、低成本、智能化方向发展。一是以农业专用传感器、网络互联和智能信息处理等农业物联网共性关键技术研究为重点,突出自主知识产权,强化自主创新。二是以利用物联网技术探测农业资源和环境变化,感知动植物生命活动,农业机械装备作业调度与远程监控,农产品与食品质量安全可追溯系统等为重点,强化集成应用。三是以农用传感器和移动信息装备制产业、农业信息网络服务产业、农业自动识别技术与设备产业、农业精细作业机具产业、农产品物流产业等为重点,培育新兴产业。此外,农业资源的发展重点是对土地、水源、生产资料等的管理;农业生态环境的发展重点是对土壤、大气、水质、气象、灾害的监测;在生产过程管理的发展上,重点是农田精耕细作、设施农业、健康养殖等;在农产品质量安全管理的发展上,重点将是产地环境、产后、贮藏加工、物流运输、供应链可追溯系统;在农业装备与设施的发展上,重点是工况监测、远程诊断、服务调度等方面。

7.2　农业物联网的应用实例

　　随着技术方案的不断成熟,农业物联网在水产养殖、设施园艺、大田种植、畜禽养殖、农产品溯源、农机监控等农业领域开始推广应用。本节遵循农业物联网的四层模型,以水产养殖和农业种植灌溉两个典型应用为例进行具体分析,给出行业应用中的实际解决方案,较为详细地介绍其主要共性和个性技术,以便为农业物联网在各领域中的实际应用提供工程技术参考。

7.2.1　基于智能手机的水产养殖监测系统

1. 需求分析

影响水产养殖环境的关键参数包括水温、光照、溶氧、氨氮、硫化物、亚硝酸盐、pH 等，这些参数看不见摸不着，而传统的养殖方式，主要根据经验来判断养殖环境状态。例如，根据鱼虾等浮头情况来判断水中是否缺氧，根据水的混浊度来判断水中的氨氮等元素含量，根据水面植物来判断水中的 pH 值及水温等，然后由人工来决定是否开启增氧或投料等设施设备。然而随着养殖规模的不断扩大，这种传统的养殖方式暴露出不少问题：一方面，靠经验来判断不可见参数，很难准确把握量值，通常误差很大；另一方面，养殖规模的增长速度远超过人力增长速度，以牺牲自然环境资源和大量物质消耗等粗放式饲养方式已难以满足水产养殖的现代管理需求，不仅经济效益低而且污染水体环境，容易导致水产品大规模病害死亡等重大经济损失。

农业物联网技术的应用是水产养殖技术的一场革命，是实现水产养殖现代化的重要途径。如何利用物联网技术达到现代化、智能化管理的预期效果，是本节实例所要解决的问题。首先，需要对池塘养殖环境进行量化管理，以便为科学养殖提供参数；其次，减轻从业人员的劳动强度，提高劳动效率；第三，实现节能减排，对各项指标能精确测量与控制，做到精准增氧精准投喂，减少换水次数与用电量。实现以上需求的最终目的，在于改善水质、减少水产病害，从而有效提升水产品的品质和经济效益。

2. 解决方案

1）概述

本实例中，开发了一种基于智能手机的水产养殖远程监控系统，实现了对水产养殖环境的量化监测与管理。系统利用农业物联网的传感器感知技术，对多个环境参数信息（pH 值、温度、水位、溶解氧等环境参数）进行远程实时采集和存储，经无线传输后，输入到自动化控制模块，达到对远程设施节点自动控制的目的。本系统不受时间地域限制，用户可以使用 Android 智能手机在任何具备公用无线数据网络环境下，浏览并获取系统采集的环境参数数据，并可将数据导出到用户的 SD 卡上。平台软件基于 C/S 结构，使用 HTML5＋CSS 3.0＋Bootstrap 框架开发，Apps 耦合度低、扩展性好、灵活度高、具有较高的性价比。硬件系统采用 CC2430 作为底层系统芯片（SoC），控制部分采用模糊 PID 控制算法。本系统在淡水湖区实验基地的试运行半年以来，各项指标均达到要求，溶解氧最大误差值为 0.4mg/L，温度最大误差值为 0.4℃，pH 值最大误差值为 0.2，水位波动控制在平均±1cm 左右，能够满足水产养殖的实际需要。

2）材料和方法

系统主要由底层芯片模块、服务器、本地现场监控模块、远程监控模块以及 Android 手机 Apps 等组成。同时，为了解决野外供电问题，系统采用太阳能取电方式对野外作业模块进行供电。系统预留扩展接口，可以与自动化控制设备无缝对接，根据养殖预设条件，实现自动控制换水、增氧、增温、喂料等设备的运行，满足严苛的水产养殖环境条件要求，减少不必要的损失，同时可以节省用电，降低生产成本。系统原理框图如图 7-2 所示。

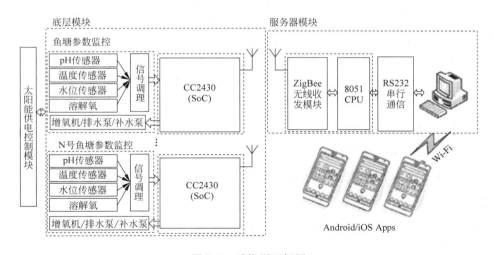

图 7-2　系统原理框图

主要采用的器材包括以下几个方面。

（1）CC2430（系统 SoC），主要负责 pH 值、温度、水位、溶解氧等环境参数的实时采集，采用 ZigBee 协议，将采集到的数据通过无线收发模块发送，同时接收来自服务器的控制命令。

（2）DO-952 型溶解氧传感器。

（3）E-201-C 型 pH 值传感器。

（4）EC 液温传感器。

硬件实物如图 7-3 所示。

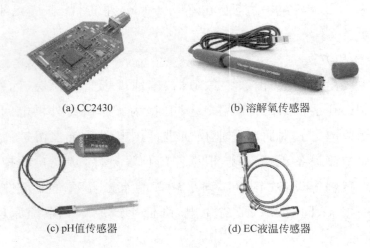

(a) CC2430   (b) 溶解氧传感器

(c) pH 值传感器   (d) EC 液温传感器

图 7-3　硬件实物图

3）实施效果

传感器设施箱体安装在养殖池塘边上，通过定时抽取池塘表层 10cm 以下的水进行监测。远程监控中心主机等安装在养殖用房内。系统对养殖池塘水体环境能够实现温度、pH 值及溶解氧 3 个水质指标的实时监控和预警，每隔 30min 通过无线分组公用网络发送一组水质实时监测数据。通过水产养殖远程监控平台，利用智能手机可以实时获取养殖池塘水体环境的温度、水位、pH 值和溶解氧水质参数信息。将本系统获取的温度测量值和精确的温度计测量结果进行对比，结果显示本系统的温度测量精度在 0.4℃ 以内，pH 值的测量精度在 0.2 以内，溶解氧的控制精度保持在 ±0.4mg/L，水位波动控制在平均 ±1cm，24h 内基本不受环境因素影响，数据控制基本稳定，体现了控制系统的强鲁棒性，能够较好满足水产养殖需求。经测试，远程控制动作反应时间在 120ms 以内，达到了系统设计要求。所有数据可以在监测中心的 LCD 显示屏上直观显示，并可在监控计算机中存储、检索，根据程序设定，可适时将水质异常变化预警信息发送到移动终端。系统各组成模块的实拍如

图 7-4 所示。

(a) 传感器部署现场

(b) 监控中心

(c) 系统管理后台

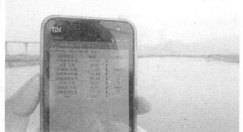

(d) 移动客户端

图 7-4　系统主要组成模块的实拍图

目前,该系统还有进一步完善的空间,主要表现在以下几个方面。

(1) 监测水体基本处于表层,水质指标不能完全反映池塘底部水质状况,存在一定不足。

(2) 小批量试制成本较高,每套单价超过 5 万元。

(3) 每隔一周需要对传感器进行冲洗和维护,使用较为繁琐,阻碍了大规模推广使用。

7.2.2　基于物联网技术的苹果园智能节水灌溉系统

1. 需求分析

发展苹果产业对栽培技术有着严格要求,其中尤其以灌溉技术的影响最为明显。由于不同生长时期的果树对于水分要求各不相同,水分管理的效果直接影响到苹果的品质,高效的水分管理是获得优质高产的重要环节之一。苹果种植需要大量水分,而我国又是世界公认的水资源贫乏国家,北方苹果产区情况更为严重,为了改善这一状况,20世纪90年代末期开始,主要苹果产区陆续引进了先进的灌溉设备,但是由于果园面积非常庞大,传统作业首先要依靠人工检查土壤湿度然后再决定灌溉设施启停的方式,不仅检测结果误差大,而且随意性较大,难以有效利用水资源,也无法保证土壤合适的湿度;其次,数量众多的灌溉阀门广泛分布在园区不同地块,需要工人绕行到各地块进行的开启以及关闭工作,人工耗费大;另外,部分灌溉设备及管道采用地埋方式,遇到管道爆裂等突发情况,故障定位困难,处理不当的话,容易导致果树遭受渍水和涝害死亡,从而造成严重的经济损失。综上所述,应用智能化节水灌溉系统解决上述问题就显得十分必要。

2. 解决方案

1) 概述

本实例针对苹果园环境研发了一种基于物联网技术的智能节水灌溉系统,系统大量采用农业环境监测传感器对土壤墒情、张力、泵房以及各阀门的水压、流量、水位等参数进行实时监测,由于传感器、控制系统与网络云平台实现了一体联动,只要触发设定条件,系统就会自动打开灌溉设备。同时,通过网络云平台,工作人员在手机或者电脑上随时随地就可以远程控制灌溉设备,不再受时空限制。如果遇到水管爆裂等导致水压或流量异常情况,系统会第一时间向管理员手机推送警报信息,工作人员再依据土壤湿度数据异常的传感器所在位置,就能快速确定异常地段,定位和维护不再困难。另外,系统利用液位传感器实时监测蓄水池,并与水井抽水泵实现一体联动,水位下降或上升到一定数值,自动开启或者关闭水井抽水泵。本系统的引入,让管理员可以多维度、多角度,综合多种数据对灌溉作业进行全面分析与掌握,实现全自动化节水灌溉,彻底结束传统人工干预式的灌溉模式。

2) 材料和方法

灌溉系统工作时,各传感器实时采集土壤里的干湿度信号、土壤张力信号、水位信号、管道、泵房以及各阀门压力信号，检测到的信号通过A/D模块转换，将标准的电流模拟信号转换为数字信号，输入到可编程控制器。可编程控制器内预先设定的标准湿度值、压力值、张力值、水位值等，与实际测得的信号进行比较，以湿度为例，可编程控制器将控制信号传给变频器，变频器根据湿度值，相应的调节电动机的转速，电动机带动水泵从水源抽水，需要灌溉时，电磁阀就自动开启，通过主管道和支管道为喷头输水，灌溉结束时电磁阀自动关闭。为了监测水流压力值，系统在管道及电磁阀附近安装水压传感器、土壤湿度传感器实时监测泵房水压以及园区土壤湿度，实现对水管水压实时监测，并保证喷头的水压和流量满足设定值。系统产生的数据共享在网络云平台上，授权工作人员可以通过手机客户端查看，并进行远程控制操作。本系统结构示意图如图7-5所示。

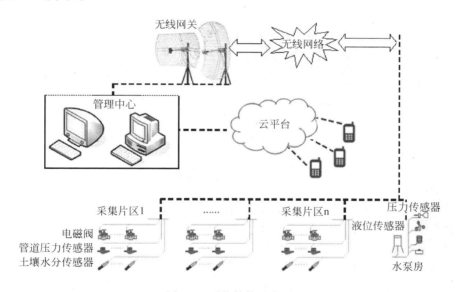

图 7-5　系统结构示意图

主要采用的器材包括，实物如图 7-6 所示。

（1）土壤湿度传感器。Veinasa(TR-HTS02)温湿度一体化四探针型高精度传感器，土湿测量范围 0～100％，土温－50～100℃，土湿分辨率为 0.1％，温度分辨率为 0.1℃，土湿准确度±3％，温度准确度±0.3℃。土壤水分数据每隔 10s 上传 1 次。

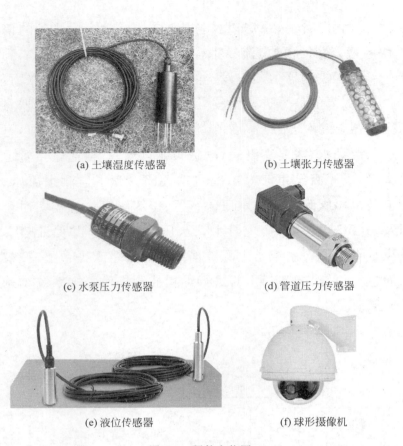

(a) 土壤湿度传感器　　　(b) 土壤张力传感器

(c) 水泵压力传感器　　　(d) 管道压力传感器

(e) 液位传感器　　　(f) 球形摄像机

图 7-6　硬件实物图

（2）土壤张度传感器。张力传感器测的是土壤水张力，是指土壤对水的吸力，土壤愈湿，对水的吸力就愈小；反之则大。当土壤湿度增大到所有空隙充满水时，土壤水张力将降为零。换言之，此时土壤含水率达到了饱和。

（3）水压传感器。SIN-P300 扩散硅芯片（4～20mA）压力变送器，默认精度等级为 0.5%，量程－0.1～＋100MPa。

（4）液位传感器。MIK-P260 投入式液位变送器，综合精度达到 0.25%FS。

（5）球形摄像机。选用大华 DH-SD6C82K-GC 200 万同轴高清球形摄像机，部署在果园土壤表层离地 2m 处，可 360°旋转，对灌溉情况进行监测，同时可以通过变焦近距离查看土壤湿度情况，结合传感器的土壤温湿度数据进行综合判断，以更好掌握灌溉作业的情况。

3）实施效果

系统采用了可以无限扩展的开放式设计思路，并采用积木式框架构建。整个系统由多组集群控制单元组成，每组集群控制单元管理一片区域，每一个片区由多台控制器、电磁阀、传感器组成。因此，本系统可以根据用户的需求，增加各级控制设备的数量即可实现整个系统的无限扩容。经过规划，果园被划分为多个可进行独立灌溉作业的片区，除了按照预定程序进行自动灌溉作业模式外，工作人员还可以通过手机登录网络云平台，对各个阀门进行远程开关，随时随地开启或结束灌溉作业。各模块监测实时数据、操作界面及报表如图 7-7 所示。

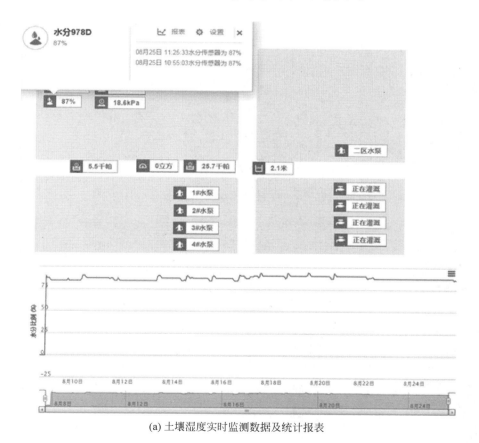

(a) 土壤湿度实时监测数据及统计报表

图 7-7　系统后台运行界面

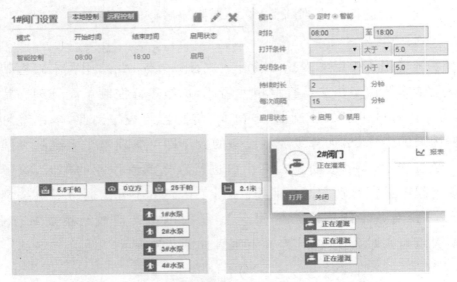

(b) 自运灌溉及远程控制界面

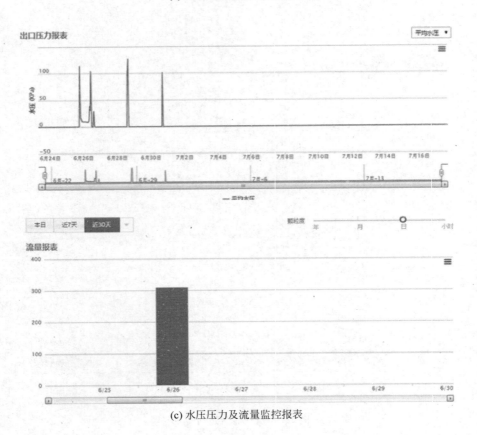

(c) 水压压力及流量监控报表

图 7-7 （续）

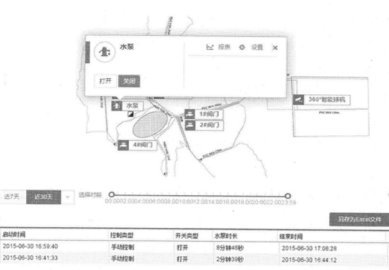

序号	启动时间	控制类型	开关类型	水泵时长	结束时间
1	2015-06-30 16:59:40	手动控制	打开	8分钟48秒	2015-06-30 17:08:28
2	2015-06-30 16:41:33	手动控制	打开	2分钟39秒	2015-06-30 16:44:12

(d) 水泵控制控报表

图 7-7 （续）

本系统在面积为 1200 亩的苹果园试运行近一年，各项数据显示，系统运行稳定，达到了预期的设计指标，满足了苹果种植生产灌溉作业的实际需求。图 7-8 是系统应用部署后的现场实拍图。

(a) 土壤温湿度和张力传感器

(b) 现场集中控制器

(c) 360°监控摄像机

(d) 灌溉水泵机房

图 7-8　系统在园区部署情况实拍

应用本智能节水灌溉系统后,只需要一个管理员和一部手机,就能轻松高效完成全园主要灌溉作业,节约了大量的人力成本,并且有效节约了用水量,提高了灌溉的精准度,提升了水分管理的效率,是一款极具市场推广价值的农业物联网信息化产品。

本 章 小 结

本章讲述了农业物联网的基本概念,四层体系结构,以及共性关键技术和应用发展趋势,并以水产养殖和苹果种植生产这两种典型农业生产场景为例,重点介绍了农业物联网在实际生产中的应用部署,并从工程视角出发,详细介绍了用到的主要器材、方法和取得的实效。

思 考 题

1. 请简述物联网与农业物联网的联系与区别。
2. 农业物联网的四层体系结构具有什么优势?
3. 实际部署农业物联网应用系统时,需要考虑的主要因素是什么?

第8章　农村信息化绩效评价

学习目标

通过本章的学习,要求同学们能够做到以下几点。

(1) 掌握:农村信息化绩效评价的指标体系和计算示例。

(2) 熟悉:农村信息化绩效评价的方法,如层次分析法、主成分分析法。

(3) 了解:农村信息化绩效评价的概念、意义与作用。

知识结构

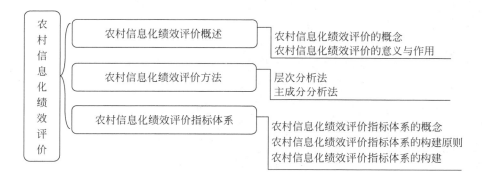

信息化水平体现了一个国家、地区、领域等的综合实力;绩效评价已经被广泛地应用到了诸多领域,成为一项重要的、科学的管理方法。农村信息化绩效评价得到了许多学者和农村实践工作者的重视,并逐渐成为优化农村信息化战略、提高农村信息化管理水平、促进农村信息化综合健康发展的重要措施。

8.1 农村信息化绩效评价概述

8.1.1 农村信息化绩效评价的概念

1. 农村信息化绩效

信息化绩效通常指在信息化进程中,通过有效配置信息装备、信息资源、信息主体,普及信息技术、优化信息环境,以促进经济与社会全面发展,实现效率、效益、公平目标的运行过程和运行结果。信息化绩效能够在一定范围内体现信息化运行过程的状况及运行结果,信息化绩效水平高低在很大程度上反映着一个国家或地区信息化为经济、社会发展服务作用发挥优劣。

结合农村信息化和信息化绩效的内涵,农村信息化绩效可以认为是在农村信息化进程中,通过有效配置信息装备、信息资源、信息主体,普及信息技术、优化信息环境,以促进农村的全面发展并实现效率、效益、公平目标的运行过程和运行结果。

2. 农村信息化绩效的基本特征

农村信息化绩效的基本特征主要体现如下。

(1)目标定向性。

通过信息化提高为农村现代化服务效率、效益为目标,不断实现以信息化推进农村现代化进程,实现农村发展方式的根本性变革。

(2)绩效长期性与渗透性。

实施农村信息化建设项目,将对组织的业务流程、组织机构、组织文化带来缓慢的、长期与深刻的影响;另外,农村信息化具有很强的渗透性,它通过对劳动者、劳动对象和劳动工具三个劳动基本要素的渗透与改变而影响组织绩效。

(3)内容系统性。

农村信息化绩效内容具有多属性、多层次,要反映农村信息资源绩效、农村信息装备绩效、农村信息主体绩效、农村信息环境等主要方面,且各方面均由诸多相关宏观、微观，直接、间接指标项目构成，形成一个互为促进与制约的有机系统。

（4）显现动态性。

农村信息化绩效具有动态性。农村信息化绩效有机整体系统中的各层次间进行相互作用，在以定向目标运行过程的不同阶段，会显现出不同的结果，是在动态中形成与发展。

（5）绩效互补性。

伴随着农村信息化过程的推进，其组织管理和业务会引起变革，信息技术、信息资源与装备也不是独立发挥作用，生产各个要素与组织的业务流程、组织结构、管理模式、管理方法等组织的许多方面互相渗透。因此，难以区分效益的直接与间接产生。农村信息化绩效是农村信息化与组织管理的变革两个方面互补作用的结果。

3. 农村信息化绩效评价

评价是指依据科学的评价指标体系，针对预先制定的目标，运用科学的方法，按照一定的程序和制度对评价对象在一定时期内的过程表现及行为结果进行正确评判的过程。

农村信息化绩效评价是指采用一定的方法对农村信息化建设与应用所产生的成绩和效果进行评价。或者说，农村信息化绩效评价是按照一定的程序，对照标准，建立特定的指标体系，运用数理统计和运筹学等方法，通过定性与定量的对比分析，对一定时期内的农村信息化建设水平和农村信息化应用效果进行客观、公正和准确的综合评判的过程。

基于不同的农村信息化绩效评价范围和层次，农村信息化绩效评价可分为宏观评价和微观评价两大类型。

8.1.2 农村信息化绩效评价的意义与作用

实施农村信息化绩效评价，能够有效地指导和促进农村信息化建设，科学客观衡量区域农村信息化发展水平，促进地区农村信息化的综合健康发展。通过农村信息化绩效评价，可以提供科学、量化的农村信息化程度依据,明确农村信息化发展所处的位置,并能够找出与发达国家、地区、其他行业之间的差距,对于提高当地农村信息化工作的科学决策和管理水平制定当地农村信息化发展战略和政策,促进当地农民增收,农业发展和农村社会稳定,有着深远的战略意义的现实意义。具体作用有以下几个方面。

1. 提高农村信息化管理水平,推动农村信息化进程

提高农村信息化管理水平的措施包含多方面,但其中实施农村信息化绩效评价是重要环节。农村信息化绩效评价对农村信息化项目建设具有导向和调控作用。农村信息化绩效评价能对农村信息化建设项目从过程表现到项目结果进行深入剖析,以找出存在的问题及产生问题的可能原因,从而达到对农村信息化项目的设计和实施的各个环节进行改善和控制。同时,农村信息化绩效评价也能够对信息化项目最终实现目标的程度给出科学客观的评定。

2. 促进农村信息化战略的制定和实施

信息技术与信息系统能够改善和转变组织的业务流程,进而直接影响到组织战略。农村希望通过对信息化的大量投资建设而获取区域竞争优势。因此,农村信息化绩效评价更倾向于从战略高度对信息技术与信息系统进行整体规划和实施。

3. 规范信息化管理与控制

在农村信息化过程中是需要科学有效管理与控制的。实施农村信息化绩效评价能够为农村信息化管理者提供管理调控农村信息化项目的手段,对农村信息化的运营行为进行有效的引导和规范,农村信息化绩效评价指标体系就是农村信息化项目实施者的行为参照体系。

8.2 农村信息化绩效评价的方法

信息化绩效评价具有复杂、多元、多层次、综合与系统等特点。为了取得客观科学的评价效果达到评价目的,需要采用科学有效的评价方法。依据农村信息化绩效评价的特点和要求,通常采用多指标、多层次、系统的综合评价方法,如层次分析法、模糊综合评价法、灰色关联法、主成分分析法及数据包络分析法等,本节主要介绍层次分析法和主成分分析法两种综合评价方法。

8.2.1　层次分析法

1. 层次分析法概述

层次分析法(Analytical Hierarchy Process,AHP)于 20 世纪 70 年代由美国匹兹堡大学教授、运筹学家萨迪(A. L. Saaty)提出,是一种兼有定性与定量分析、柔性、系统的综合评价分析和科学决策方法。层次分析法主要针对多目标、多准则、多时段的非结构化复杂决策问题,特别适用于难以定量分析的复杂决策问题。它提供了一种层次关联思维模式,对决策者的主观定性判断进行客观定量化比较排序描述,对复杂系统的评价决策思维过程进行数学化,但又具有自身的柔性。层次分析法的应用涉及许多领域,具有较为广泛的使用性,能够为分析、决策、预测、控制和评价提供定量依据。

2. 层次分析法的基本原理与主要步骤

层次分析法将一个多目标复杂决策问题分解成各个组成因素(多个目标或准则),又将这些因素按支配关系分组形成递阶层次结构,即分解成多指标的多层次;通过两两比较的方式确定层次中诸因素相对重要性的定性概念转化为一种定量化标度,由此标度构造出比较判断矩阵;再由判断矩阵最大特征根的特征向量决定出各因素对决策目标的贡献率,然后综合决策者的判断,确定决策方案相对重要性的总排序进行定性和定量分析。

通常应用层次分析法的主要步骤如下。

明确问题,分析决策问题中各元素之间的关系,建立决策问题系统的递阶层次结构模型。

对同一层次的各元素关于上一层次中某一准则的重要性进行两两比较,构造两两比较判断矩阵。

由判断矩阵计算被比较元素对于该准则的相对权重,层次单排序。

计算各层元素对系统目标的合成权重,并进行层次总排序。

决策评价。

(1) 递阶层次结构模型的建立。

递阶层次结构模型包含目标层、准则层和方案层三层结构,如图 8-1 所示。

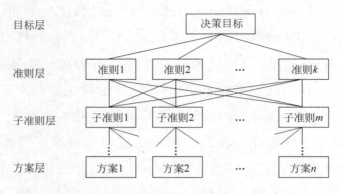

图 8-1　AHP 递阶层次结构模型

- 最高层:问题的预定目标或理想结果,是决策问题追求的总目标,也称目标层。
- 中间层:包括为了实现目标所涉及的中间环节,也可以由若干层次组成,包括所考虑的准则、子准则,也称为准则层或因素层。
- 最底层:实现目标的各种措施、决策方案等,也称为方案层或措施层。

(2) 构造两两比较判断矩阵。

构造判断成对比较矩阵 $\boldsymbol{B} = (a_{ij})_{n \times m}$, a_{ij} 是元素 u_i 与 u_j 相对于准则 C 的重要性的比例标度,通过对单层次下各元素两两比较确定其判断矩阵,且 $a_{ji} = 1/a_{ij}$, a_{ij} 的确定采用 9 标度法,其具体含义如表 8-1 所示。

表 8-1　相对重要性比较度含义

a_{ij} 赋值	含　　义
1	具有同等重要性
3	u_i 比 u_j 稍微重要
5	u_i 比 u_j 明显重要
7	u_i 比 u_j 重要得多
9	u_i 比 u_j 绝对重要
2,4,6,8	2,4,6,8 分别表示相邻判段 1～3,3～5,5～7,7～9 的中间值
倒数	若 u_i 与 u_j 的重要性之比为 a_{ij},则 u_j 与 u_i 的重要性之比为 $a_{ji}=1/a_{ij}$

注意要使层次分析法有效,需要使判断矩阵 $\boldsymbol{A}$ 成为一致性矩阵。

(3) 单一准则下元素相对权重的计算及其一致性检验,层次单排序。

判断矩阵 $\boldsymbol{B}$ 各元素相对于准则 C 的相对权重记为 $\boldsymbol{W}=(w_1,w_2,\cdots,w_n)^{\mathrm{T}}$,权重计算方法通常有和法、方根法、特征向量法、幂法等方法。这里采用特征向量法。

归一化特征向量 $\boldsymbol{W}=(w_1,w_2,\cdots,w_n)^{\mathrm{T}}$ 的各个分量 w_i 是与某一层次对它上级层次中某因子的判断矩阵的最大特征值 $\lambda_{\max}$ 相对应的,即计算各层中元素相对于上层各目标元素的相对重要性的排序权重值,其过程为层次单排序。首先,算出 $\lambda_{\max}$ 和对应的归一化特征向量 $\boldsymbol{W}$,即 $\boldsymbol{BW}=\lambda_{\max}\boldsymbol{W}$,其中 $\boldsymbol{B}$ 为判断矩阵,其计算过程如下。

- 将 n 阶判断矩阵中的各元素按列归一化,然后将按行相加的结果除以维数 n,即可以得到权重向量 $\boldsymbol{W}$,判断是否是完全一致性矩阵。

- 计算最大特征根 $\lambda_{\max}=\sum\limits_{i=1}^{n}\boldsymbol{BW}/n\boldsymbol{W}(i=1,2,\cdots,n)$。对于 n 阶判断矩阵,其最大特征根为单根,且 $\lambda_{\max}\geqslant n$。当 $\lambda_{\max}=n$,其余特征根均为 0 时,则 $\boldsymbol{B}$ 具有完全一致性;如果 $\lambda_{\max}$ 稍大于 n,而其余特征根接近于 0 时,则 $\boldsymbol{B}$ 具有满意的一致性。为了检验判断

285

矩阵的一致性,还需计算一致性指标 CI 和一致性比例 CR,$CI=(\lambda_{max}-n)/(n-1)$,$CR=CI/RI$,其中 RI(Random Index)为平均随机一致性指标。当 $CR<0.10$ 时,认为判断矩阵具有满意的一致性。否则对判断矩阵进行调整,直到满意为止。平均随机一致性指标 RI 与判断矩阵的阶数有关,对于 $1\sim15$ 阶矩阵,RI 的值如表 8-2 所示。

表 8-2   1~15 阶的矩阵平均随机一致性指标

阶数	1	2	3	4	5	6	7	8	9	10	11	12	13	14	15
RI	0.00	0.00	0.58	0.90	1.12	1.24	1.32	1.41	1.45	1.49	1.52	1.54	1.56	1.58	1.59

(4) 计算各层元素对系统目标的合成权重,并进行层次总排序。

层次总排序就是利用同一层次中所有单排序的结果,计算针对上一层次而言本层次中各个因素相对重要性的权值。它是计算同一层次所有因素对于最高层(总目标)相对重要性的排序权值,它按照从上到下的顺序逐层进行,由高层次到低层次逐层合成,最底层(方案层)得到的层次总排序,即为 n 个被决策评价方案的总排序。对于层次结构模型中的第二层而言,其层次单排序的结果也就是层次总排序的结果,因为其上一个层次(即层次结构模型中的第一层)只有一个因素。计算各元素的总权重如表 8-3 所示。

表 8-3   计算各元素的总权重

层次	A_1	A_2	$\cdots$	A_m	B 层次元素组合权重(B 层次的总排序)
	a_1	a_2	$\cdots$	a_m	
B_1	b_{11}	b_{21}	$\cdots$	b_{m1}	$\sum a_i b_{i1}$
B_2	b_{12}	b_{22}	$\cdots$	b_{m2}	$\sum a_i b_{i2}$
$\vdots$	$\vdots$	$\vdots$	$\vdots$	$\vdots$	$\vdots$
B_n	b_{1n}	b_{2n}	$\cdots$	b_{mn}	$\sum a_i b_{in}$

同样,为了评价层次总排序的计算结果的一致性,类似于层次单排序,也需要进行一致性检验。一致性检验的方法与层次单排序方法

农村信息化管理

相同。

（5）决策。根据层次总排序的结果，进行分析与决策，得出最后的决策评价方案。

（6）计算示例。某地区农村信息化绩效评价——层次分析法综合评价模型。

假设有甲乙丙三个农村实施了农村信息化建设项目，运用层次分析法评价这三个农村的农村信息化绩效。

目标：农村信息化绩效。

准则：农村信息化绩效评价指标大体可以分成四个：评价指标1，评价指标2，评价指标3，评价指标4。

（1）递阶层次结构模型的建立。

对农村信息化绩效进行评价，递阶层次结构模型如图8-2所示。模型中，最高层（A层）表示解决系统问题所要达到的目标，即对甲、乙、丙三个农村的信息化绩效的高低进行评价；中间层（B层）表示农村信息化绩效评价采用的四个方面评价，即有四个评价指标；最低层（C层）表示农村信息化绩效评价的具体方案。

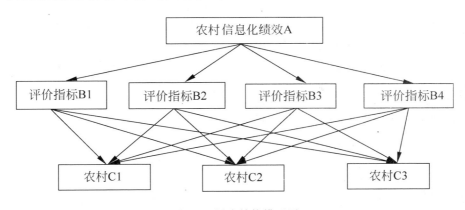

图 8-2　层次结构模型图

（2）构造两两比较判断矩阵并进行层次单排序。

相对于目标层（顶层）而言，中间层与之相关的各因素之间的相对重要性构造两两比较判断矩阵。

• 判断矩阵 **A-B**，如表 8-4 所示。

表 8-4　判断矩阵 **A-B**

A	B_1	B_2	B_3	B_4	W_i
B_1	1	3	5	1	0.389
B_2	1/3	1	3	1/3	0.153
B_3	1/5	1/3	1	1/5	0.069
B_4	1	3	5	1	0.389

计算特征根

$$
\boldsymbol{AW} = \begin{vmatrix} 1 & 3 & 5 & 1 \\ 1/3 & 1 & 3 & 1/3 \\ 1/5 & 1/3 & 1 & 1/5 \\ 1 & 3 & 5 & 1 \end{vmatrix} (0.389 \quad 0.153 \quad 0.069 \quad 0.389)^{\mathrm{T}}
$$

$$
\boldsymbol{AW}_1 = 1 \times 0.389 + 3 \times 0.153 + 5 \times 0.069 + 1 \times 0.389 = 1.582
$$

同理有

$$
\boldsymbol{AW}_2 = 0.619, \quad \boldsymbol{AW}_3 = 0.275, \quad \boldsymbol{AW}_4 = 1.582
$$

计算最大特征根

$$
\lambda_{\max} = \sum_{i=1}^{n} \frac{(\boldsymbol{AW})_i}{n W_i}
$$

$$
= \frac{1.582}{4 \times 0.389} + \frac{0.619}{4 \times 0.153} + \frac{0.275}{4 \times 0.069} + \frac{1.582}{4 \times 0.389}
$$

$$
= 4.044
$$

进行一致性检验

$$
C.I. = \frac{\lambda_{\max} - n}{n - 1} = \frac{4.044 - 4}{4 - 1} = 0.015
$$

查矩阵平均随机一致性指标知 $RI = 0.89$，$CR = CI/RI = 0.015/0.89 = 0.016 < 0.1$，从而满足一致性要求。

- 判断矩阵 $\boldsymbol{B}1$-$\boldsymbol{C}$ 如表 8-5 所示。

表 8-5　判断矩阵 $\boldsymbol{B}1$-$\boldsymbol{C}$

$\boldsymbol{B}1$	$\boldsymbol{C}1$	$\boldsymbol{C}2$	$\boldsymbol{C}3$	W_i
$\boldsymbol{C}1$	1	1/3	1/5	0.106
$\boldsymbol{C}2$	3	1	1/3	0.260
$\boldsymbol{C}3$	5	3	1	0.633

$\lambda_{\max}=3.039$，$C.R.=0.033<0.1$，满足一致性要求。

- 判断矩阵 $\boldsymbol{B}2$-$\boldsymbol{C}$ 如表 8-6 所示。

表 8-6　判断矩阵 $\boldsymbol{B}2$-$\boldsymbol{C}$

$\boldsymbol{B}2$	$\boldsymbol{C}1$	$\boldsymbol{C}2$	$\boldsymbol{C}3$	W_i
$\boldsymbol{C}1$	1	3	3	0.6
$\boldsymbol{C}2$	1/3	1	1	0.2
$\boldsymbol{C}3$	1/3	1	1	0.2

$\lambda_{\max}=3$，$C.R.=0$，满足一致性要求。

- 判断矩阵 $\boldsymbol{B}3$-$\boldsymbol{C}$，如表 8-7 所示。

表 8-7　判断矩阵 $\boldsymbol{B}3$-$\boldsymbol{C}$

$\boldsymbol{B}3$	$\boldsymbol{C}1$	$\boldsymbol{C}2$	$\boldsymbol{C}3$	W_i
$\boldsymbol{C}1$	1	3	6	0.639
$\boldsymbol{C}2$	1/3	1	4	0.274
$\boldsymbol{C}3$	1/6	1/4	1	0.087

$\lambda_{\max}=3.054$，$C.R.=0.047<0.1$，满足一致性要求。

- 判断矩阵 $\boldsymbol{B}4$-$\boldsymbol{C}$，如表 8-8 所示。

表 8-8　判断矩阵 $\boldsymbol{B}4$-$\boldsymbol{C}$

$\boldsymbol{B}4$	$\boldsymbol{C}1$	$\boldsymbol{C}2$	$\boldsymbol{C}3$	W_i
$\boldsymbol{C}1$	1	1/4	1/6	0.087
$\boldsymbol{C}2$	4	1	1/3	0.274
$\boldsymbol{C}3$	6	3	1	0.639

$\lambda_{\max}=3.054$，$C.R.=0.047<0.1$，满足一致性要求。

（3）层次总排序

层次总排序见表 8-9。

表 8-9　层次总排序

层次	$B1$	$B2$	$B3$	$B4$	层次总排序
	0.389	0.153	0.069	0.389	
$C1$	0.106	0.6	0.639	0.087	0.211
$C2$	0.26	0.2	0.274	0.274	0.257
$C3$	0.633	0.2	0.087	0.639	0.531

一致性检验 $CR<0.1$，表明评价层次总排序的计算结果具有满意的一致性。

由表 8-9 可以看出，甲、乙、丙三个农村的信息化绩效高低进行评价的排序是 $C3>C2>C1$，即农村丙的信息化绩效最高，其次是农村乙，最后是农村甲。

8.2.2　主成分分析法

1. 主成分分析法概述

主成分分析法（Principal Component Analysis）在多元统计方法中占有比较重要的地位，是综合评价过程中解决高维问题的一种非常有效的探索性综合评价方法。在进行系统评价分析时，为了能够全面反映评价对象的实际，人们总是希望选取的评价指标越多越好，这样评价分析问题就变成了多变量或高维问题。但是过多的评价指标即变量太多，不仅会增加分析问题的难度与复杂性，而且在许多实际问题中，会因为评价指标间一定的相关关系而造成评价信息相互重叠和干扰，从而难以客观地反映被评价对象的相对地位。因此，在研究各个变量之间相关关系的基础上，期望用少数几个彼此不相关的新变量代替原来为数较多且彼此有一定关联的变量，同时又尽可能多地反映原来的信息，从而引入了主成分分析法。主成分分析法具有对高维变量系统进行最佳的综合与简化、减少原始数据信息损失、消除指标间不同量纲、客观地确定各个指标的权数和避免主观随意性等方面的突出特点，在社会经济、企业的综合管理评价、选择问题等诸多领域有广泛的研究与应用。

2. 主成分分析方法的基本原理

主成分分析是把原来多个变量化为少数几个综合指标的一种统计分析方法，从数学角度来看，是一种降维处理技术。降维处理，即是用较少的几个综合指标来代替原来较多的变量指标，而且使这些较少的综合指标既能尽量多地反映原来较多指标的信息，同时它们又不相关。其最简单的形式就是取原来变量指标的线性组合，并适当调整组合系数，使新的变量指标之间相互独立且代表性最好。

将原来具有一定相关性的 P 个变量指标进行线性组合成一组新的互相无关的综合变量指标来代替原来的变量指标，而这些新的变量指标 $F_1, F_2, \cdots, F_k (k \leqslant p)$，按照保留主要信息量的原则充分反映原变量指标的信息。在进行线性组合变换时保持变量的总方差不变，用 F_i 的方差 $\mathrm{Var}(F_i)$ 来表达，F_i 称为第 i 个主成分。使第一变量具有最大的方差，称为第一主成分，第二变量的方差次大，并且与第一变量不相关，称为第二主成分。依次类推，K 个变量就有 K 个主成分。

把这 p 个指标看作 p 个随机变量，记为 $X_1, X_2, \cdots, X_p$，主成分分析就是要把这 p 个指标的问题，转变为讨论 p 个指标的线性组合问题。

$$F_1 = u_{11} X_1 + u_{21} X_2 + \cdots + u_{p1} X_p$$
$$F_2 = u_{12} X_1 + u_{22} X_2 + \cdots + u_{p2} X_p$$
$$\vdots$$
$$F_k = u_{1k} X_1 + u_{2k} X_2 + \cdots + u_{pk} X_p$$

并且，此线性组合问题满足如下的条件。

（1）每个主成分的系数平方和为 1。

（2）主成分之间相互独立，即 $\mathrm{Cov}(F_i, F_j) = 0, i \neq j, i, j = 1, 2, \cdots, k$。

（3）主成分的方差依次递减，即 $\mathrm{Var}(F_1) \geqslant \mathrm{Var}(F_2) \geqslant \cdots \geqslant \mathrm{Var}(F_k)$。

（4）由原始数据的协方差阵或相关系数据阵，可计算出矩阵的特征根 $\lambda_1, \lambda_2, \cdots, \lambda_k$，且 $\lambda_1 \geqslant \lambda_2 \geqslant \cdots \geqslant \lambda_k \geqslant 0$。$\lambda_1$ 对应 F_1 的方差，λ_2 对应 F_2 的方差，$\cdots$，λ_k 对应 F_k 的方差。

主成分分析目的是希望用尽可能少的主成分 $F_1, F_2, \cdots, F_k (k \leqslant p)$ 代替原来的 P 个指标。在实际工作中，主成分个数的多少取决于能够反映原来变量大于 80% 的信息量为依据，即当累积贡献率大于或接近 80% 时的主成分的个数就足够了。

3. 主成分分析主要步骤

主成分分析主要步骤如下。

（1）原始变量指标数据标准化。

（2）变量指标之间的相关性判定。

（3）计算标准化数据的协方差矩阵。

（4）计算协方差矩阵的所有特征值，分别求出特征向量并根据特征值累计比例确定主成分的个数。

（5）计算主成分载荷值与因子得分系数矩阵，确定主成分表达式；计算综合得分即进行主成分评分，并按评分值的大小排序，输出结果等。

根据以上原理，主成分分析方法算法的程序流程如图 8-3 所示。

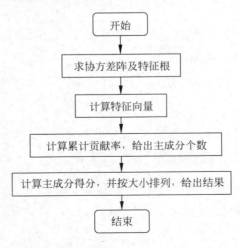

图 8-3　主成分分析方法算法的程序流程图

4. 计算示例

本实例运用 SPSS 统计软件实现主成分分析。在 SPSS 统计软件中,选择菜单 Analyze/Data Reduction/Factor /Principal Components 完成主成分分析。

实例:某地区农村信息化绩效评价——主成分分析综合评价模型。

假定某地区有 A1、A2、A3、A4、A5、A6、A7 等 7 个农村,农村信息化绩效考核为 B1、B2、B3、B4、B5、B6 等 6 个指标。各农村的评价指标数据如表 8-10 所示。

表 8-10　各农村信息化绩效评价指标数据

农村	B1	B2	B3	B4	B5	B6
A1	14	0.94	5.0	0.86	0.93	0.78
A2	17	0.91	5.1	0.84	0.98	0.82
A3	18	0.88	5.3	0.83	0.97	0.87
A4	13	0.93	5.4	0.87	0.94	0.77
A5	16	0.89	5.7	0.92	0.95	0.76
A6	19	0.90	5.5	0.91	0.96	0.86
A7	12	0.95	4.9	0.88	0.99	0.85

（1）信息化绩效评价指标之间的相关性判定。

对评价指标数据的相关性进行检验,可以反映农村信息化绩效评价指标数据间的相关关系。农村信息化绩效评价指标数据的相关系数矩阵见表 8-11。

表 8-11　各农村信息化绩效评价指标值的相关系数矩阵

	B1	B2	B3	B4	B5	B6
B1	1.000					
B2	−0.856(＊)	1.000				
B3	0.488	−0.708	1.000			
B4	−0.069	0.032	0.509	1.000		
B5	0.117	−0.059	−0.349	−0.136	1.000	
B6	0.438	−0.217	−0.277	−0.243	0.708	1.000

＊ Correlation is significant at the 0.05 level(2-tailed).

（2）主成分识别。

主成分识别是以农村信息化绩效评价指标数据作为原变量,通过计算变量方差和协方差矩阵的特征量,将多个变量通过降维转化为少数几个综合变量,即将农村信息化绩效评价信息进行集中和提取,从众多农村信息化绩效评价信息中识别出起主导作用的成分。表 8-12 是各农村信息化绩效评价指标数据的总方差分解表。

表 8-12 各农村信息化绩效评价指标值的总方差分解表

各主成分序号	初始特征值及方差贡献率		
	各成分特征值	方差贡献率%	累计方差贡献率%
1	2.440	40.669	40.669
2	2.136	35.601	76.270
3	0.953	15.879	92.149
4	0.314	5.227	97.376
5	0.124	2.062	99.438
6	0.034	0.562	100.000

由于表 8-12 第一、第二主成分特征值占总方差的百分比已经等于76.270%,即表 8-12 的前两个主成分已经涵盖各自大部分农村信息,其中第一主成分携带的信息最多,达到 40.669%,主成分 3 及以后的主成分对总方差的贡献很小。为了以尽可能少的指标反映尽量多的信息,故选取前 2 个因子作为主成分,分别代表主要的农村选择指标数据。

（3）农村信息化绩效评价识别分析。

主要的农村信息化绩效评价识别是通过农村信息化绩效评价指标数据对主成分的贡献率即主成分载荷进行分析,载荷大的即可认为是重要选择指数因子。表 8-13 是农村信息化绩效评价指标数据各变量对应其两个主成分的荷载值,载荷值反映的是各变量与二个主成分的相关系数。

表 8-13   各农村信息化绩效评价指标值的主成分载荷矩阵

	第一主成分	第二主成分
1	0.908	0.247
2	−0.958	−0.053
3	0.775	−0.575
4	0.161	−0.558
5	0.039	0.816
6	0.263	0.874

（4）农村信息化绩效评价结果。

表 8-14 是各农村信息化绩效评价指标数据的因子得分系数矩阵。

表 8-14   各农村信息化绩效评价指标值的因子得分系数矩阵

	第一主成分	第二主成分
1	0.372	0.116
2	−0.393	−0.025
3	0.318	−0.269
4	0.066	−0.261
5	0.016	0.382
6	0.108	0.409

对应表 8-14 的二个主成分得分 FAC 的表达式分别为：

$$FAC1 = B1 \times 0.372 + B2 \times (−0.393) + B3$$
$$\times 0.318 + B4 \times 0.066 + B5$$
$$\times 0.016 + B6 \times 0.108$$
$$FAC2 = B1 \times 0.116 + B2 \times (−0.025) + B3$$
$$\times (−0.269) + B4 \times (−0.261)$$
$$+ B5 \times 0.382 + B6 \times 0.409$$

农村信息化绩效评价指标值主成分得分 ＝（FAC1）× 2.440 ＋（FAC2）× 2.136。

由此得到的各农村信息化绩效评价指标值主成分得分排序结果如

图 8-4 所示。

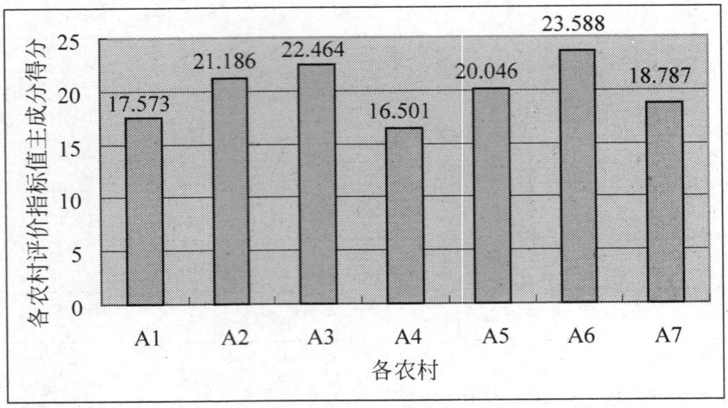

图 8-4　各农村信息化绩效评价指标值主成分得分

从图 8-4 可以看出,在七个农村中,农村 A6 信息化绩效得分最高,其他依次为 A3、A2、A5、A7、A1,A4 信息化绩效得分最低,即有 A6＞A3＞A2＞A5＞A7＞A1＞A4,农村 A6 信息化绩效排名第一,农村 A4 信息化绩效排名最后。

8.3　农村信息化绩效评价指标体系

8.3.1　农村信息化绩效评价指标体系的概念

1. 评价指标

评价是人类社会中一项经常性的、极为重要的认识活动。对一个事物的评价常常要涉及多个因素或多个指标,评价是在多因素相互作用下的一种综合判断;指标是根据研究的对象和目的,能够确定地反映研究对象某一方面情况的特征依据;而评价指标则是计划中或预期达到的指数、规格和标准,用来衡量(检测)评价对象实现(达到)目标要求的程度的工具。每个评价指标都是从不同侧面刻画对象所具有的某种特征。通常,评价指标可以分为一级指标也称为大类指标、二级指标、三级指标等若干级别;二级指标从一级指标中派生得到,三级指标又从二级指标中派生得到，最低层次的指标称为单项指标。

2. 评价指标体系

评价指标体系是指由一系列相互联系、相互作用的单项评价指标所构成的有机整体，它一般包含若干个层次。它能够根据研究的对象和目的，综合反映出对象各个方面的情况。指标体系不仅受评价客体与评价目标的制约，而且也受评价主体价值观念的影响。但指标体系应该符合评价对象的客观实际，具有系统性、完整性和科学性，能够反映所要解决问题的各项目标要求。

3. 农村信息化绩效评价指标体系

农村信息化绩效评价指标体系是农村信息化建设的指南。农村信息化绩效评价指标体系不仅可以用来衡量和检测农村信息化建设的成绩和效果，而且可以对农村信息化建设起到引导作用。农村信息化绩效评价指标体系的指标选择，应能综合反映我国或地区农村信息化建设水平，反映农村信息化建设对我国或地区农村社会发展与进步的作用。

8.3.2 农村信息化绩效评价指标体系构建原则

农村信息化绩效评价指标体系的构建是农村信息化绩效评价的基础，是科学、合理地对农村信息化绩效进行量化的依据。农村信息化工作是一个复杂的系统工程，涉及诸多因素的影响，因此其指标体系的集成不是简单的拼凑和堆砌，要充分考虑到农村信息化各个方面。基于此，农村信息化绩效评价指标体系的构建遵循以下原则。

1. 科学性原则

农村信息化绩效评价指标体系应从农村信息化的内涵与规律入手，客观科学提炼农业信息化绩效评价指标维度，评价指标体系所包含的各单项指标，确定指标数量，同时各评价指标之间尽可能保持相互独立，客观和真实地反映农村信息化水平，保证评价指标体系的科学性。

2. 有效性原则

农村信息化绩效评价指标体系应能有效地反映出所评价对象的实际，并能对评价对象给出合理的绩效判断、定性或定量的评定。同时，随着农村信息化建设与发展，评价指标体系中的指标以及每一个指标的重要性程度也会随之调整，以达到评价目标要求。

3. 系统性原则

系统性原则是指根据评价目标要求，农村信息化绩效评价指标体系所包含的单项指标要能够涵盖评价对象所涉及的各个方面，二级指标必须是由相应的一级指标派生出来，三级指标由相应的二级指标派生出来，各项指标组成一个完整的、互为促进与制约的有机联系的农村信息化绩效评价指标体系。

4. 可操作性原则

设计的农村信息化绩效评价指标体系应该具有实施的可能性和可行性，避免其评价指标所涉及的信息分布零散，且不充分；避免形成庞大的指标群和复杂的指标层次结构；指标的定性应该评价简单，定量评价数据应该容易采集，计算公式科学合理；评价过程简单，易于掌握和操作。没有可操作性的评价指标体系是没有价值的。

5. 导向性原则

农村信息化绩效评价指标体系中所有指标的设置应该有引导和导向作用，能对农村信息化管理工作进行规范，并对此起到引导和监控的作用。

6. 可比性原则

可比性包括横向可比性和纵向可比性，农村信息化绩效评价指标体系应该能够进行横向、纵向比较，具有统一性。农村信息化绩效评价过程应当按照确定的处理方法、评价指标含义一致进行，并提供相互可比的农村信息化绩效统计信息，便于通过比较发现农村信息化方案的优劣改进方案。

7. 阶段性原则

农村信息化建设呈现明显的阶段性建设特征,农村信息化建设依托于农业信息化建设。国家对推进农业信息化建设先后经过了单纯基础设施硬件建设阶段、农业信息系统开发与建设阶段、多技术农业信息化集成阶段三个阶段。农村信息化绩效评价也应该体现阶段性建设特征,在设计评价指标体系时根据阶段性建设特征有所侧重。

8. 前瞻性原则

农村信息化依托于信息技术。信息技术领域的发展和更新呈现几何级数的跨越式发展特性。因此,农村信息化绩效评价体系需要依托于信息技术的发展具有前瞻性,能预测农村信息化领域未来一段时间内有可能应用的一定规模的新技术及其对农村信息化的影响,例如移动互联、传感器、物联网、云计算、大数据等先进信息化技术的出现与应用对农村产生规模影响。

8.3.3 农村信息化绩效评价指标体系构建

农村信息化绩效评价是加强农村信息化建设的一项基础性工作,对于准确评价国家和地区农村信息化状况,推进农村信息化发展具有巨大的推动作用。农村信息化绩效评价指标体系的构建是农村信息化绩效评价过程中至关重要的关键环节,在整个评价过程中难度最大,对评价结果是否具有科学性、系统性、有效性等有重要的影响。应该充分借鉴国内外关于农村信息化绩效评价的方法和经验,深入研究农村信息化的客观规律和农村信息化绩效的基本特征,结合农村信息化管理的实际,探讨农村信息化绩效评价的科学方法,从分析农村信息化内涵入手,以农村信息化的构成要素作为构建基础,进而建构科学、系统、有效的农村信息化绩效评价指标体系。

1. 农村信息化绩效评价指标体系构建基本思路

2001 年 7 月,由信息产业部正式颁布《国家信息化指标构成方案》,作为我国进行国家和地区信息化水平量化分析和管理的依据和手段,规定"今后凡全国性信息化水平比较,须严格按照方案的统一规定进行"。在《国家信息化指标构成方案》的指导下,我国信息化评价研究和实践逐步展开。但农村信息化评价还处于研究探索阶段。不少专家学者进行了积极的研究与探索,提出了一些农村信息化评价的方案,构建了农村信息化绩效评价指标体系,为建立和完善我国农村信息化绩效评价体系做出了开创性的贡献。

在已有的农村信息化绩效评价指标体系中,多数是以2001年国家信息产业部颁布的国家信息化指标体系为基础进行部分改动,但必须指出,农村信息化与国家信息化是有一定区别的;我国幅员辽阔,各地区经济发展和信息化发展也存在差异;随着信息技术的发展和我国农村信息化的不断推进,农村信息化的内涵和外延也相应地不断发展演化。为此,多位学者、研究人员提出了针对我国不同地区的区域农村信息化绩效评价指标体系,以适应我国的区域发展差异。构建农村信息化绩效评价指标体系,除了要坚持科学性、有效性、系统性、可操作性、导向性、可比较性、阶段性和前瞻性等原则,还应注重直接农村信息化绩效评价与间接农村信息化绩效评价的有机结合;宏观农村信息化绩效评价与微观农村信息化绩效评价的有机结合。

2. 几个典型的农村信息化绩效评价指标体系

（1）国家信息化指标构成方案。

作为我国信息化绩效较早研究成果的《国家信息化指标构成方案》于2001年7月,由信息产业部正式颁布,如表8-15所示。此方案也是我国农村信息化绩效评价指标体系的基础方案。

表8-15 国家信息化指标构成方案

	指标名称	指标解释	单位	指标出处
1	每千人广播电视播出时间	目前,传统声、视信息资源仍占较大比重,用此指标测度传统声、视频信息资源	小时/千人（总人口）	根据广电总局资料统计
2	人均带宽拥有量	带宽是光缆长度基础上通信基础设施实际通信能力的体现,用此指标测度通信能力	千比特/人（总人口）	根据信息产业总资料统计

	指 标 名 称	指 标 解 释	单　位	指 标 出 处
3	人均电话通话次数	语音业务是信息服务的一部分,通过这个指标测度电话主线使用率,反映信息应用程度	通话总次数/人(总人口)	根据信息产业部、统计局资料统计
4	长途光缆长度	用来测度光缆长度,是通信基础设施规模最通常使用的指标	芯长公里	根据信息产业部、统计局资料统计
5	微波占有信道数	目前微波通信已经呈明显下降趋势,用这个指标反映传统通信资源	波道公里	根据信息产业部、统计局资料统计
6	卫星站点数	由于我国幅员广阔,卫星通信占有一定地位	卫星地点	根据广电总局、信息产业部、统计局资料统计
7	每百人拥有电话主线数	目前,固定通信网络规模决定了语音业务规模,用这个指标反映主线普及率(含移动电话数)	主线总数/百人(总人口)	根据广电总局、信息产业部、统计局资料统计
8	每千人有线电视用户数	有线电视网络可以用作综合信息传输,用这个指标测试有线电视的普及率	有线电视用户数/千人(总人口)	根据广电总局、统计局资料统计
9	每百万人互联网用户数	用来测度互联网的使用人数,反映互联网的发展状况	互联网用户人数/百万人(总人口)	根据 CNNIC、统计局资料统计
10	每千人拥有计算机数	反映计算机普及程度,计算机指全社会拥有的全部计算机,包括单位和个人拥有的大型机、中型机、小型机、PC	计算机拥有数/千人(总人口)	根据统计局住户抽样数据资料统计
11	每百户拥有电视机数	包括彩色电视和黑白电视,反映传统信息设施状况	电视机数/百户(总家庭数)	根据统计局住户抽样资料统计
12	网络资源数据库总容量	各地区网络数据库总量及总记录数、各类内容(学科)网络数据库及总记录数构成,反映信息资源状况	吉字节(GB)	在线填报
13	电子商务交易额	指通过计算机网络所进行的所有交易活动(包括企业对企业、企业对个人、企业对政府等交易)的总成交额,反映信息技术应用水平	亿元	抽样调查

	指标名称	指标解释	单 位	指标出处
14	企业信息技术类固定投资占同期固定资产投资的比重	企业信息技术类投资指企业软件、硬件、网络建设、维护与升级及其他相关投资,反映信息技术应用水平	百分比	抽样调查
15	信息产业增加值占 GDP 比重	信息产业增加值主要指电子、邮电、广电、信息服务业等产业的增加值,反映信息产业的地位和作用	百分比	根据统计局资料统计
16	信息产业对GDP 增长的直接贡献率	该指标的计算为信息产业增加值中,当年新增部分与 GDP 中当年新增部分之比,反映信息产业对国家整体经济的贡献	百分比	根据统计局资料统计
17	信息产业研究与开发经费支出占全国研究与开发经费支出总额的比重	全国基础设施投资指能源、交通、邮电、水利等国家基础设施的全部投资,从国家对信息产业基础设施建设投资的支持程度反映国家发展信息产业的政策力度	百分比	根据信息产业部、广电总局、统计局资料统计
18	信息产业基础设施建设投资占全国基础设施建设投资比重	全国基础设施投资指能源、交通、邮电、水平等国家基础设施的全部投资,从国家对信息产业基础设施建设投资的支持程序反映国家发展信息产业的政策力度	百分比	根据信息产业部、广电总局、统计局资料统计
19	每千人中大学毕业生比重	反映信息主体水平	拥有大专毕业文凭数/千人(总人口)	根据统计局资料统计
20	信息指数	指个人消费中除去衣食住外信息产品消费的水平	百分比	根据统计局资料

（2）中国农村信息化水平的评价指标体系。

从农村信息化的内涵入手,以我国农村信息化政策法规和标准为重要依据,兼顾和区分农村信息化的建设状况与水平状态,考虑有效性和现实性,构建能够较为全面反映我国农村信息化水平的评价指标体系。该体系由信息网络、信息技术应用、信息资源、信息产业、信息人才等五大要素指标和 28 个构成指标构成,如表 8-16 所示。

农村信息化管理

表 8-16　中国农村信息化水平指标构成方案

要素指标	构成指标	招标单位	指标解释
信息网络	光缆覆盖率	芯长公里	用来测度带宽,是通信基础设施规模最通常使用的指标
	人均带宽拥有量	千比特/人	带宽是光缆长度基础上通信基础设施实际通信能力的体现,用此测度实际通信能力
	计算机拥有率	台/百户	反映计算机普及程度,包括单位和个人拥有的大型机、中型机、小型机、PC、笔记本电脑
	固定电话主线普及率	部/百人	固定通信网络规模决定了语音业务规模。用此测度固定电话的普及程度
	移动电话拥有率	部/百人	移动通信规模决定了移动语音业务规模。用此测度移动电话的普及程度
	有线电视入户率	%	有线电视网络可以用作综合信息传输,用此测度有线电视的普及度
	电视机拥有率	台/百户	电视机是传统信息设施,用此测度电视机的普及程度
	信息服务站点率	个/千户	用此测度农村信息服务体系建设情况
	书刊拥有率	册/户	农村图书室、文化站和农户家庭藏书(刊)量,用此测度纸质载体的普及程度
信息技术应用	信息指数	%	指个人消费中除去衣食住外杂费的比率,反映信息消费能力
	单位上网率	%	农村区域内基本单位中具有互联网域名的企业、事业、社会组织所占的比例
	互联网用户数	人/万人	用来测度农村使用互联网的人数(平均每周使用互联网1小时以上或者至少在一个网站已经注册为用户的)
	网络使用率	小时/周	人均每周使用网络的时间,用此测度网络应用水平
	广播收听率	小时/天	人均每天收听农村有线广播、收音机电台播音的时间,用此测度广播应用水平
	电视收视率	小时/天	人均每天收看电视节目的时间,用此测度电视应用水平
	电话使用率	分/月	人均每月使用固定电话和移动电话的时间,用此反映通信技术的应用程度
	邮政业务量	件次/人	人均每月或每年通过农村邮政寄发新建包裹、汇款、储蓄等的件次

要素指标	构成指标	招标单位	指标解释
	农村信息服务站服务量	人次/月	农村信息服务站每月接受服务的人次,以此反映利用农村信息服务机构的情况
	电子商务交易额	亿元	指通过计算机网络所有交易活动(包括企业对企业,企业对个人,企业对政府等交易)的总成交额,反映网络应用水平
信息资源	网络资源数据库总容量	G	涉农网络数据库总量及总记录数、各类内容(学科)网络数据库及总记录数构成,反映信息资源状况
	涉农网站信息更新率	小时	涉农网站平均每次更新信息的间隔时间、以此测度网络信息的及时程度
	广播播出率	小时/天	农村广播站每天播出的时间,以此测度广播信息提供量
	有线电视播出率	小时/天	农村有线电视每天播出的时间,以此测度电视信息提供量
	图书室文化站开放率	小时/周	农村图书室、文化站等藏书机构每周开放的时间,以此测度书刊信息提供量
信息产业	信息产业增加值占GDP比重	%	农村邮电、广电、信息服务业等产业的增加值,反映信息产业地位和作用
	信息产业对GDP增长的直接贡献率	%	用农村信息产业增加值中当年新增部分与GDP中当年新增部分之比,反映信息产业对农村经济的贡献
信息人才	信息工作人员的比重	人/百户	每百户农村家庭所拥有专兼职信息工作人员的数量,以此测度农村信息化的人力保障
	接受信息化培训人员的比重	人/千人	每千名农业从业人员中接受过信息化专门培训的人数,以此反映农村信息化主题的接受能力

（3）北京农村信息化工作绩效考评指标体系。

根据信息化评价指标体系的制定原则,在借鉴国内外信息化评价指标体系的同时,结合农村信息化工作的地域特色构建农村信息化绩效评价指标体系,对区县的农村信息化工作绩效进行综合评价。首先从国内外信息化评测指标体系中提取指标建立农村信息化评测指标库,聘请信息化领域专家根据评测需要各自从指标库中选取指标,汇总专家选择指标,并通过反复征询确定各级评价指标,形成了 4 个一级指标、33 个二级指标的农村信息化工作绩效评价指标体系,同时根据各二级指标的内容制定了详细的指标打分表,规范化指导针对各项指标的打分。北京农村信息化工作绩效考评指标体系如表 8-17 所示。

表 8-17　北京农村信息化工作绩效评价指标体系表

序号	一级指标	二级指标	单位	权重	来　源	指标解释说明
1	信息化基础设施条件(25)	光纤入村率	%	4	问卷调查,经信委	
2		广电村村通覆盖率	%	3	年鉴,广电局	
3		有线电视入村率	%	3	年鉴,广电局	
4		每百个中小学在校生电脑拥有量	台/百人	3	年鉴,统计局	所有作为学校固定资产统计的计算机数除以全日制在校生总数
5		固定电话普及率	部/百户	1.5	年鉴,农调队,统计局	农村居民电话拥有率
6		移动电话普及率	部/百人	1.5	年鉴,农调队,统计局	农村居民移动电话拥有率
7		电视普及率	台/百人	3	年鉴,农调队,统计局	农村居民家庭所拥有的电视机(包括彩色和黑白)的总量
8		电脑普及率	台/百户	3	年鉴,农调队,统计局	农村居民家庭所拥有的各类个人计算机的总量
9		每平方公里光纤长度(芯公里)	芯km/km²	3	问卷、年鉴、服务商	光缆芯长度与总面积之比
10	信息资源(25)	涉农数据库	M	4	问卷调查	涉农方面的数据,如光盘、图书、数据库等

305

序号	一级指标	二级指标	单位	权重	来源	指标解释说明
11		涉农网站的数量	个/万人	4	问卷、互联网信息中心	区域内注册的涉农网站的数量
12		涉农网站访问率	次/月	4		
13		涉农网站信息更新	条/天	4		
14		信息服务站点数	个/百人	5	农科院、农委、科委、经信委	市农委的农业信息服务点、市科委爱农驿站、市农科院农村远程教育点、市经信委数字家园等的总和
15		综合信息服务站点开放率	天/年	4	问卷	每年开放天数（开放2小时以上算1天）
16	信息化应用（25）	乡村政务管理系统覆盖率	%	4	问卷调查	
17		办公自动化水平	个	4	问卷	管理过程中实现信息化项目数
18		农村社会事业信息管理系统总数	个	4	问卷	农村拥有各种社会事业的信息管理系统的个数之和
19		农业信息应用系统总数	个	4	问卷调查、农委	各种农业信息管理系统
20		能上网农业专业合作组织比例	%	2	农委	
21		农产品上网交易比例	%	2	问卷、年鉴	网上交易值与总交易值之比
22		远程教育覆盖率	%	3	问卷、年鉴	远程教育点所能覆盖的村镇的占整体村镇的比例

序号	一级指标	二级指标	单位	权重	来　　源	指标解释说明
23		网络用户平均上网时间	小时/人	2	问卷、中国互联网信息中心	当年上网用户的上网时间或上网人数
24	支撑环境（25）	乡村从业人员文化程度	%	2	年鉴,统计局	高中以上人员占比例
25		农村信息服务员队伍	人	2	农委,调查问卷	经培训的农村专职或兼职信息员数量
26		信息化管理人员	人/千人	3	农调队,统计军	信息化管理机构的人员数
27		信息化组织机构的领导保证		3	问卷	主管领导,例如：县长、副县长等的级别
28		农村信息化发展项目数	次/年	3	问卷	制定的各类的信息化发展项目数量
29		农村信息化专门会议	次/年	2	问卷	召开的农村、农业和其他涉及信息化发展与管理的专门的会议
30		信息化培训人次	人/年	2	农调队,统计局	每年进行的信息和技术培训等人的次数
31		农村教育经费投入	万元/年	2	年鉴	
32		信息化专项投入	万元/年	3	年鉴、问卷调查	区域内用于农村信息化投入的资金
33		信息消费指数	%	3	年鉴、问卷调查	指个人消费中除去衣食住外杂费的比率

（4）北京市农村信息化评价指标体系。

应用农村信息化产业链理论,设计一套包括 6 个一级指标、23 个二级指标的农村信息化评价指标体系,如表 8-18 所示。一级指标为农村信息资源建设、农村信息网络建设、农村信息化政策支持、农业信息技术应用、农村信息人才培养和农村信息产业发展六个方面。

表 8-18　农村信息化评价指标体系

序号	一级指标	二级指标	单位	来　　源	说　　明
1	1.农村信息资源建设	1.1 在线农业数据库数量	个	农科院	包括与农业相关的各种数据库
2		1.2 涉农网站的数量	个	农业部	指有独立域名的 web 站点，其中包括 CN 和通用顶级域名（gTLD）下的 Web 站点。独立域名指的是每个域名最多只对应一个网站"WWW.＋域名"。另外，网站内容以农业类信息为主
3		1.3 涉农网站的更新周期		网络查询	指网页的最后更新日期与当前时间之间的时间差
4	2.农村信息网络建设	2.1 信息网络入村率	%	信息办	接通因特网、局域网的村所占比例
5		2.2 有线电视入村率	%	年鉴	接通有线电视的村所占比例
6		2.3 信息服务站点覆盖率	%	信息办	有政府所进行的信息资料室、爱农驿站等
7		2.4 互联网入户率	%	信息办	包括拨号上网、手机上网、宽带上网、专线上网等各种方式，CNNIC 对互联网用户的定义平均每周使用互联网至少 1 小时的中国公民
8	3.农村信息化政策支持	3.1 农村信息化管理机构	是/否	网络查询信息办	是否有专门的农村信息化负责机构
9		3.2 农村信息化发展规划	个/年	网络查询调查问卷	正式发布的文件、通知等
10		3.3 农村信息化专项预算	万元/年	网络查询年鉴	每年的农村信息化投入
11		3.4 农村信息化专门会议	(次/年)	网络查询调查问卷	以农村信息化为主要议题的会议
12	4.农村信息技术应用	4.1 农村电脑普及率	台/百户	年鉴	每百户农户家庭中拥有电脑数量

序号	一级指标	二级指标	单位	来 源	说 明
13		4.2农村电视普及率	台/百户	年鉴	每百户农户家庭中拥有电视机数量
14		4.3农业远程教育覆盖率	%	农科院	远程教育点所能覆盖的村的比例
15		4.4乡村政务管理系统	%	网络查询调查问卷	使用政务管理系统的乡村比例
16		4.5农产品网上交易比例	万元/年	调查问卷年鉴	反映信息技术对农村商品流通的作用
17		4.6农业决策管理系统	个	网络查询调查问卷	使用农业决策管理系统的耕作项目数,反映信息技术在农业生产中的应用
18	5.农村信息人才培养	5.1农村信息服务人员	人	网络查询	县、乡镇、农村信息服务机构人员
19		5.2农村信息员队伍	人/百人	网络查询	每百人中占位农村信息化服务的信息员人数
20		5.3具有计算机知识的农业劳动力人数占农业劳动力比重	%	年鉴	高中以上文化程度为具备计算机知识的农业劳动力,反映农民的信息意识
21		5.4农村信息培训	%	信息办	受过信息化培训的人员比例
22	6.农村信息产业发展	6.1信息指数	元/年	年鉴	个人消费中除去衣食住外杂费的比率,反映信息消费能力
23		6.2农村信息服务业产值	%	年鉴	农村信息服务业产值占农业总产值的比例,反映信息供给水平

(5) 运城地区农村信息化评价指标体系。

农村信息化发展水平评价指标是衡量与测评农村信息化状况的尺度,其内容涉及农业生产、经营及农村管理的各个环节,同时又受国家经济、环境、社会等诸多方面因素的影响,因此在建立能够全面反映农村信息化状况和结构的指标体系时,本着科学性与系统性、典型性与可操作性、可比性和导向性、动态性和互补性等原则,使建立的指标体系既有普遍性又有当地的特殊性,尽可能将定性指标转化为定量指标,使指标体系具有实际的可操作性,各项指标参数较易采集,指标体系及评价结果准确真实,能得到决策者认可等等。运城地区农村信息化评价指标体系按照农村信息化建设所包括的七个方面:信息资源、硬件基础、农业信息技术应用、服务站点、农业信息产业、农村信息人才、农村信息化外部环境设立一级评价指标,然后对每个一级指标进行分解,形成 31 个二级指标体系,如表 8-19 所示。

表 8-19　运城地区农村信息化评价指标体系

一级指标编号	一级指标名称	二级指标编号	二级指标名称	指标运算、单位
1	信息资源	01	农经类广播电视播出率	一定时期内农经类广播电视播出时数/一定时期内广播电视播出时数
		02	百万人涉农网站拥有量	区域内涉农网站数量/区域内农村人口总数(百万人)
		03	人均农业图书馆藏量	区域内图书馆藏农业图书数量/区域内农村人口总量
		04	电话通话次数(含移动)	一定时期区域内人均电话通话次数
		05	农业科学研究、技术服务单位	区域内提供农业科学研究、技术服务单位的数量/个
		06	信息传输、计算机服务和软件业单位	区域内从事信息传输、计算机服务和软件业单位的数量/个
2	硬件基础	01	农村电话普及率(固定电话)	区域内农村电话拥有量/区域内农村总人口数(百人)
		02	农村电视机普及率	区域内农村电视机拥有量/区域内农村总人口数(百人)
		03	每百户拥有计算机数量	区域内农村计算机装机量/区域内农户总数(百户)
		04	每百户拥有移动电话数	区域内农村移动电话装机量/区域农村总户数(百户)

一级指标编号	一级指标名称	二级指标编号	二级指标名称	指标运算、单位
3	农业信息技术应用	01	农村互联网用户比例	农村互联网总数/农村总人口数
		02	上网率	使用网络人数/区域总人口数
		03	农业科技成果转化率	已转化农业成果数/农业成果总数
		04	万人农业数据库拥有量	农业数据库总数/农村人口总数（万人）
4	服务站点	01	设立农村经济信息服务站的县乡比重	设立农村信息服务站的县乡数/区域内县乡总数
		02	设立农村经济信息服务点的行政村比重	设立农村信息点的行政村数/区域内行政村总数
5	农业信息产业	01	电信邮电业务收入占农村 GDP 比重	一定时期内电信邮电业务收入/一定时期内 GDP 总额
		02	农业信息咨询业总产值占农村 GDP 比重	一定时期内农业信息咨询业总产值/一定时期内农村 GDP 总额
		03	农业科学研究、技术服务产值占农业 GDP 比重	一定时期内农业科学研究、技术服务产值/一定时期内农村 GDP 总额
		04	信息传输、计算机服务和软件业收入占农业 GDP 比重	一定时期内信息传输、计算机服务和软件业收入/一定时期内农村 GDP 总额
		05	农业电子商务产值占农村 GDP 比重	一定时期内农村电子商务产值/一定时期内农村 GDP 总额
		06	农村物流服务产值占农村 GDP 比重	一定时期内农村物流服务产值/一定时期内农村 GDP 总额
6	农村信息化人才	01	农村信息中心从业人员比重	区域内农村信息中心从业人员总数/区域内农村就业人口数
		02	农村信息员（专兼职）数量	区域内农村信息员（专兼职）数量
		03	农业科技人员比重	农业科研人员部总数/区域内农村就业人员数
		04	信息传输、计算机服务和软件业人员比重	信息传输、计算机服务和软件业人员总数/区域内农村就业人口数

一级指标编号	一级指标名称	二级指标编号	二级指标名称	指标运算、单位
7	农村信息化外部环境	01	农村居民劳动力文化程度	区域内农村具有高中以上文化程度人口数/区域内农村劳动力总数(千人)
		02	农村教育经费投入比重	一定时期内区域内农村教育投资额/一定时期内区域内教育投资额
		03	农村电信投资比重	一定时期内农村电信投资额/一定时期内电信投资额
		04	地区政府科技划拨经费	一定时期内区域内地区政府支持农业科技划拨经费总数
		05	信息化消费比重	一定时期内区域内农村信息消费总额/总消费额

本 章 小 结

本章主要阐述农村信息化绩效评价的概念、意义与作用,介绍农村信息化绩效评价的常用方法,例如层次分析法、主成分分析法,同时给出相应方法的计算示例;最后指出农村信息化绩效评价指标体系的构建原则,并介绍几个典型的农村信息化绩效评价指标体系。农村信息化绩效可以认为是在农村信息化进程中,通过有效配置信息装备、信息资源、信息主体,普及信息技术、优化信息环境,以促进农村的全面发展并实现效率、效益、公平目标的运行过程和运行结果。农村信息化绩效的基本特征主要体现为目标定向性、绩效长期性与渗透性、内容系统性、显现动态性、绩效互补性。农村信息化绩效评价的意义是实施农村信息化绩效评价,能够有效地指导和促进农村信息化建设,科学客观衡量区域农村信息化发展水平,促进地区农村信息化的综合健康发展。通过农村信息化绩效评价,可以提供科学、量化的农村信息化程度依据,明确农村信息化发展所处的位置,并能够找出与发达国家、地区、其他行业之间的差距,对于提高当地农村信息化工作的科学决策和管理水平、制定当地农村信息化发展战略和政策、促进当地农民增收、农业发展和农村社会稳定,有着深远的战略意义与现实意义。农村信息化绩效评价的具体作用有提高农村信息化管理水平,推动农村信息化进程;促进农村信息化战略的制定和实施;规范信息化管理与控制。农村信息化绩效评价指标体系构建的原则是科学性原则、有效性原则、系统性原则、可操作性原则、导向性原则、可比性原则、阶段性原则、前瞻性原则。构建农村信息化绩效评价指标体系,除了要坚持科学性、有效性、系统性、可操作性、导向性、可比较性、阶段性和前瞻性等原则,还应注重直接农村信息化绩效评价与间接农村信息化绩效评价的有机结合;宏观农村信息化绩效评价与微观农村信息化绩效评价的有机结合。构建针对我国不同地区的区域农村信息化绩效评价指标体系,以适应我国的区域发展差异。

思　考　题

1. 基本概念题。

(1) 信息化绩效

(2) 农村信息化绩效

(3) 评价

(4) 农村信息化绩效评价

(5) 层次分析法

(6) 主成分分析法

2. 简答与论述题。

(1) 农村信息化绩效有哪些基本特征?

(2) 开展农村信息化绩效评价的意义与作用是什么?

(3) 试述层次分析法的主要步骤。

(4) 试述主成分分析方法的基本原理。

(5) 试述农村信息化绩效评价指标体系构建的原则。

(6) 谈谈你对《国家信息化指标构成方案》的看法。

(7) 试构建一个区域农村信息化绩效评价指标体系。

参 考 文 献

[1] 中共中央办公厅、国务院办公厅印发《2006—2020 年国家信息化发展战略》,新华网,www. news. cn,2006-5-8.

[2] 周宏仁. 信息化概论[M]. 北京:电子工业出版社,2009.

[3] 贾敬敦,吴飞鸣,于双民. 农村信息化发展研究[M]. 北京:科学技术文献出版社,2014.

[4] 李道亮. 中国农村信息化发展报告(2011)[M]. 北京:电子工业出版社,2012.

[5] 李道亮. 中国农村信息化发展报告(2013)[M]. 北京:电子工业出版社,2014.

[6] 廖桂平. 农村农业信息化面临的问题及应对策略[J]. 湖南农业大学学报(社会科学版),2012,13(2):4-7.

[7] 廖桂平,肖力争,朱方长,等. 湖南农业农村信息化现状与发展[J]. 情报杂志,2011,30(2):62-65.

[8] 白毅. 新农村建设中电子政务的价值——基于农村地区"四位一体"发展的分析[J]. 电子政务,2011(12):110-113.

[9] 高万林,李桢,张港红. 农村电子政务应走"三位一体"发展之路[J]. 中国农村科技,2012(6):46-48.

[10] 李克强主持召开国务院常务会议. 中国经济网. 2015-10-15.

[11] 郭永田. 中国农业农村信息化发展成效与展望[J]. 电子政务,2012(2):99-106.

[12] 李道亮. 中国农村信息化发展报告(2008)[M]//中国农村信息化发展报告. 中国农业科学技术出版社,2007:72-84.

[13] 李道亮. 中国农村信息化发展报告(2009)[M]. 电子工业出版社,2009.

[14] 陈良玉,陈爱锋. 中国农村信息化建设现状及发展方向研究[J]. 中国农业科技导报,2005,7(2):67-71.

[15] 陈鹏. 加快信息化建设的重要性和必要性[J]. 管理观察,2010(17):303-304.

[16] 赵国俊. 电子政务教程[M]. 中国人民大学出版社,2015:5.

[17] 张明新,刘伟. 互联网的政治性使用与我国公众的政治信任——一项经验性研究[J]. 公共管理学报,2014,11(01):90-102.

[18] 连维良,吴建南,孙林岩. 体现大部制精神的政务运作机制创新——某市政务日例会的案例研究[J]. 经济社会体制比较,2012(4):111-121.

[19] 吴建南,马亮,杨宇谦. 中国地方政府创新的动因、特征与绩效——基于"中国地方政府创新奖"的多案例文本分析[J]. 管理世界,2007(8):43-51.

[20] 陈雪莲,杨雪冬. 地方政府创新的驱动模式——地方政府干部视角的考察[J]. 公共管理学报,2009,6(3):1-11.

［21］ 杨雪冬.过去10年的中国地方政府改革——基于中国地方政府创新奖的评价[J].公共管理学报,2011,8(1):81-93.

［22］ 洪毅.中国电子政务十年回顾与展望[M].社会科学文献出版社,2013.

［23］ 李伟克.美国和加拿大农业电子政务的现状[J].天津农林科技,2006(6):36-37.

［24］ 杨兴凯,张笑楠.新农村电子政务建设模式研究[J].中国信息界,2007(Z1):21-23.

［25］ 中国互联网信息中心.中国互联网络发展状况统计报告[R].中国互联网信息中心.2016.7.

［26］ 冯英健.网络营销基础与实践[M].北京:清华大学出版社,2016.

［27］ 施志君.可视化电子商务[M].北京:化学工业出版社,2016.

［28］ 中国互联网信息中心.中国互联网信息中心.中国互联网络发展状况统计报告[R].2016.

［29］ 中国互联网信息中心.中国互联网信息中心.2015年农村互联网发展状况研究报告[R].2016.

［30］ 国务院.国务院办公厅关于促进农村电子商务加快发展的指导意见[Z].2015.

［31］ 中国电子商务研究中心.2015年度中国网络零售市场数据监测报告[R].2016.

［32］ 任凯.建设农村远程医疗系统的意义和实现[J].江苏卫生事业管理,2006,17(4):35-36.

［33］ 高晨光,马宝英.农村远程医疗开展过程中的问题及对策[J].卫生软科学,2014,28(7):468-469.

［34］ 张翔.农村偏远地区远程医疗援助系统的设计与实现[D].大连:大连理工大学,2013.

［35］ 王泰群,王平.中国特色农业远程教育的发展实践[J].华中农业大学学报(社会科学版),2011,(02):100-103.

［36］ 百度文库.党员干部现代远程教育基本知识[EB/OL].(2010-12-28).http://wenku.baidu.com/view/b12cd75e804d2b160b4ec003.html.

［37］ 百度百科.农村党员干部现代远程教育[EB/OL].http://baike.baidu.com/view/420542.htm.

［38］ 刘顺财.浅谈物联网技术发展现状及其应用[J].网络安全技术与应用,2016(4):93-94.

［39］ 刁兴玲.物联网的真正阻碍在于统一行业标准缺失[J].通信世界,2015(20):31.

［40］ 汪先锋.基于物联网技术的环境数据采集与传输系统[C].中国环境科学学会2013年学术年会,2013.

［41］ 姚伟,鲁丽娜.物联网环境下系统集成应用技术的探讨[J].智能建筑,2016(8):25-27.

［42］ 杨宁生,袁永明,孙英泽.物联网技术在我国水产养殖上的应用发展对策[J].中国工程科学,2016,18(3):57-61.

［43］ 高雅,高杨,郭少雅.信息化与农业现代化深度融合——全国"互联网+"现代农业工作会议暨新农民创业创新大会综述[J].新农村:黑龙江,2016(20):5-7.

［44］ 姚雨辰.基于物联网的食品供应链可追溯系统[J].江苏农业科学,2014,42(6):276-278.

［45］ 纵瑞奇,唐红梅,马珊.农业物联网技术[J].自然科学:文摘版,2016(7):92.

［46］ 北京昆仑海岸传感技术有限公司.农业物联网-远程监控解决方案[J].自动化博览,2013(4):64-66.

［47］ 钟志宏,管帮富,姜振国,等.江西省农业物联网综合服务平台的设计与实现[J].江西农业学报,2016,28(11):75-79.

［48］ 曾诗淇.农业物联网成为渔业现代化加速器[J].农业工程技术,2015(27):27.

［49］ 熊沈学,冯嘉林.农业物联网技术在养殖上的推广应用[J].中国畜牧兽医文摘,2014(4):1.

[50] 徐刚,陈立平,张瑞瑞,等.基于精准灌溉的农业物联网应用研究[C]// cwsn2010 中国传感器网络学术会议,2010.

[51] 毕庆生,顿文涛,王栋,等.面向智能灌溉的物联网应用研究[J].农业网络信息,2014(5):40-43.

[52] 宁正元,王李进.统计与决策常用算法及其实现[M].北京:清华大学出版社,2009.

[53] 杜栋,庞庆华,吴炎.现代综合评价方法与案例精选[M],北京:清华大学出版社,2008.

[54] 郭彦英,邓云峰,任珺.AHP 法在地表水水质综合评价指标权重确定中的应用[J].兰州交通大学学报(自然科学版),2006,25(3):70-72.

[55] 张显萍,吴自爱.基于因子分析的农业信息化绩效评价指标体系研究——以安徽省为例[J],华东经济管理,2015,29(6):35-40.

[56] 龚淼林,李旭辉.农村信息化评价指标体系理论构建及应用研究[J].赤峰学院学报(自然科学版),2012,28(11):48-50.

[57] 梁春阳.论农业信息服务绩效评价体系的构建——兼评我国农业及农村信息化测评模型研究[J],2012(9):31-35.

[58] 刘世洪.中国农村信息化测评理论与方法研究[D].北京:中国农业科学院研究生院,2008.

[59] 杨诚,蒋志华.我国农村信息化评价指标体系构建[J].情报杂志,2009,28(2):24-27.

[60] 乔冰琴,安玉琴,李永军.运城农村信息化评价体系的构建[J],山西财税,2014(12):17-19.

[61] 梁春阳.西北民族地区与西南民族地区农村信息化绩效比较研究[J],图书馆理论与实践,2011(3):39-41.

[62] 马明远,秦向.北京农村信息化工作绩效考评指标体系研究[J],中国农学通报,2011,27(30):285-289.

[63] 张喜才,秦向阳,张兴校.北京市农村信息化评价指标体系研究[J],北京农业职业学院学报,2008,22(1):42-46.

[64] 吕建东.构建科学的农村信息化评价体系[J],通信企业管理,2008(7):76.

附录 A　与农村信息化管理的相关术语

1. 12316：是农业部于 2006 年开通的全国农业系统公益服务统一专用号码。以此号码为纽带，广大农民、企业等可以通过语音电话、短彩信和互联网等方式获得统一、规范、方便、准确的信息服务。

2. 3S 系统：是遥感（Remote Sensing，RS）、地理信息系统（Geography Information System，GIS）和全球定位系统（Global Positioning System，GPS）的合称。

3. CRM（Customer Relationship Management）：即客户关系管理，是选择和管理有价值客户及其关系的一种商业策略。它通过对客户详细资料的深入分析，来提高客户满意程度，从而提高企业的竞争力。

4. ERP（Enterprise Resource Planning）：即企业资源计划，是一种根据市场需求建立的新一代集成化企业内部资源管理系统。它由美国 Gartner Group 咨询公司在 20 世纪 90 年代首先提出。它主张把企业的物流、资金流、信息流统一起来进行管理，以求最大限度地利用企业现有资源，实现企业经济效益的最大化。

5. GPS（Global Positioning System）：即全球定位系统，是美国从 20 世纪 70 年代开始研制，于 1994 年全面建成，具有在海、陆、空进行全方位实时三维导航与定位能力的新一代卫星导航与定位系统。GPS 以全天候、高精度、自动化、高效益等显著特点，被成功地应用于大地测量、工程测量、航空摄影测量、运载工具导航和管制、地壳运动监测、工程变形监测、资源勘察、地球动力学等多种学科，由导航星座、地面台站和用户定位设备三部分组成，目前在世界范围内被广泛应用。

6. HTTP(Hyper Text Transfer Protocol)：即超文本传输协议，是万维网(World Wide Web)的基本协议，是使超文本文件在 WWW 上可阅读的方法。万维网的服务器和客户机都是基于 HTTP 实现的。

7. IPTV(Interactive Personality TV)：即交互式网络电视。它是一种利用宽带有线电视网，集互联网、多媒体、通信等多种技术于一体，向家庭用户提供包括数字电视在内的多种交互式服务的崭新技术。它改变了以往被动的电视观看模式，适应了当今网络飞速发展的趋势。

8. IPv4(Internet Protocol version 4)：是互联网协议(Internet Protocol, IP)的第四版，也是第一个被广泛使用、构成现今互联网技术的基石的协议。

9. IPv6(Internet Protocol version 6)：是现行互联网协议(Internet Protocol, IP) IPV4 的下一代版本，是互联网工程任务组(Internet Engineering Task Force, IETF)设计的用于替代现行版本 IP 协议(IPv4)的下一代 IP 协议。

10. IP 地址：指在 Internet 上为每台计算机指定的地址。它为 IP 协议提供统一格式的地址。IP 地址是一个逻辑意义上的地址，其目的就是屏蔽物理网络细节，使得 Internet 从逻辑上看起来是一个整体的网络。每一个 IP 地址在 Internet 上是唯一的，是运行 TCP/IP 协议的唯一标识。

11. RFID(Radio Frequency Identification)：即射频识别技术，又称电子标签、无线射频识别。它是一种可通过无线电讯号识别特定目标并读写相关数据，而无须识别系统与特定目标之间建立机械或光学接触的通信技术。

12. SCM(Surface Complexation Model)：即供应链管理，是围绕核心企业，主要通过信息手段，对供应的各个环节中的各种物料、资金、信息等资源进行计划、调度、调配、控制与利用，形成用户、零售商、分销商、制造商、采购供应商的全部供应过程的功能整体。

13. TCP/IP(Transmission Control Protocol/Internet Protocol)：即传输控制协议，在网络中提供可靠数据传输和无连接数据服务的一组

协议。提供可靠数据传输的协议称为传输控制协议 TCP,提供无连接数据服务的协议称为网际协议 IP。世界上的大部分国家和地区部通过 TCP/IP 协议和因特网相连接。

14. WAP(Wireless Application Protocol):即无线应用协议,是在数字移动电话、寻呼机、个人数字助理及其他"智能"无线终端上提供因特网通信和先进电话业务的全球性标准。WAP 使移动 Internet 有了一个通行的标准,其目标是将 Internet 的丰富信息及先进的业务引入到移动电话等无线终端之中。

15. Wi-Fi(Wireless Fidelity):即无线相容认证,Wi-Fi 是 Wi-Fi 联盟制造商的商标可作为产品的品牌认证,是一个创建于 IEEE 802.11 标准的无线局域网络,是无线以太网兼容性联盟(WECA)用来认证无线网络设备是否完全兼容 IEEE 802.11 无线网络标准的正式协议。它是当今使用最广的一种无线网络传输技术,目前 2.4GHz 的 ISM 频段上但数据传输速率高达 11Mbit/s,为世界上绝大多数国家通用。

16. 超链接(Hyperlink):指在超文本系统中,一个字或短语与一个相关的问题或该字或短语的进一步解释之间建立的一个链接。通过超链接点取的方式,可以从一个网页链接到另一个网页。

17. 传感技术:是敏感功能材料科学、传感器技术、微细加工技术等多学科技术相互交叉而形成的新技术。其中,传感器技术是涉及传感(检测)原理、传感器件设计、传感器开发和应用的综合技术。

18. 传感器:是把被测量的信息转换为另一种易于检测和处理的量(通常是电学量)的独立器件或设备。传感器的核心部分是具有信息形式转换功能的敏感元件。传感器的主要性能指标包括测量范围、灵敏度、分辨力、重复性、响应速率、稳定性、可靠性、使用寿命和耐劣环境能力等。

19. 代理服务器:是一种代表客户机转送服务请求的服务器,它可以在送出信息内容前对其进行审查,从而在因特网和专用网之间提供防火墙安全性。

20. 带宽(Bandwidth):是网络信号可使用的最高频率与最低频率

之差。这个术语也用来描述指定网络介质或协议的额定吞吐能力。

21. 地理信息系统（Geographic Information System，GIS）：是在计算机硬软件系统支持下，对整个或部分地球表层（包括大气层）空间中的有关地理分布数据进行采集、储存、管理、运算、分析、显示和描述的技术系统。

22. 电子商务（E-commerce；Electronic Commerce）：狭义上的电子商务是 E-commerce，指利用 Web 提供的通信手段在网上进行的交易；广义上的电子商务是 E-business，指包括电子交易在内的，利用 Web 进行的全面商务活动。电子商务模式一般可分为 B2B、B2C 和 C2C 三类。其中，B2B 模式为企业对企业（Business-to-Business），B2C 模式为企业对消费者（Business-to-Consumer），C2C 模式为消费者对消费者（Consumer-to-Consumer）。

23. 电子数据交换（Electronic Data Interchange，EDI）：是指用约定的标准编排有关数据，通过一个计算机向另一个计算机传送业务往来和信息。通俗地讲，EDI 就是将数据和信息规范化和格式化，并通过计算机进行连通管理。

24. 服务器（Server）：是网络环境中的高性能计算机。它侦听网络上的其他计算机（客户机）提交的服务请求，并提供相应的服务。

25. 公共网关接口（Common Gateway Interface，CGI）：是一个信息服务器主机对外信息服务的标准接口，是服务器上运行的网关守护进程。它提供一个计算机程序同 HTTP 协议或者 WWW 服务的接口，也就是人机交互接口。

26. 公钥基础设施（Public Key Infrastructure，PKI）：是一种利用公钥证书机制来实施和提供信息安全服务的普适性基础设施，其目的是管理密钥和证书。它为电子商务的开展提供一套安全基础平台的技术和规范。PKI 体系主要由证书管理机构（CA）、注册审批机构（RA）、证书公布机制或目录服务器机制、证书废止发布机制（CRL）、安全应用软件、证书策略（CP）与证书运作规范（CPS）构成。

27. 公钥与私钥：是通过一种算法产生的一个密钥对，其中一个向外界公开,称为公钥;另一个自己保留,称为私钥。通过这种算法产生的密钥对是唯一的,用其中一个密钥加密一段数据,必须用另一个密钥解密,如用公钥加密数据必须用私钥解密,用私钥加密也必须用公钥解密。

28. 管理信息系统(Management Information System,MIS):由人和计算机网络集成,能提供企业管理所需信息以支持企业的生产经营和决策的人机系统。主要功能包括经营管理、资产管理、生产管理、行政管理和系统维护等。

29. 广域网(Wide Area Network,WAN):也称远程网,是一种跨越大的、地域性的计算机网络的集合。广域网通常跨接很大的物理范围,能连接多个城市或国家,或横跨几个洲并能提供远距离通信,形成国际性的远程网络。广域网包括大大小小不同的子网,子网可以是局域网,也可以是小型的广域网。

30. 互联网(Internet):即广域网、局域网及单机按照一定的通信协议组成的国际计算机网络。因特网是"Internet"的中文译名。

31. 计算机网络:是指将地理位置不同的具有独立功能的多台计算机及其外部设备,通过通信线路连接起来,在网络操作系统,网络管理软件及网络通信协议的管理和协调下,实现资源共享和信息传递的计算机系统。根据网络规模和通信距离,计算机网络可分为局域网、城域网和广域网。

32. 交换机(Switch):是一种基于 MAC(网卡的硬件地址)识别,能完成封装转发数据包功能的网络设备。交换机可以"学习"MAC 地址,并把其存放在内部地址表中,通过在数据帧的始发者和目标接收者之间建立临时的交换路径,使数据帧直接由源地址到达目的地址。

33. 金农工程:是国家电子政务建设的重点工程之一,由农业部牵头、国家粮食局等单位配合,共同组织进行建设。该工程于 2007 年开始实施。目的是加速和推进农业和农村信息化,建立"农业综合管理和服务信息系统"。金农工程的主要任务:一是网络的控制管理和信息交换服务,包括与其他涉农系统的信息交换与共享;二是建立和维护国家级农业数据库群及其应用系统；三是协调制定统一的信息采集、发布的标准规范，对区域中心、行业中心实施技术指导和管理；四是组织农业现代化信息服务及促进各类计算机应用系统，如专家系统、地理信息系统、卫星遥感信息系统的开发和应用。

34．精准农业（Precision Agriculture，PA）：是综合运用现代信息技术和智能装备技术，对农业生产进行定量决策、变量投入、定位实施的现代农业操作技术系统，是在资源硬约束背景下用现代工业技术成果装备农业后形成的一种新的高度集约化现代农业生产类型，也是在全球信息化和高度工业化发展的大背景下，现代农业科技自身发展的必然产物和存在形式。

35．局域网（Local Area Network，LAN）：是指在某一区域内由多台计算机互联成的计算机组。局域网可以实现文件管理、应用软件共享、打印机共享、工作组内的日程安排、电子邮件和传真通信服务等功能。

36．决策支持系统（Decision Support System，DSS）：是辅助决策者通过数据、模型和知识，以人机交互方式进行半结构化或非结构化决策的计算机应用系统。它是管理信息系统（MIS）向更高一级发展而产生的先进信息管理系统。

37．客户端（Client）：也称为用户端，是指与服务器相对应，为客户提供本地服务的程序。客户端在运行时需要建立特定的通信连接，使用网络中有相应的服务器和服务程序来提供相应的服务。目前，一些常用的客户端包括网页浏览器、电子邮件客户端以及即时通信的客户端软件等。

38．宽带（Broad Band）：指传输大量数据信息的途径，即通过在现有的电话线（铜线）上使用 ADSL、光缆、CATV 等技术来实现 1Mbit/s 或更高速度的上网服务的总称。

39．浏览器（Browser）：是指在人们使用的电脑上安装的，用来显示指定文件的程序。WWW 的原理就是通过网络客户端（Client）的浏览器去读指定文件。同时 Internet 上还提供了远程登录（Telnet）、电子邮件(E-mail)、传输文件(FTP)、电子公告板(BBS)、网络论坛(Netnews)等多种交流方式。

40. **农业机器人**：是一种兼有人类四肢行动、部分信息感知和可重复编程功能的柔性自动化或半自动化设备。该设备集成传感技术、监测技术、人工智能技术、通信技术、图像识别技术、精密及系统集成技术等多种前沿科学技术于一身，目的是实现农业生产的自动化、精准化和智能化。

41. **农业物流**：是指以农业生产经营为核心而发生的一系列物品从供应地向接受地的实体流动和与之有关的技术、组织、管理活动。这一过程使运输、储藏、加工、装卸、包装、流通和信息处理等基本功能有机结合，贯穿于农业生产的产供销各环节。

42. **人工智能(Artificial Intelligence, AI)**：是研究、开发用于模拟、延伸和扩展人的智能的理论、方法、技术及应用系统的一门新的技术科学，主要包括机器人、语言识别、图像识别、自然语言处理和专家系统等内容。

43. **三电合一**：是充分利用电话、电视、电脑三种载体的优势，建设公共数据库平台，整合农业信息资源，依托农业信息服务体系，开展形式多样、交互性强、个性化的农业信息服务。三电合一农业综合信息服务平台主要包括电话语音、专家座席、电脑网络、远程诊断、电视节目制作播出系统和全国公用数据库。

44. **三网融合**：是指电信网、广播电视网和互联网三大网络通过技术改造、相互渗透、互相兼容，逐步整合成为统一的信息通信网络，以实现三网的互联互通、资源共享，为用户提供话音、数据和广播电视等多种服务。

45. **数据库(Database)**：为解决特定的任务，以一定的组织方式存储在一起的相关的数据的集合。数据库通常分为层次式数据库、网络式数据库和关系式数据库 3 种，不同的数据库是按不同的数据结构来联系和组织的。数据库是按照数据结构来组织、存储和管理数据的仓库，它产生于距今五十年前，随着信息技术和市场的发展，特别是 20 世纪 90

年代以后,数据管理不再仅仅是存储和管理数据,而转变成用户所需要的各种数据管理的方式。

46. 数字广播:是一种通信和广播相融合的新概念多媒体移动广播服务,又称为第三代无线电广播。它通过地面发射站来发射数字信号,以达到广播以及数据资讯传输的目的。随着技术的发展,数字广播除了传统意义上仅传输音频信号外,还可以传送包括音频、视频、数据、文字、图形等在内的多媒体信号。

47. 数字农业(Digital Agriculture):是综合应用 4G 技术、自动化技术、计算机技术、通信和网络技术等数字化技术,与农业所涉及的农业生产学科、农业环境学科、农业管理学科等基础专业学科知识有机结合,在数字水平上对农业生产、管理、经营、流通、服务等领域进行数字化设计、可视化表达、智能化控制和系统化管理,达到合理利用农业资源、降低生产成本、提高经营效益、改善生态环境等目的。

48. 数字签名(Digital Signature):是指以电子形式存在,可依附在电子文件中用于辨识电子文件的签署者及表示对该电子文件内容负责所使用的电子数字标识。该标识允许数据单元的接收者用以确认数据单元的来源和数据单元的完整性,并保护数据,防止被人进行伪造。

49. 数字证书(Digital Certificate):也称公开密钥证书,是指用于电子信息活动中电子文件行为主体的验证和证明,并可实现电子文件保密性和完整性的电子数据。数字证书是一个经证书认证中心(Certification Authority,CA)发行的文件。数字证书包含有行为主体信息和证书认证机构的数字签名。

50. 万维网(World Wide Web,WWW):又称环球信息网、环球网、全球浏览系统,指基于超媒体的,方便用户在因特网(Internet)上检索和浏览的广域信息查询工具。

51. 网关(Gateway,GW):又称网间连接器、协议转换器,是指在采用不同体系结构或协议的网络之间进行互通时,用于提供协议转换、路由选择、数据交换等网络兼容功能的设施。

52. 无线传感器网络(Wireless Sensor Networks,WSN):是由部署

在监测区域内大量的微型传感器节点组成，并通过无线通信方式形成的一个多跳自组织网络。它是一种全新的信息获取平台，能够实时监测和采集网络分布区域内的各种检测对象的信息，并将这些信息发送到网关节点，以实现复杂的指定范围内目标检测与跟踪，具有快速展开、抗毁性强等特点。

53. 无线广域网（Wireless Wide Area Network，WWAN）：是采用无线网络把物理距离极为分散的局域网连接起来的通信方式。无线广域网连接的地理范围较大，常常是一个国家或一个洲，其目的是为了让分布较远的各局域网互联。

54. 无线局域网（Wireless Local Area Networks，WLAN）：是指能够支持计算机在无线基站覆盖范围内的任何地点以无线方式发送和接收数据的局域网。它所使用的连接技术有红外线、高频无线电以及扩频无线电。

55. 物联网（Internet of Things，IoT）：即物物相连的互联网。具体是指通过射频识别（RFID）、红外感应器、全球定位系统、激光扫描器等信息传感设备，按约定的协议，把任何物品与互联网连接起来，进行信息交换和通信，以实现智能化识别、定位、跟踪、监控和管理的一种网络。

56. 信息技术（Information Technology，IT）：指利用计算机和现代通信手段对有关信息进行收集、识别、提取、变换、存储、处理、检索、检测、分析和利用的技术。

57. 信息流（Information Flow）：广义定义是指人们采用各种方式来实现信息交流，从面对面的直接交谈直到采用各种现代化的传递媒介，包括信息的收集、传递、处理、储存、检索、分析等渠道和过程。狭义定义是指信息处理过程中信息在计算机系统和通信网络中的流动。

58. 信息资源（Information Resources）：广义是指人类社会信息活动中积累起来的信息、信息生产者、信息技术等信息活动要素的集合。狭义是指人类社会经济活动中经过加工处理有序化并大量积累起来的有用信息的集合。

59. 虚拟农业（Virtual Agriculture，VA）：以农业领域研究对象（农

作物、畜、禽、鱼、农产品市场、资源高效利用等)为核心,采用先进信息技术手段,实现以计算机为平台的研究对象与环境因子交互作用,以品种改良、环境改造、环境适应、增产等为目的技术系统,其成果应接受实践的检验。

60．遥感(Remote Sensing,RS)：是一种从空间远距离探测地球表面所反射或辐射的电磁波强度及其在空间和时间上的分布,以获取地物(包括陆地、海洋和大气)环境信息的技术。目前遥感技术已广泛应用于资源环境、水文、气象,地质地理等领域,成为一门实用、先进的空间探测技术。

61．因特网(Internet)：又称国际互联网,是全球最大的、开放的、由众多网络互连而成的计算机网络。狭义的因特网指上述网中所有采用IP协议的网络互连而成的网络。

62．云存储(Cloud Storage)：是指通过集群应用、网格技术或分布式文件系统等功能,将网络中大量各种不同类型的存储设备通过应用软件集合起来协同工作,共同对外提供数据存储和业务访问。

63．云服务：根据云计算所提供的服务类型,将其划分为 3 个层次：应用层、平台层和基础设施层。相应地,各自对应着一个子服务集合：软件即服务(Software as a Service,SaaS)、平台即服务(Platform as a Service,PaaS)和基础设施即服务(Infrastructure as a Service,IaaS)。

64．云计算(Cloud Computing)：指将计算任务分布在大量计算机构成的资源池上,使各种应用系统能够根据需要获取计算力、存储空间和各种软件服务。

65．知识(Knowledge)：是指人们对客观事物运动规律的认识,是经过人脑加工处理过的系统化了的信息。

66．信息(Information)：是数据按有意义的关联排列的结果。信息由意义和符号组成,就是指以声音、语言、文字、图像、动画、气味等方式所表示的实际内容。

67．数据(Data)：是对客观事物的符号表示,用于表示客观事物的未经加工的原始素材,如图形符号、数字、字母等。在计算机科学中,数据是指所有能输入到计算机并被计算机程序处理的符号的介质的总称。

68. 智能农业：又称工厂化农业，是指在相对可控的环境条件下，采用工业化生产，实现集约高效可持续发展的现代超前农业生产方式，就是农业先进设施与陆地相配套、具有高度的技术规范和高效益的集约化规模经营的生产方式。它集科研、生产、加工、销售于一体，实现周年性、全天候、反季节的企业化规模生产；它集成现代生物技术、农业工程、农用新材料等学科，以现代化农业设施为依托，科技含量高，产品附加值高，土地产出率高和劳动生产率高，是我国农业新技术革命的跨世纪工程。

69. 防火墙：在互联网上，每个UNIX高手都有办法让网络管理员的日子过得很凄惨，黑客们只需有个人电脑、调制解调器和足够的时间就可以兴风作浪。互联网上信息的价值和使用者承受的伤害之间并没有明显直接关系，但奇怪的是黑客族、小偷和破坏者都以侵入他人电脑为乐。让恶作剧的人和小偷无法进入办公室，就得使用安全门锁；想隔离互联网上的破坏者，则必须考虑使用防火墙，防火墙是连接区域网路和互联网供应商路由器的"桥梁"电脑。这些硬件专门设计用来拦截并过滤信息，只让符合严格安全标准的信息通过。防火墙一般可以分为两大类：网络层级和应用程式层级。网络层级的防火墙会拦截所有尝试进出网路的封包，扫描它的位址标题以确认发出处，检查规则会决定要接受或拒绝这个封包。应用层级的防火墙利用一个和网络隔离的机器担任，由它执行新闻组、HTTP、FTP、Telnet和其他服务的代理程序。当防火墙内的电脑提出要求互联网连线服务时，代理服务器（proxy server）会主动过滤这项要求。对于这项要求连接另一端的电脑而言，连接讯息仿佛是绝对无法和防火墙内的电脑直接连接。由于防火墙像是进出网络的交通枢纽，所以可以由它们增加企业对网络使用的限制。

70. 虚拟现实（Virtual Reality，VR）：是一种可以创建和体验虚拟世界的计算机仿真系统，它利用计算机生成一种模拟环境是一种多源信息融合的交互式的三维动态视景和实体行为的系统仿真使用户沉浸到该环境中。例如，教育方面，可以模拟物体的运动、星球的运行和飞机的模拟飞行；建筑方面，可以让买方知道房子建好时的实际的样子，不会买了房子之后才拼命后悔；而在娱乐方面更是有更好的效果，特别是现在的游戏。

71. 双绞线（Twisted Pair）：是一种常用的网线，它是由两根相互绝缘的铜导线按照一定的规格互相缠绕在一起而成的网络传输介质。它的原理是如果外界电磁信号在两条导线上产生的干扰大小相等而相位相反，那么这个干扰信号就会相互抵消。

72. 集线器（HUB）：是计算机网络中连接多个计算机或其他设备的连接设备，是对网络进行集中管理的最小单元。英文 Hub 就是中心的意思，像树的主干一样，它是各分支的汇集点。HUB 是一个共享设备，主要提供信号放大和中转的功能，它把一个端口接收的所有信号向所有端口分发出去。一些集线器在分发之前将弱信号加强后重新发出，一些集线器则排列信号的时序以提供所有端口间的同步数据通信。

73. 光纤：是以光脉冲的形式来传输信号，材质以玻璃或有机玻璃为主的网络传输介质。它由纤维芯、包层和保护套组成。

74. 电子病历（Electronic Medical Record，EMR）：电子病历是由医疗机构以电子化方式创建、保存和使用的，重点针对门诊、住院患者（或保健对象）临床诊疗和指导干预信息的数据集成系统，是居民个人在医疗机构历次就诊过程中产生和被记录的完整、详细的临床信息资源，是记录医疗诊治对象医疗服务活动记录的信息资源库，该信息资源库以计算机可处理的形式存在，并且能够安全的存储和传输，医院内授权用户可对其进行访问。

75. 电子健康档案（Electronic Health Record，EHR）：健康档案是居民健康管理（疾病防治、健康保护、健康促进等）过程的规范、科学记录，是以居民个人健康为核心、贯穿整个生命过程、涵盖各种健康相关因素、实现信息多渠道动态收集、满足居民自身需要和健康管理的信息资源（文件记录）。电子健康档案，也称为电子健康记录，即电子化的健康档案，是关于医疗保健对象健康状况的信息资源库，该信息资源库以计算机可处理的形式存在，并且能够安全的存储和传输，各级授权用户均

农村信息化管理

可访问。

76. 远程医疗：是一方医疗机构（以下简称邀请方）邀请其他医疗机构（以下简称受邀方），运用通信、计算机及网络技术（以下简称信息化技术），为本医疗机构诊疗患者提供技术支持的医疗活动。医疗机构运用信息化技术，向医疗机构外的患者直接提供的诊疗服务，属于远程医疗服务。远程医疗服务项目包括：远程病理诊断、远程医学影像（含影像、超声、核医学、心电图、肌电图、脑电图等）诊断、远程监护、远程会诊、远程门诊、远程病例讨论及省级以上卫生计生行政部门规定的其他项目。

77. 互联网+：通俗来说，"互联网+"就是"互联网+各个传统行业"，但这并不是简单的两者相加，而是利用信息通信技术以及互联网平台，让互联网与传统行业进行深度融合，创造新的发展生态。它代表一种新的社会形态，即充分发挥互联网在社会资源配置中的优化和集成作用，将互联网的创新成果深度融合于经济、社会各域之中，提升全社会的创新力和生产力，形成更广泛的以互联网为基础设施和实现工具的经济发展新形态。

78. 黑客（Hacker）：指那些没有得到合法的授权，以不正当方式窃取他人的用户名、用户口令和密码，进入他人的计算机系统，窃取他人的信息或破坏他人计算机系统的人。

79. 计算机病毒：是指编制或者在计算机程序中插入的破坏计算机功能或者破坏数据，影响计算机使用并且能够自我复制的一组计算机指令或者程序代码。

附录 B 我国农业农村信息化建设重要工程

B.1 金 农 工 程

金农工程是 1994 年 12 月在"国家经济信息化联席会议"第三次会议上提出的,2005 年正式开始实施。目的是加速和推进农业和农村信息化,建立"农业综合管理和服务信息系统"。

金农工程建设所需投资以中央投入为主导,地方投入为基础,采用国家、部门、地方和社会等多条渠道筹集,以财政拨款为主,银行贷款为辅,利用外资为补充的多种方式解决。金农工程第一阶段投资 5.7 亿元,其中各级财政拨款占 87.5%,贷款占 12.5%。第二、三阶段投资 6.3 亿。

金农工程建设目标是建立信息应用系统,构筑农业信息网络,造就信息服务队伍。在现有基础上,利用先进适用的信息技术手段,开带并运行由支持宏观决策、支持生产经营的各类应用系统组成的多元化的信息应用体系及相关的大型数据库群,加速农业综合信息数据库群和信息应用系统的建设,建立农业综合管理及服务信息系统,加大农业电子信息基础结构建设力度,逐步建成依托国家传送基干网和电信业务网、广播电视网、计算机信息网,能够满足农业宏观调控、微观导向和农村社会化服务要求的中国农业信息网,培养一批既懂农业又懂经济,既懂技术又懂管理的农业信息人才,造就一支信息资源开发和信息技术应用的服务队伍。

金农工程系统结构的核心是金农工程的国家中心。其主要任务:

一是网络的控制管理和信息交换服务,包括与其他涉农系统的信息交换与共享。二是建立和维护国家级农业数据库群及其应用系统。三是协调制定统一的信息采集、发布的标准规范,对区域中心、行业中心实施技术指导和管理。四是组织农业现代化信息服务及促进各类计算机应用系统,如专家系统、地理信息系统、卫星遥感信息系统的开发和应用。金农工程系统结构的基础是国家重点农业县,大中型农产品市场,主要的农业科研教育单位和各农业专业学会、协会。

金农工程的建设重点:一是开发四个系统,初步建成农产品市场预警系统、完善农村市场服务系统、启动农业科技信息联合服务系统,推进农业管理服务系统。二是开发与整合三类信息资源,整合部内信息资源,建立稳定的涉农信息收集、沟通渠道。建立起与海关总署、粮食局、供销总社、国家计委、外经贸部等涉农部门的信息支持协作机制。开发国际农产品生产贸易信息资源。三是建立两支信息服务队伍,一支是高素质的农业信息管理服务队伍;另一支是农村信息员队伍,依靠村组干部、农村经纪人、产业化龙头企业、中介组织和经营大户等,通过培训考核和资格认证,建立农村信息员队伍。

B.2　"村村通"工程

B.2.1　"村村通电话"工程

我国从 2004 年 1 月份起,全面启动"村村通电话"工程。其标准是在全国基本实现行政村通电话,每个行政村至少开通两部电话(可以是固定电话或移动电话甚至卫星电话),其中一部是有人值守的公用电话。"村村通电话"工程主要目的是解决农村通信发展滞后的问题,主要采取两种方式,一种是短效机制,即指定电信运营商分片包干,承担普遍服务义务。一种是长效机制,即通过政府补贴,建立电信普遍服务基金。"村村通电话工程"从 2004 年初至 2007 年 9 月底,共计由 6 家基础电信运营商投资 200 多亿,为 70 652 个无电话行政村和 1 万余个 20 户以上无电话自然村建成通信设施并开通电话,全国行政村通电话的比重达到99.2%,20户以上自然村通电话比重超过90%,农村地区固定电话普及率达到16.8部/百人。全国已有26个省(自治区、直辖市)实现全部行政村通电话,4个省市实现20户以上自然村通电话。

B.2.2 "村村通广播电视"工程

"村村通广播电视"工程从1998年到2006年6月,中央和地方各级政府累计投入资金36亿元,基本解决了全国已通电的11.7万个行政村和10万个50户以上自然村近亿农民群众收听收看广播电视的问题。2008年国家发改委、广电总局全面启全国20户以上已通电自然村"村村通广播电视"工程建设,在2010年底前完成"十一五"村村通工程建设任务,解决了边远地区"村村通"广播电视问题。

B.2.3 全国农村技术市场信息"村村通"工程

全国农村技术市场信息"村村通"工程由科技部主持,是全国农村技术市场工作的一个重要组成部分,其主要目的是整合农村科技信息和实用信息资源,提高信息服务质量和水平,创建能为农民提供即时服务的农村公共信息平台,利用信息技术终端产品,建立针对农民需求的农村技术市场信息系统,探索有效的信息服务和经营方式。

B.3 "农村市场信息服务行动计划"工程

为全面贯彻落实党中央、国务院关于加强农村市场信息体系建设和搞好信息服务的精神,按照《中共中央关于制定国民经济和社会发展第十个五年计划的建议》和中央农村工作会议的有关部署和要求,"信息服务行动计划"立足为农业和农村经济发展、农业结构战略性调整和钛氏瑄收提供及时、准确的信息服务。从2001年起,计划用3~5年的时间,建立起覆盖全国省、市、县、大多数乡镇以及有条件的农业产业化龙头企业、农产品批发市场、中介组织和经营大户的农村市场信息服务网络；进一步发挥各级新闻媒体、农业社会化服务组织和农业广播电视学校的作用,加大农村市场信息的传播力度；建立一支 15 万人的农村信息员队伍,健全乡(镇)、村两级信息传播网络。通过新闻媒体、农村经济信息网、农广校、农村信息员队伍和农业社会化服务组织的密切合作。形成横向相连、纵向贯通的农村市场信息服务网络。通过"抓窗口,抓龙头,抓资源,抓延伸,抓队伍",形成集信息采集、加工、发布、服务于一体的农村市场信息服务体系。

B.4　西新工程

为加强西藏、新疆等边远少数民族地区广播电视覆盖,国家广电总局与国家计委、财政部、电力公司等部门与西藏、新疆、内蒙古、四川、青海、甘肃、云南 7 省区共同实施"西新工程"。经过广电系统 2 万多名干部职工一年多的日夜奋战,国家投入工程建设和维护资金 19.28 亿元,全面完成了"西新工程"第一、二阶段的工作任务,西藏、新疆等 7 省区的广播覆盖能力大大增强,总功率比"西新工程"实施前增加 2.5 倍,实现了"让党和国家的声音传人千家万户"的目标。

"西新工程"第三阶段的基本要求是"巩固、提高、发展、扩大"。"西新工程"第三阶段的工作范围要从西部地区扩大到东部沿海,从国内扩大到国外,从广播扩大到电视和电影,使广播电视事业得到新的发展。工作中特别要狠抓落实,一要抓紧,二要抓细,三要抓实,四要抓好,从而把"西新工程"这个中国广播电视有史以来规模最大、能力最强、效果最好的覆盖工程建设好。

B.5　"三电台一"工程

2005 年农业部正式启动"三电合一"农业信息服务试点项目,重点推广电话、电视、电脑"三电台一"的农业信息服务模式,提高试点项目建设单位的信息服务能力,辐射并带动周边地区农业信息服务工作的开展。

《农业信息服务"三电合一"工程"十一五"建设规划》中明确提出。"三电合一"工程的建设目标是到 2010 年,"三电合一"农业综合信息服务平台初具规模,农业信息服务滞后状况得到明显改善,"最后一公里"问题得到有效解决。"三电台一"信息服务覆盖面力争达到 2000 个县,收益农户 1.4 万亿户。

建设重点:一是平台服务系统建设。包括电话服务系统、电脑网络系统、电视节目制作系统。二是信息资源建设。包括全国公用数据库建设和地方个性化农业数据库建设。全国公用数据库建设包括农业政策法规、国家重大推广技术及农产品市场等信息;升级改造数据采集与交换软件,为各地"三电合一"平台信息交换提供基础支撑。建立适合移动电话服务的农产品市场短信信息生成系统,动态提供每日农产品市场价格和供求信息。三是人才队伍建设。包括专家队伍建设和信息员队伍建设。构建多领域、跨部门的农业信息服务专家队伍,建立专家型的热线服务机制,即时解答农民生产经营问题;组织专家进村入户,现场为农民提供咨询服务。

B.6　农村信息化示范工程

为贯彻 2007 年中央一号文件关于"加强农村一体化的信息基础设施建设,创新服务模式,启动农村信息化示范工程"的精神,农业部决定从 2007 年开始,在全国开展农村信息化示范工程,总结、规范、扶持和推广各地、各部门推进农村信息化实践过程中涌现出具有时代特征的先进典型和成功模式,通过树立和培育不同模式、不同类型、不同层级的示范单位,总结信息服务模式,使其发挥更大的示范带动作用,从而推进信息技术应用,强化涉农信息资源整合与开发,推动农村一体化信息基础设施建设,进一步提高全国农村信息化水平。

这一工程的实施原则是因地制宜,注重实践;整合资源,面向实际;

多方参与,坚持实干;鼓励创新,讲求实用;强化服务,务求实效。工程示范的类型有信息服务型、技术应用型。

B.7　农业信息技术工程

B.7.1　"863"智能化农业信息技术应用示范工程

从 1990 年开始,科技部通过 863 计划,组织实施智能化农业信息技术应用示范工程项目。项目以服务农业、农村、农民为目标,针对我国农业地域厂,区域性强、生产个体分散的特点,探索适合中国国情的信息技术服务农业的发展模式,建立以信息技术为支撑的农业推广体系,引导农民依靠农业科技发展经济。

B.7.2　农业智能化信息管理与服务工程

农业智能化信息管理与服务工程面向农村、农业企业、县(乡)农业技术推广部门、农资部门、种养大户和科技示范户,以农业专家知识经验为基础,以信息技术为于段,研究开发"优质高效农业智能化信息服务系统"。该系统主要包括"优质高效农业生产经营管理信息系统""作物生产智能化辅助决策系统""畜牧生产管理与饲料生产自动控制系统""渔业生产管理自动控制系统""动植物病虫草害诊断防治系统""农业生产与经济发展智能化辅助决策系统"以及"农业信息技术网上共享与信息咨询服务系统"等。

B.7.3　农业"3S"应用工程

通过建立以全球卫星定位系统(GPS)、遥感信息系统(RS)和地理信息系统(GIS)等信息高新技术为基础的农业应用服务系统,加大"3S"技术在农业和农村经济领域特别是在种植业、畜牧业、渔业三大产业中的开发应用力度。将"3S"技术应用于我国农业生产、资源、生态环境和灾害的监测与速报,改革传统农业研究和实验的手段。

B.7.4 "数字农业"工程

科技部一直十分重视数字农业和农村信息化工作,自"八五"以来,国家 863 计划、国家科技攻关计划和国家星火计划均对农业信息化相关内容进行了持续支持。"数字农业"作为国民经济和社会信息化以及"数字地球"的重要内容,是 21 世纪农业的重要标志,也是我国发展现代农业必然选择的支撑技术。具体内容包括农业要素的数字信息化、农业过程的数字信息化和农业管理的数字信息化。

附录 C 中国知名信息产业品牌简介

C.1 华　　为

华为技术有限公司是一家生产销售通信设备的民营通信科技公司，华为产品和解决方案已经应用于全球 170 多个国家，服务全球运营商 50 强中的 45 家及全球 1/3 的人口。2016 年世界 500 强榜单中，华为位居第 129 位。2016 中国企业 500 强中排名第 27 位。

华为聚焦 ICT 基础设施领域，围绕政府及公共事业、金融、能源、电力和交通等客户需求持续创新，提供可被合作伙伴集成的 ICT 产品和解决方案，帮助企业提升通信、办公和生产系统效率，降低经营成本。

华为产品和解决方案涵盖移动、宽带、IP、光网络、网络能源、电信增值业务和终端等领域。具体包括以下十方面：无线接入、固定接入、核心网、传送网、数据通信、能源与基础设施、业务与软件、OSS、安全存储和华为终端。

C.2 阿里巴巴集团

C.2.1 简介

阿里巴巴网络技术有限公司(简称阿里巴巴集团)，由马云于 1999 年在杭州创立。阿里巴巴集团经营业务和关联公司的业务包括淘宝网、天猫、聚划算、全球速卖通、阿里巴巴国际交易市场、1688、阿里妈妈、阿里云、蚂蚁金服和菜鸟网络等。2016 年 4 月 6 日,阿里巴巴正式宣布已经成为全球最大的零售交易平台。2016 年 8 月,阿里巴巴集团在 2016 中国企业 500 强中排名第 148 位。

C. 2. 2　主要业务

- 淘宝网

淘宝网创立于 2003 年 5 月,是注重多元化选择、价值和便利的中国消费者首选网上购物平台。淘宝网展示数以亿计的产品与服务信息,为消费者提供多个种类的产品和服务。

- 天猫

天猫创立于 2008 年 4 月,致力为日益成熟的中国消费者提供选购顶级品牌产品的优质网购体验。

- 聚划算

聚划算于 2010 年 3 月推出,主要通过限时促销活动,结合众多消费者的需求,以优惠的价格提供优质商品。

- AliExpress

全球速卖通创立于 2010 年 4 月,是为全球消费者而设的零售市场,其用户主要来自俄罗斯、美国和巴西。世界各地消费者可以通过全球速卖通,直接以批发价从中国批发商和制造商购买多种不同的产品。

阿里巴巴国际交易市场是阿里巴巴集团最先创立的业务,是领先的跨界批发贸易平台,服务全球数以百万计的买家和供应商。小企业可以通过阿里巴巴国际交易市场,将产品销售到其他国家。阿里巴巴国际交易市场上的卖家一般是来自中国以及印度、巴基斯坦、美国和日本等其他生产国的制造商和分销商。

- 阿里巴巴

1688(简称阿里巴巴中国交易市场)创立于 1999 年,是中国领先的网上批发平台。1688 为在阿里巴巴集团旗下零售市场经营业务的商家,提供了从本地批发商采购产品渠道。

- 阿里妈妈

阿里妈妈创立于 2007 年 11 月,是为阿里巴巴集团旗下交易市场的卖家提供 PC 及移动营销服务的网上营销技术平台。此外,阿里妈妈也通过淘宝联盟,向这些卖家提供同类型而又适用于第三方网站的营销服务。

- 阿里云

阿里云计算创立于 2009 年 9 月,致力开发具有高度可扩展性的云计算与数据管理平台。阿里云计算提供一整套云计算服务,以支持阿里巴巴集团网上及移动商业生态系统的参与者,其中包括卖家及其他第三方客户和企业。

- 支付宝

支付宝创立于 2004 年 12 月,是阿里巴巴集团的关联公司,主要为个人及企业用户提供方便快捷、安全可靠的网上及移动支付和收款服务。支付宝为阿里巴巴集团旗下平台所产生的交易以及面向第三方的交易,提供中国境内的支付及担保交易服务。此外,支付宝是淘宝网及天猫买家和卖家的主要结算方式。

- 菜鸟网络

中国智能物流骨干网(或称浙江菜鸟供应链管理有限公司)是阿里巴巴集团的一家关联公司,致力于满足未来中国网上和移动商务业在物流方面的需求。中国智能物流骨干网经营的物流信息平台,一方面为买家及卖家提供实时信息,另一方面向物流服务供应商提供有助其改善服务效率和效益的信息。

C.2.3 业务模式

阿里巴巴已经形成了一个通过自有电商平台沉积以及 UC、高德地图、企业微博等端口导流,围绕电商核心业务及支撑电商体系的金融业务,以及配套的本地生活服务、健康医疗等,囊括游戏、视频、音乐等泛娱乐业务和智能终端业务的完整商业生态圈。这一商业生态圈的核心是数据及流量共享,基础是营销服务及云服务,有效数据的整合抓手是支付宝。

C.3 百　　度

百度,全球最大的中文搜索引擎、最大的中文网站。百度公司由李彦宏于 2000 年 1 月 1 日在中关村创建。百度拥有的技术团队,使百度成为中国掌握世界尖端科学核心技术的中国高科技企业,也使中国成为美国、俄罗斯和韩国之外,全球仅有的 4 个拥有搜索引擎核心技术的国家之一。百度主要产品有以下几个。

C.3.1　百度一下,你就知道

• 网页搜索：全球最大的中文搜索引擎

作为全球最大的中文搜索引擎公司,百度一直致力于让网民更平等的获取信息,找到所需。百度是用户获取信息的最主要入口,随着移动互联网的发展,百度网页搜索完成了由 PC 向移动的转型,由连接人与信息扩展到连接人与服务,用户可以在 PC、iPad、手机上访问百度主页,通过文字、语音、图像多种交互方式瞬间找到所需信息和服务。

• 手机百度：随时随地,找到所求

手机百度是目前国内活跃用户 TOP3 的 App,依托百度网页、百度图片、百度新闻、百度知道、百度百科、百度地图、百度音乐、百度视频等专业垂直搜索频道,方便用户随时随地使用百度搜索服务。

• 百度地图：Map your life

百度地图是百度提供的一项网络地图搜索服务。用户可以查询街道、商场、楼盘的地理位置,也可以找到最近的餐馆、学校、银行、公园等。

C.3.2　百度,连接人与服务

- 百度糯米:省钱更省心

百度糯米汇集美食、电影、酒店、休闲娱乐、旅游、到家服务等众多生活服务的相关产品,并先后接入百度外卖、去哪儿网资源,一站式解决吃喝玩乐相关的所有问题,逐渐完善了百度糯米 O2O 的生态布局。

- 百度金融

百度金融服务事业群组(FSG)成立于 2015 年 12 月 14 日,业务架构主要包括消费金融、钱包支付、理财、互联网银行和互联网保险等多个板块,基本覆盖金融服务的各个领域。百度将金融业务提升到战略级位置,寻求在金融服务领域扮演改革派角色。

C.3.3　百度,每个人的舞台

- 百度贴吧:上贴吧,找组织

百度贴吧,全球最大的中文社区。贴吧是一种基于关键词的主题交流社区,它与搜索紧密结合,准确把握用户需求,搭建别具特色的"兴趣主题"互动平台。贴吧目录涵盖社会、地区、生活、教育、娱乐明星、游戏、体育、企业等方方面面,目前是全球最大的中文交流平台。

- 百度百科:全球最大的中文百科全书

百度百科是一个内容开放、自由的网络百科全书平台,旨在创造一个涵盖各领域知识的中文信息收集平台。百度百科强调用户的参与和奉献精神,充分调动互联网用户的力量,汇聚上亿用户的头脑智慧,积极进行交流和分享。

- 百度知道:总有一个人知道你问题的答案

百度知道,是百度旗下的互动式知识问答分享平台,也是全球最大的中文问答平台。广大网友根据实际需求在百度知道上进行提问,便立即获得数亿网友的在线解答。

- 百度文库：让每个人平等的提升自我

百度文库是百度发布的供网友在线分享文档的知识平台，是最大的互联网学习开放平台。百度文库用户可以在此平台上，上传、在线阅读与下载文档。

C.3.4　百度，互联网生活助手

- 百度手机助手：最具人气的应用商店

百度手机助手是 Android 手机的权威资源平台，其市场份额连续十个季度排名市场第一，拥有最全最好的应用、游戏、壁纸资源，帮助用户在海量资源中精准搜索、高速下载、轻松管理、万千汇聚、一触即得。

- 百度云：云上的日子，你我共享

百度云是百度推出的一项云存储服务，不仅为用户提供免费的存储空间，还可以将照片、视频、文档、通讯录等数据在移动设备和 PC 客户端之间跨平台同步和管理；百度云还支持添加好友、创建群组，并可跨终端随时随地进行分享。

- 百度移动端输入法：更懂你的表达

拥有六亿用户的百度输入法，支持拼音、笔画、五笔、手写、语音和智能英文等多种输入方式，还结合点划等人性化的交互操作，输入流畅精准。输入法提供丰富的 emoji 表情、颜文字、图片表情等帮助年轻用户个性化的表达。

- 百度浏览器：做个有趣的人

百度手机浏览器是百度自主研发，为手机上网用户量身定制的一款浏览类产品，于 2011 年 6 月 15 日正式上线公测，极速内核强劲动力，提供超强智能搜索，整合百度优质服务。

- hao123：上网从这里开始

hao123 创立于 1999 年，2004 年被百度收购。作为百度旗下核心产品，hao123 及时收录包括音乐、视频、小说、游戏等热门分类的网站，与搜索完美结合，为中国互联网用户提供最简单便捷的网上导航服务，重

农村信息化管理

新定义了上网导航的概念。

　　• 百度杀毒：更快更安全

　　百度杀毒是由百度公司研发的专业杀毒软件，也是世界上第一款将深度学习技术应用到病毒查杀客户端产品，产品依托于百度强大的云计算、大数据能力。自 2013 年上线以来，百度杀毒累积为千万用户提供网络安全服务。

　　• 百度卫士：轻、快、智、净

　　百度卫士是百度公司出品的系统工具软件，集电脑加速、系统清理、安全维护三大功能于一身，为用户提供优质的电脑及网络安全服务。

　　• 百度医生：更权威，更便捷，更丰富，连接人与医疗服务

　　百度医生打造了面向普通用户、医生以及医院的产品体系，包括百度医生、百度医生工作台、百度医学、医疗直达号等，实现医患双选的业务模式，从而优化医疗资源的配置效率，提升各方的工作效率，改善患者的就医体验。

C. 3. 5　百度商业服务，新生产力引擎

　　百度商业服务是原有的百度推广（以搜索推广为主）的基础上，将数据产品、交易产品、媒体产品、信用产品和咨询服务进行了深度的整合，并已将咨询服务、百度内容联盟加入到整体的商业服务框架中来。

　　目前百度商业服务包括三大类产品服务：以凤巢搜索排名为基础的推广类产品服务，品牌宣传类的产品服务以及基于大数据的数据产品增值服务。

C. 4　腾　　讯

　　深圳市腾讯计算机系统有限公司成立于 1998 年 11 月，由马化腾为五位创始人之一。腾讯是中国最大的互联网综合服务提供商之一，也是中国服务用户最多的互联网企业之一，2016 中国企业 500 强中排名第

140 位。

腾讯多元化的服务包括社交和通信服务 QQ 及微信(WeChat)、社交网络平台 QQ 空间、腾讯游戏旗下 QQ 游戏平台、门户网站腾讯网、腾讯新闻客户端和网络视频服务腾讯视频等。

C.5 联 想

联想集团是 1984 年中科院计算所投资 20 万元人民币,由柳传志带领 10 名科技人员创办。从 1996 年开始,联想电脑销量一直位居中国国内市场首位;2005 年,联想集团收购 IBM PC(Personal Computer,个人电脑)事业部;2013 年,联想电脑销售量升居世界第一,成为全球最大的 PC 生产厂商。2014 年 10 月,联想集团宣布了该公司已经完成对摩托罗拉移动的收购。

作为全球电脑市场的领导企业,联想公司主要生产台式电脑、服务器、笔记本电脑、智能电视、打印机、掌上电脑、主板、手机、一体机电脑等商品。

自 2014 年 4 月 1 日起,联想集团成立了四个新的、相对独立的业务集团,分别是 PC 业务集团、移动业务集团、企业级业务集团、云服务业务集团。2016 年 8 月,全国工商联发布 2016 中国民营企业 500 强榜单,联想名列第四。

C.6 京 东

京东(JD)是中国最大的自营式电商企业,创始人刘强东担任京东集团 CEO。

2015 年第一季度在中国自营式 B2C 电商市场的占有率为 56.3%。目前,京东集团旗下设有京东商城、京东金融、拍拍网、京东智能、O2O 及海外事业部。与腾讯、百度等中国互联网巨头共同跻身全球前十大互联网公司排行榜。2014 年,京东市场交易额达到 2602 亿元,净收入达到 1150 亿元。

2016 年 6 月 8 日,《2016 年 BrandZ 全球最具价值品牌百强榜》公布,京东首次进入百强榜,排名第 99。

C.7　中　　兴

中兴通讯股份有限公司（ZTE Corporation,全称为 Zhongxing Telecommunication Equipment Corporation）,简称中兴通讯（ZTE）。全球领先的综合通信解决方案提供商,中国最大的通信设备上市公司。2016 年 8 月,中兴通讯在 2016 中国企业 500 强中排名第 150 位。

中兴通讯主要产品包括 2G/3G/4G/5G 无线基站与核心网、IMS、固网接入与承载、光网络、芯片、高端路由器、智能交换机、政企网、大数据、云计算、数据中心、手机及家庭终端、智慧城市、ICT 业务,以及航空、铁路与城市轨道交通信号传输设备。

中兴通讯为全球 180 多个国家和地区的顶级运营商（如中国移动 ChinaMobile、美国沃达丰 Vodafone、德国电信 Telekom、西班牙电信 Telefónica 等）提供创新技术与产品解决方案,通过全系列的无线、有线、业务、终端产品和专业通信服务,满足全球不同运营商的差异化需求。